KB212552

이 책을 선택한 분에게 추천하는
처음북스의 경제경영서 시리즈

경쟁 우위 전략

지은이 **브루스 그린왈드, 주드 칸** | 옮긴이 **홍유숙**

그동안 『마이클 포터의 경쟁우위』는 흐릿한 안개에 둘러싸여 있었다. 컬럼비아 경영 대학원 교수 브루스 그린왈드는 경쟁 우위 전략이 그렇게 복잡해야 할 필요는 없다고 믿었다. 그래서 그는 경쟁우위에 새롭고 명료하게 접근하는 방법을 발견했다. 이 책을 통해 산업의 경쟁구조를 파악하고 비즈니스를 성공시키기 위한 방법을 개발할 수 있다.

| 마케팅 |

열혈 고객을 만드는 1% 마케팅

지은이 **재키후바** | 옮긴이 **이예진** | 감수 **이주형**

외적인 것만 중요한 것이 아니다. '뭔가 중요한 것'을 만들고 있다면 그것을 알려야
한다. 그래야 비즈니스든 삶에서든 승리한다. 1%에 집중하라.
〈보랏빛 소가 온다〉의 세스 고딘 추천!

소셜마케팅 불변의 법칙, 유용성

지은이 **제이 배어** | 옮긴이 **황문창** | 감수 **이청길**

놀라운 기업이 되려 하지 말고, 유용한 기업이 되어라
물건을 팔면 하루치 손님이 생기지만, 도움을 주면 평생 고객이 생긴다.

최고의 마케터는 왜 게임에 주목하는가

지은이 **라자트 파하리아** | 옮긴이 **조미라** | 감수 **김택수**

이제 기업은 물건만 파는 것이 아니라 참여와 동기를 이끌어내야 한다.
소비자와 기업 나아가서는 협력사까지 충성하게 하는 놀라운 방법이 있다.

| MBA 바이블 시리즈 |

MBA 바이블: 지금까지의 매니지먼트 실행편

지은이 **제임스 맥그래스** | 옮긴이 **김재경**

경영에서 반드시 부딪치게 되는 76가지 문제와 그 해법.
문제를 해결할 즉문즉답을 이 책에서 찾는다.

MBA 바이블: 지금까지의 매니지먼트 이론편

지은이 **제임스 맥그래스, 밥 베이츠** | 옮긴이 **이창섭**

지금까지 알려진 경영 사상가의 위대한 이론이 한 권의 책에 모여 있다.
경제생활을 하는 모든 직장인에게 반드시 필요한 책.

| 사업 철학 |

마윈이 말하다: 혁신의 시대를 어떻게 살 것인가

구술 **마윈** | 편집 **알리바바그룹** | 옮긴이 **이기선**

"우리는 매번 '선택의 여지가 없는' 일들을 해 왔고, 당신도 그래야 할 것이다."
"비즈니스 제국의 시대는 끝났다. 우리는 함께 생활하고, 함께 발전하며,
함께 번영해야 한다."

생각 좀 하고 살아라

지은이 **야마다 아키오** | 옮긴이 **남혜림**

근무시간 7시간 15분, 잔업금지.
그러면서도 가장 생산성이 높은 회사를 만든 비법과 삶의 자세.

워렌 버핏의 위대한 동업자, 찰리 멍거

지은이 **트렌 그리핀** | 옮긴이 **홍유숙** | 감수 **이정호**

담배꽁초 같은 주식만 줍던 워렌 버핏을 위대한 가치 투자자로 거듭나게 만든 동업
자이자 친구 찰리 멍거의 철학.

거꾸로 보면 패턴이 보인다

지은이 이지효

베인앤컴퍼니의 신사업 발굴 컨설팅.
도대체 무엇을 해야 할지 모르겠다면, 이 책을 펼쳐보라.
새로운 사업을 발굴하는 첫 번째 발걸음을 뗄 수 있을 것이다.

오사카에서 장사의 신을 만나다

지은이 이영호

일본의 부엌 오사카에는 언제나 손님이 줄을 서는 식당이 있다.
왜? 도대체? 어떤 이유 때문에 항상 손님들은 그 집에 가는 것일까?
한국의 자영업자에게 생존 비법을 알려준다.

심플하게 스타트업

지은이 마이크 미칼로위츠 | 옮긴이 송재섭

화장실에서 휴지가 세 마디만 있었도 어떻게든 일처리를 하듯,
최소의 자원을 가지고 창업할 수 있다. 심플하게 시작하라.

초보사장 다국적 기업 만들기

지은이 앤소니 지오엘리 | 옮긴이 조미라

대한민국에서 기업을 성장시킬 수 있는 유일한 방법은 글로벌 비즈니스다.
그러나 어떻게? 이 책은 다국적 기업으로 확정하는 교과서가 될 것이다.

북자지껄

북자지껄

북으로 자기경영, 지혜로 유쾌하게

1판 1쇄 발행 2016년 10월 10일

지은이	안유석
발행인	안유석
편집장	이상모
편 집	전유진
표지디자인	박무선
펴낸곳	처음북스, 처음북스는 (주)처음네트웍스의 임프린트입니다.

출판등록 2011년 1월 12일 제 2011-000009호
전화 070-7018-8812 팩스 02-6280-3032
이메일 cheombooks@cheom.net

홈페이지 cheombooks.net 페이스북 /cheombooks
ISBN 979-11-7022-091-6 03320

* 잘못된 서적은 교환해 드립니다.
* 가격은 표지에 있습니다.

북자지껄

Book으로
자기경영.
지혜로
유쾌하게
껄껄~

안유석 지음

화제의 **독서 경영 팟캐스트**
'**북자지껄**'의 사회자이자
연쇄 창업가 안유석(제이슨)의
책과 사업 이야기

처음북스

들어가는 말 7

1. 창업 13

2. 전략 35

3. 운영 77

4. 혁신 107

5. 투자. 재무. 회계 155

6. 직원채용과 관리 179

7. 자동화와 시스템 215

8. 사업과 리더십 227

9. 사업에서의 운 273

10. 후배 사업가를 위한 조언 291

맺음말 323

이 책에서 소개한 책들 327

로버트 W. 서비스의 시 한 편을 소개하고자 한다.

광야에서 길을 잃고 어린아이처럼 겁에 질려 있을 때

죽음이 그대의 눈동자를 그윽이 들여다보고 있을 때

도저히 견딜 수 없는 고통에 사로잡혀 있을 때

원칙대로라면 지체 없이 방아쇠를 당겨야 한다······.

그리고 죽어 버려야 한다.

하지만 용기를 가진 자는 할 수 있는 최선을 다해 싸우라고 말한다.

스스로를 소멸시키는 것은 금지되어 있다.

굶주림과 비탄에 잠겨, 아, 한 방에 날려 버리기란 쉬운 일이다.

힘든 것은 아침 식사로 지옥을 삼키는 일이나니.

그대는 게임에 지쳐 버렸다.

"자, 보아라, 얼마나 수치스러운가."

그대는 젊고 용감하고 총명하지만,

나는 그대가 푸대접을 받고 있는 것을 알고 있다.

있는 힘을 다해 일어나 싸워라.

하루의 싸움을 승리로 이끌어 주는 것은 오직 근면밖에 없으니,

겁쟁이가 되어서는 안 될 일.

용기를 내라. 그만두기는 쉬운 일이다.

힘든 것은 턱을 빳빳이 치켜드는 일이나니.

싸움에 졌을 때 눈물을 흘리기란 아주 쉬운 일이다 - 그리고 죽는 것도.

변절자가 되어 바닥을 기는 것도 어려운 일은 아니다.

하지만 아무런 희망이 보이지 않을 때조차 싸우고, 싸우고 또 싸워라.

그것이야말로 최상의 전리품.

설령 그대가 난파하는 배에서 탈출한다 할지라도

모든 것은 부서져 사라지고 말 테니,

까짓 것, 한 번 더 해 보는 거다 - 죽기는 쉬운 일이 아닌가.

힘든 것은 계속해서 살아가는 일이나니.

사실 사업은 중학교 시절부터의 꿈이었다. 중학교 친구 중 삼총사가 있었는데, 우리 셋은 삼국지를 읽으면서 나중에 사업으로 크게 성공하기를 꿈꾸었다. 위, 촉, 오로 나뉜 삼국 시대의 영웅들이 천하 통일을 꿈꾸었다면, 우리는 사업을 크게 일으켜서 성공하는 뜻을 품었다. 친구들과 함께 성공하고 싶었다. 친구들 모두 진지하게 꿈꿨

다. 그 친구들 모두 이제 어른이 되었다. 한 친구는 뉴욕의 헤지펀드에서 일을 오랫동안 하고 돌아와 한국에서 헤지펀드의 지사장을 맡고 있다. 한 친구는 이미 오랫동안 자기 사업을 하고 있다. 지금도 자주 만나 사업에 대한 어린시절의 열정을 가지고 이야기한다.

나는 오래전에 우연한 기회에 벤처 기업의 임원으로 일하다 시행착오를 겪었다. 그후 벤처투자 붐의 혜택을 받아서 당시로서는 거액이라고 생각되는 돈을 투자 받아서 창업하였다. 그리고 그 돈을 1년만에 소진했다. 심기일전하여 다시 1년간 준비한 사업은 성과 없이 끝났다. 절망적인 상황이었다. 끝도 없는 바닥을 경험하고 나니 오히려 마음은 가벼웠다. 왜 모든 일이 예상과는 다르게 돌아가는 걸까? 모든 것을 처음부터 다시 시작하기로 결심했다. 규칙적으로 운동했다. 그간 술 때문에 불어난 체중을 10킬로그램 감량했다. 열심히 경영 관련 서적을 읽었다. 일주일에 한두 권씩 읽고 서평을 블로그에 올렸다. 정말 완전히 마음을 비우고 사업을 다시 돌아보니, 기회들이 보였다. 다시 시작했다. 두 번의 큰 실패 이후의 시작이었지만, 마음은 가벼웠다. 그때 시작한 사업으로 3년쯤 후에는 먹고살 만해졌다.

그 즈음 한 스터디 모임에 참석하여 경영관련 잡지를 읽으면서 토론을 했다. 매주 경영 아이디어를 가지고 토론하면서 혼자서 읽을 때와는 다르게 현장의 생생한 정보들이 모여서 의미가 풍부해지는 놀라운 경험을 했다. 거기서 좋은 사람들을 많이 만났다. 글로벌 기업 GE, 삼성, 현대차, 방송사, 화장품회사, 컨설팅회사 등 다들 직장생활을 하면서도 시간을 쪼개서 자신의 발전을 위해 모임에 시간을 투자하고 있었다. 그리고 직접 사업을 경영하면서 내가 알고 있는 이론을 수정하고, 더 잘하기 위해 계속 배웠다. 회사에서 나와 같이 일하면서 만난 직원, 고객, 공급업자, 파트너, 업계에서 알게 된 많은 사장님들, 모두가 나에게는 스승이었던 셈이다. 책 읽기와 블로그에 서평 쓰기도 계속해서 네이버에서 파워블로거로 지정되기도 했다.

로버트 서비스의 시가 가슴 절절하게 느껴지던 순간이 사업을 하는 동안 여러 번 있었다. 그때마다 이 시를 떠올리면서 겪어야 할 모든 일들을 담담하게 경험했다. 이 책에서 내 경험을, 내 목소리로 담고 싶었다. 그리고 그간 읽었던 좋은 책들을 고군분투하고 있는 사업가와 직장인들에게 소개하고 싶었다.

많은 직장인들이 사업을 꿈꾼다. 자신의 근로시간을 회사에 팔고, 그 대가로 급여를 받는 것은 어떻게 보면 '노예 계약'이라는 생각을 한다. 이런 직장생활에서 벗어나는 자유를 꿈꾼다. 하지만, 가족의 생계를 이끌어가야 하는 가장의 입장에서 단지 자신의 자유를 위해서 창업하겠다는 생각은 조금 한가해 보인다. 주변의 사업하는 친구들이 잘 지내는 것만은 아니라는 생각이 떠오른다. 젊은 나이에 사업을 시작해서 많은 빚을 지고 오랫동안 고생하고 있는 친구를 보면서 사업이라는 것이 쉽게 시작할 것은 아니라는 생각을 한다. 사실 생각한 것보다 사업을 시작해서 성공할 확률은 높지 않다. 저자 주변에도 용기를 내어 창업했지만 극심한 고통에 빠져서 직장생활을 그리워하는 사장 친구들이 제법 많다. 사업을 접고 직장생활로 돌아갈 수 있다면 다행이지만 생각보다 쉽지 않다.

직장인은 나이를 먹어가면서 미래에 대한 불안감이 마음 한편에서 자라난다. 회사라는 조직에서 밀려나면 어떻게 될까? 회사에서 상사의 변덕에 눈치보고, 업무 때문에, 인간관계 때문에 스트레스 받는 날에는 무엇인가 탈출구가 없을까 꿈꾼다. 지금까지 해온 생활이 직장생활이라서, 사업의 세계는 낯설고, 자기 자신과는 거리가 먼 이야기 같다.

사업은 고되고 힘든 길이 될 수도 있고, 영광스럽고, 원하는 모든 것을 가질 수 있는 길이 될 수도 있다. 사업의 길을 먼저 걸어본 사람으로서 이 책을 쓰게 되었다. 내 목적이 경영 이론을 제시하고자 하는 것은 아니다. 단지, 창업해서 사업가들이 겪게 될 고민과 직장을 다닐 때는 생각하지 못했던 새로운 상황에 대해 말하고 싶었다. 그리고 사업에 성공하기 위해서 어떤 것들을 조심하고, 어떤 것들을 신경 써야 하는지 최대한 다뤄보고 싶었다. 시중에 나와 있는 많은 책들이 사장의 고독과 외로움에 대해 호소하고 있다. 그러나 나는 넋두리를 하고 싶지는 않았다. 넋두리가 아닌 실질적으로 사업에서 성공하는데 필요한 경영 노하우를 최대한 구체적으로 다루어 보고 싶었다.

거의 십 년간 매년 50~100권씩 경영 관련 서적을 읽고, 사업에 적용시키려고 노력했다. 그 과정에서 느끼고 배운 점이 많았다. 어떤 책은 정말 내용이 좋아서 몇 년 동안 간격을 두고 네 번을 읽은 책도 있다. 그 네 번의 서평이 고스란히 블로그에 올라가 있다. 시간이 지나서 읽어본 책은 매번 당시의 경험과 결부되어 다른 느낌을 주었다. 사업의 현장에 있으면서 접했던 여러 경영이론가들의 아이디어에 공감하고, 그 아이디어를 내 사업에 적용하면서 성공도 실패도 했다. 그리고 성공한 기업가들의 전기를 읽으면서 그들의 전략적인 사고에

놀라고 많은 영감을 얻었다. 업계에서 만난 사장님들과의 대화에서 사업의 현실에 대해 많은 생각을 했다. 이렇게 현장에 있었던 경영자로서 사업에 대한 이야기를 시작하고자 한다.

안유석

I

사업 시작하기

사업의 시작 그 혼돈과 우연 속에서 질서 찾기 … 15

지도 그리기 … 17

고객가치제안 만들기 … 19

수익모델이 존재하는 사업인가? … 23

경쟁우위가 있는 사업인가? … 27

현실에서 아이템을 찾는 방법 … 32

사업의 시작 그 혼돈과 우연 속에서 질서 찾기

많은 사람들이 생각보다 준비가 부족한 상황에서 우연히 사업을 시작한다. 하지만, 사업을 하면서 맞닥뜨리는 상황은 갑자기 찾아오는 폭풍우와도 같기 때문에 평소에 대비하지 않으면 큰 곤란에 빠지기 십상이다. 만약, 우리가 경험할 항해航海를 충분히 알지 못하고, 평소에 여러 상황에 대한 대비책을 훈련하지 않으면 막상 폭풍우가 왔을 때 속수무책일 수밖에 없다.

마찬가지로, 사업을 하는 동안 많은 문제들이 폭풍우와 같이 엄습해올 것이고, 그에 대한 대비를 하고 있어야 한다. 사업은 위험을 다루는 작업이다. 그러나 사업은 다루는 위험의 크기와 내용을 스스로 결정할 수 있다는 점이 좋다. 위험을 충분히 파악하고, 자신이 감당할 수 있는 것보다 작은 위험을 다루는 것에서부터 출발하라. 자본이 적게 들고, 자신이 잘 알고 있는 분야에서 사업을 시작하라.

많은 사람들이 사업을 시작하면서 이 점을 간과한다. 평생을 직장 생활하다가, 별 준비 없이 치킨 집을 시작하면 거의 망한다. 작은 치킨 집 운영도 상당한 노하우와 전문성을 필요로 한다. 그렇기 때문에 자신이 해왔던 일에서 사업 아이템을 찾는 것이 낫다. 잘 알고 있는 분야에서 사업을 시작하라. 한 가지 분야에서 잔뼈가 굵은 사업가도 다른 분야로 사업을 확장하면서 실패에 직면하는 경우가 많다.

어떤 사업에서든 성공하기 위해서 핵심적으로 고려해야 할 요인이 있다. 핵심성공요인Key Success Factor이 사업 영역마다 존재하고, 사업마다 다르다. 하나의 분야에서 잘했다고 다른 분야에서 잘하리라는 보장은 없다. 모든 사업은 특별한 역량을 필요로 하고, 역량을 구축하는 데 경로의존성Path Dependency(일반적으로 사람들이 어떤 이유에서든 한 번 일정한 방향성에 익숙해지고 나면 나중에 그 방향이 옳지 않거나 효율적이지 못하다는 사실을 깨닫고 난 후에도 그 방향성에서 벗어나지 못하는 경향을 말한다. 혁신이론에서는 역량을 확보하고 키우는 데 이전 단계의 역량 확보가 필요함을 말한다. 새로운 경쟁자가 기존 기업이 단계를 거쳐서 확보한 역량을 단계를 건너뛰고 빠른 시간에 획득할 수 없음을 말한다)이 존재한다. 어떤 사업이든 성공하려면 특별한 역량이 필요하고, 역량을 확보하는 데는 시간과 돈이 필요하다는 점을 반드시 명심해야 한다.

그렇다면 어떻게 사업을 시작할까?

지도 그리기

직장생활을 하면서 자신에게 강점이 있고 잘할 수 있는 분야에서 사업 아이템을 찾도록 하되, 많은 시간을 두고 사업 아이템과 사업전략, 시장분석 등을 하면서 준비해야 한다. 이것을 '지도 그리기'라고 한다. 사업의 구성요소를 시작부터 끝까지 살펴가면서 두루두루 파악하고 준비하는 과정을 말한다.

지도 그리기 방법은 커피리퍼블릭의 창업자인 사하 남매가 쓴 『나의 첫 사업계획서』에 잘 나와 있다. 저자는 미국의 고급 커피체인사업에서 아이디어를 얻어서 영국에서 커피리퍼블릭이라는 커피 사업을 일으켰다. 저자는 이 책에서 자신의 사업의 초기 설립과정에 대해 자세히 설명한다. 지도 그리기 작업을 어떻게 했는지도 살펴볼 수 있다.

사업에 기술이 필요하면 그 기술도 알아야 한다. 물론 엔지니어가 될 필요는 없겠지만, 기술의 주요 쟁점과 핵심적인 문제들 그리고 만약 엔지니어를 고용해야 한다면 엔지니어를 어디서 만날 수 있을지 알아야 한다. 엔지니어에게 어떻게 동기부여 해야 하는지 파악해야 한다. 이직이 너무 잦은 직종이라 엔지니어를 채용해서 유지하는 것이 어렵지 않을지 등 많은 문제를 생각하면서 메모한다. 사람들을 만나서 지식을 얻고, 책도 살펴보고, 인터넷 검색도 하면서 해당 분야 사업에 관련하여 전방위로 지식을 흡수해야 한다.

지도 그리기 과정을 통해 자신의 사업계획서를 다듬는다. 좋은 지도 그리기 과정은 빠르게 성장하기 시작하는 새로운 시장, 지금까지 존재하지 않았지만 수요가 존재하는 새로운 시장, 이미 존재하는 경쟁시장이지만 새로운 방식으로 돈을 벌 수 있는 가능성이 보이는 시장 등, 시장기회에 대한 통찰력을 발견하게 해준다.

사업을 시작할 때 사장의 개인적인 경험과 통찰력은 무척 중요하다. 커피리퍼블릭의 커피프랜차이즈 사장도 창업할 때 자신의 경험을 활용했다. 미국에서 스타벅스를 경험하고, 영국에서도 커피전문점을 찾았으나, 찾을 수 없었다. 당시는 샌드위치 전문점에서 같이 파는 저급 커피가 대부분이었다. 그래서 고급 커피 전문점을 영국에 내겠다는 간단한 아이디어로 시작했다. 사업 아이디어가 여러 가지 상황과 맞아 떨어지면서 엄청난 성공을 거두었다.

성공적인 사업 아이템은 우연한 발견에서 비롯되어 지도 그리기 과정으로 구체화된다. 직관적으로 좋아 보였던 아이템도 지도 그리기 과정에서 현실성이 없다고 판단되거나, 새로운 정보가 추가됨으로써 사업 아이디어가 진화하여 더 매력적인 사업 아이템으로 변화하는 경우도 많다.

지도 그리기 과정을 통해 사업전략을 수립할 때 필요한 역량은 직접 확보하자. 앞에서 말했듯이 어떤 분야든지 성공하려면 특수한 역량이 필요하다. 그런데 초기 사업에서는 사장이 직접 역량을 취득하는 것이 무척이나 중요하다. 물론 이후 고용할 인력이 보유해야 할 역량과 사장이 보유하는 역량에는 다소 차이가 있다. 사장이 보유해야 할 역량은 해당 사업에서 필요한 역량이 무엇인지 파악해내고, 그 역량을 획득하는 데 관련된 역량이다.

실제 사업에 착수에서 역량을 취득하는 데는 상당한 투자가 필요할 수도 있다. 그러나 그 전 단계에서 사장이 직접 움직이면서 지식을 취득하고, 역량을 취득하기 위한 노하우를 확보하는 단계까지는 자금이 많이 소요되지 않는다. 이 부분을 얼마나 높은 질로 수행할 수 있는가가 실제 실행단계에서 발생할 많은 낭비를 줄여주니 아낌없이 돈을 투자해야 한다.

만약 와인바를 내려면, 직접 소믈리에 자격증을 따라. 소믈리에 자격증을 얻어서 소믈리에가 되고자 함이 아니라, 좋은 소믈리에를 판별할 식별력을 키우고, 소믈리에의 동기를 파악하고, 소믈리에와 네트워크를 만들어서 이후 채용하기 위해서다. 와인바에 대해서 알고 있는 정보 중 자신이 모르는 것을 알기 위해서 직접 소믈리에에 대한 공부를 하는 접근법은 반드시 필요하다. 돈을 아끼지 말고, 최고의 소믈리에를 교육하는 곳에서 배운다. 만약 브랜드력이 있는 와인바를 하고 싶다면 해외까지 나가서 배워보라. 사장이 직접 해외에서 소믈리에 자격증을 취득했다면 그 자체로도 고객에게 이야깃거리가 된다.

특히 사업 초창기에 사장이 확보한 개인적인 역량은 이후에 사업이 실패하더라도 다시 시작할 버팀목이 된다. 언제든 처음으로 돌아가서 다시 시작할 수 있는 역량을 다부지게 키워야 한다.

고객가치제안 만들기

지도 그리기 과정을 거치고, 역량을 확보하면서 구체적으로 어떤 사업을 할 것인지 아이템을 결정해야 한다. 아이템을 결정할 때 가장 중요한 것을 경영학에서 고객가치제안Customer Value Proposition이라 부른다. 고객에게 어떤 가치를 줄지 결정하는 것이다.

스타벅스의 고객가치제안은 품격 높은 커피를 소비하는 공간과 함께 강배전(약배전은 커피원두를 약하게 볶는 것을 말하고, 강배전은 강하게 볶는 것을 말한다. 약하게 볶은 원두는 원두 고유의 향이 살아나는 반면 맛이 금방 변하게 되고, 강하게 볶으면 깊고 풍부한 맛이 난다. 강배전은 커피 맛을 균일하게 하는 효과도 낸다)한 에스프레소 기반의 커피를 잘 교육된 바리스타(에스프레소 커피를 제조 판매하는 커피전문가)를 통해 서비스하는 것이다. 맥도날드의 고객가치제안은 전 세계적으로 균일한 품질의 햄버거를 신속하고 저렴하게 제공하는 것이다.

고객에게 어떤 가치를 얼마의 가격으로 전달하겠다는 것을 고객가치제안이라고 한다. 고객에게 어떤 가치를 제공할까? 고객이 우리의 제품이나 서비스를 왜 사용해야 할까? 얼마에 제공할까? 이에 대한 답변을 간략하게 정리하면 고객가치제안이 된다. 고객가치제안은 사업을 시작하는 시기에 가장 중요한 것이다. 고객에게 가치를 창출해야 하는 사업의 존재 이유와 관련하기 때문이다. 고객가치제안을 다시 두 가지의 관점에서 생각해봐야 한다. 하나는 소비자의 시각, 또 다른 하나는 공급자의 시각이다. 소비자의 시각을 가지기 위해서는 고객입장에서 가치를 생각하는, 민감한 소비자가 되어야 한다.

예를 들면, 당신이 어묵가게를 한다고 하자. 당신은 핵심 제품인 어묵이 신선하고 맛있어야 하고, 국물이 시원해야 한다고 생각했다.

그리고 친절하고 신속한 서비스가 있으면 좋겠다고 생각했다. 해당 제품이나 서비스를 이용하는 평범한 소비자라면 누구나 할 수 있는 생각들이다. 소비자 입장에서 제품의 가치에 대해서 정리하면 소비자 입장에서 바라본 고객가치제안이 된다.

여기서 공급자의 시각으로 다시 고객가치제안을 생각해보자. 고객 가치제안을 소비자에게 제공하려면 지금까지 설명한 역량에 대해 이해해야 한다. 어묵을 신선하고 맛있게 제공하려면 어떤 행동을 일관되게 해야 할까? 이를테면, 신선한 어묵을 공급할 수 있는 공급업자와 계약해서 문제를 해결할 수 있다. 공급업자를 어디서 찾고, 어떻게 좋은 조건으로 계약할 수 있을까? 만약 공급업자가 존재하지 않으면 어떻게 해야 할까? 내부직원이 신선하고 맛있는 어묵을 판별할 수 있도록 교육하여 구매를 일관되게 하는 방법도 있다. 그렇다면, 어떻게 종업원을 교육해야 할까? 공급자의 시각을 바탕으로 고객가치제안을 살펴보는 과정을 통해 신선하고 맛있는 어묵을 일관되게 공급할 수 있는 역량을 확보할 수 있다.

당신은 시원하고 맛있는 어묵 국물을 만들기 위해 오랜 기간 연구했다. 마침내 일정한 비율로 신선한 꽃게를 넣으면 시원하고 맛있는 국물이 나온다는 노하우를 얻었다. 이 노하우가 당신의 역량이다. 사업을 운영할 때는 매일 수산시장에서 꽃게를 새벽같이 사와서 국물을 우린다. 노하우를 실행하려면 공급자의 시각에서 사업을 바라봐야 한다. 당신은 이제 어묵을 신선하고 맛있게, 국물을 시원하게 제공하는 데에 필요한 사업적 절차를 만들었고, 공급자의 역량을 갖추었다. 당신은 공급자의 시각으로 고객가치제안을 이해했다. 근처의 평범한 구매처에서 어묵을 구매하고 평범한 제조법으로 만든 어묵 국물을 파는 가게와 당신의 가게를 소비자는 다르게 느낀다. 하지만, 소비자는 명확하게 설명하기가 힘들다. 그저 당신 가게의 어묵이 신선하고 맛있고, 국물이 시원하다는 표현만 가능할 뿐이다. 고객은 당신의 어묵가게만 찾아올 것이다.

역량을 확보하는 과정에서 공급업체가 역량을 갖추도록 도와주어야 하는 경우도 있다. 커피리퍼블릭이 커피 전문점 사업을 시작했을 때, 고급 에스프레소 커피에 초점을 맞춘 커피 기계를 공급할 수 있는 공급업체가 없었다. 그래서 창업자들은 상당히 많은 시간을 투자해서, 고급 커피기계를 만들도록 공급업자들을 설득해야 했다. 당시 미국에는 고급 에스프레소 커피 기계를 생산하는 업체가 있었지만 영국에는 그런 업체가 없었다. 유지보수 문제와 제품 가격 등의 이유로 근거리에 커피 기계를 만들 업체가 필요했는데, 정작 커피 기계 업체들은 아직 영국에는 고급 커피 기계 수요가 없다며 망설였다.

소비자 입장에서는 가치를 비교해서 식별한다. 그리고 명확하게 설명하기 힘든 분위기 등으로 표현한다. 하지만 공급자의 시각에서는 재현 가능하고, 반복적으로 실행 가능한 어떤 절차, 기술이어야만 한다.

예를 들면, 온라인 게임에서 사용자는 자신의 캐릭터를 키우면서 몬스터와 싸움을 벌인다. 사용자는 몬스터에게 칼을 휘둘렀을 때 타격감이 좋아야 게임에 몰입할 수 있다. 그리고 점프 버튼을 눌렀을 때 체공 시간이 적절해야 점프의 조작감이 좋다고 느낀다. 고객은 가치를 모호하게 설명하는 경우가 많다. 그러나 공급자의 시각으로는 구체적인 기술, 역량, 절차 등으로 표현 가능하고, 반복적으로 재현이 가능해야 한다. 타격 시에 어떤 이팩트(온라인 게임에서 캐릭터를 조작하는 버튼을 눌렀을 때 보이는 캐릭터의 반응 효과, 이를테면 칼을 휘두르면 칼의 동선을 따라서 흰색 선이 보여서 칼을 휘두르는 느낌을 준다)를 사용해야 하는 것인지? 타격 버튼을 누른 후에 이팩트를 보여주고, 몬스터를 타격한 후에 들리는 사운드와의 시간 간격이 얼마나 되어야 사용자가 타격감을 느끼는가? 점프 버튼을 누르면 어느 정도 후에 캐릭터가 반응하고 체공시간은 얼마나 필요한가? 등 전문가 수준의 기술적 지식이 필요하다.

초기에 고객가치제안은 아주 간단한 아이디어에서 시작하는 경우가 많다. 간단하지만 강력한 고객가치제안은 사업가에게 열정을 불러일으키고, 성공의 초석이 된다.

수익모델이 존재하는 사업인가?

고객가치제안을 만들었다. 소비자의 입장에서 가치 있고 좋은 것을 고안하고, 공급자 입장에서 어떻게 가능하게 할지 방법을 찾았다. 그러나 사업이 되는 데에는 충분하지 않다. 이제 시작에 불과할 뿐이다.

가장 중요하게 고려할 것이 수익모델이다. 고객에게 좋은 것을 만들면서도 돈을 벌 수 있어야만 한다. 수익모델profit formula(어떤 제품이나 서비스를 어떻게 소비자에게 제공하고, 어떻게 마케팅하며, 어떻게 돈을 벌 것인가 하는 계획 또는 사업 아이디어)이 있는가가 중요하다. 사업을 시작하면서는 고객에게 이롭고 가치 있는 제품을 제공한다는 고상한 목표를 가질 수 있다. 사업이란 것이 단지 돈을 벌기 위한 것이 아니라고 주장할 수도 있다. 하지만, 돈을 벌 수 없는 사업은 지속적으로 고객에게 제품이나 서비스를 제공할 수 없다. 지속적으로 적자가 나면 자선은 되겠지만 사업으로 유지하지 못한다. 지속할 수 없기에 고객에게 봉사한다는 원대한 뜻도 이룰 수 없다. 수익모델은 돈을 어떻게 벌 것인가에 관한 공식이다. 고객에게 가치 있는 것을 만들어도 만드는 비용이 고객에게 받을 수 있는 돈보다 더 들면 사업으로서 유지되는 것이 불가능하다.

에이드리언 슬라이워츠키의 『수익지대』라는 책에선 다양한 수익모델에 대해 설명한다. 이 세상에는 돈을 버는 방법이 참 여러 가지가 있다. 이 책에서 저자는 22가지 돈을 버는 수익모델을 설명한다.

예를 들면, 다양한 인터넷포탈의 키워드 광고 매체와 다양한 광고주 사이에서 돈을 버는 오버추어의 모델은, 역시 다양한 TV매체와 다양한 광고주 사이에서 돈을 버는 한국방송광고공사의 모델과 동일하다. 슬라이워츠키는 위의 수익모델을 스위치보드 수익모델이라고 소개한다. 많은 수의 구매자와 많은 수의 공급자가 있는 시장을 생각해보자. 구매자는 많은 공급자의 조건을 비교하고, 어떤 공급자가 신뢰할 수 있는 공급자인지, 구매 조건은 어디가 좋은지 탐색하는 데 시간을 들여야 한다. 공급자는 많은 고객이 있어도, 경쟁이 치열하므로, 자신에게 적합한 고객에게 홍보하는 데 어려움을 겪는다. 다수의 구매자와 다수의 공급자를 중재하는 비즈니스가 스위치보드 모델이다. 찰스스왑Charles Schwab은 다양한 뮤추얼펀드를 수수료 없이 구매하고, 청구서를 일원화 해주는 서비스를 제공하는 회사다. 찰스스왑은 고객이 다양한 뮤추얼펀드를 비교, 평가, 보유하는 데 드는 어려움을 해결해 주었다. 다양한 뮤추얼펀드는 자신의 펀드를 고객에게 홍보하고 노출하는 면에서 찰스스왑에게서 도움 받는다.

제품을 만들어서 고객에게 파는 일반적인 수익모델을 살펴보자. 어떤 사업이 소비자에게 좋은 가치를 준다 하더라도, 고객에게 제공하는 비용이 수익보다 더 든다면, 많이 팔수록 적자가 커지므로 사업을 지속할 수 없다. 비용에 대해서 더 생각해보자. 어떤 것은 고정비의 형태로, 어떤 것은 변동비의 형태로 비용구조를 형성한다. 비용구조를 잘 살펴서 고객에게 제공하는 가격보다 낮은 원가를 가져야 한다.

어묵집의 예로 돌아가 보자. 꽃게를 사오기 위해서 트럭을 사고, 사장이 직접 운전해서 매일 아침 수산시장을 간다고 해보자. 트럭에 대한 자산투자와 매일 들어가는 기름값, 사장의 시간을 투자해야 한다. 그리고 전문적인 공급업체가 존재한다면 공급업체로부터 일정한 대금을 지급하고 어묵과 꽃게 등을 공급 받을 수 있다. 각각은 비용구조가 다르고, 원가를 다르게 형성한다. 이 결과로 돈을 버는 것이 가능할 수도 있고, 불가능할 수도 있다.

수익모델을 만든다는 것은 사업을 하면서 발생하는 다양한 전략적인 선택과도 관련이 있다. 이를테면 솔루션형 수익모델은 사업자가 초기에 리스크를 떠안고 직접 투자하지만, 장기적으로 보면 고객으로부터 지속적으로 수익을 얻는다. 고객 입자에서는 업체를 바꾸려면 전환비용이 발생하므로 다른 대안을 찾기 어렵다.

마이클 블룸버그의 『월가의 황제 블룸버그 스토리』를 보면 초기에 블룸버그도 투자용 전문 단말기와 콘텐트 공급업에 뛰어들기 위해 직접 투자용 전문 단말기를 개발하는 비용을 투자했다. 첫 고객인 투자은행 메릴린치에게 전문 단말기와 콘텐트를 제공하는 솔루션을 개발하는 비용을 스스로 부담한 것이다. 개발이 성공하면 단말기당 비용을 받기로 했고, 크게 성공했다. 솔루션형 비즈니스는 초기 투자의 위험부담을 사업가가 안고, 그 이후에는 월 사용료 형태로 비용을 받으므로 고객이 다른 대안을 찾기 힘들어서 지속적으로 이용하는 경향이 있다. 사업을 한 번 수립하면 다른 사업자는 관계를 파고 들어가기가 어렵다.

온라인 게임회사에서 채택하고 있는 부분유료화 수익모델도 검증된 모델이다. 게임회사는 막대한 비용을 들여서 온라인 게임을 개발한 후에 사용자들에게 무료로 게임을 할 수 있도록 해준다. 게임이 재미있으면 엄청나게 많은 사용자들이 몰려든다. 그리고 사용자들이 유료아이템을 구매하면 게임 내에서 쉽고, 빠르게 성장할 수 있다. 사용자가 유료아이템을 구매하면 게임 내의 캐릭터가 강해져서, 다른 사용자와 경쟁하는 데에서 유리하다. 그리고 다양한 치장성 아이템(치장성 아이템이란 게임 속의 캐릭터를 꾸미는 데 도움이 되는 아이템을 말한다. 게임 속 캐릭터의 옷, 신발 등을 말하는데, 무기나, 목걸이 등 캐릭터를 강하게 하거나, 특별한 기능이 있는 기능성 아이템과 대비된다)도 같이 판매해서 사용자들이 다른 사용자에게 자신을 뽐낼 수 있도록 해준다. 부분유료화 모델은 막대한 사용자의 방문을 유도하고, 그 방문자로부터 유료로 무엇인가를 사도록 만드는 대규모 쇼핑몰의 수익모델과 유사하다. 아주 근사한 데이트 장소를 만들고, 다양한 쇼핑몰을 같이 제공함으로써 소비자들은 아무것도 구매하지 않고 구경만 할 수도 있지만 돈을 내고 구매하면서 쇼핑을 즐길 수도 있다.

당신은 고객가치제안을 만들었다. 고객가치제안이 소비자 측면에서 매력이 있다고 생각했다. 공급자 시각에서도 검토를 마쳤다. 수익모델도 문제가 없었다. 그렇다면 충분할까?

경쟁우위가 있는 사업인가?

나는 사업 초창기에 소프트웨어를 개발해 주는 용역사업을 했다. 소프트웨어 용역사업은 고용시장에서 엔지니어 인력들만 채용하면 누구든지 할 수 있다. 직원을 채용하고, 사업을 시작하면 매출이 있든 없든 채용한 소프트웨어 엔지니어들에게 월급을 지급해야 한다. 그리고 고객은 엔지니어의 이력서들을 계약시점에 요구하고, 자신이 마음에 드는 인력이 있는 회사에 용역을 준다. 거의 인력 공급업이라할 수 있다. 그러나 영업이 쉽지 않았다. 너무 많은 업체가 가격을 낮추어서 수주 경쟁을 했다. 경쟁업체 역시 직원들을 유지하고 있으므로, 막대한 고정비를 들이고 있다. 프로젝트를 수주하지 못하고, 단몇 달만 회사에서 인력들이 쉬면 회사는 대규모 적자를 본다. 내가 소프트웨어 용역개발 사업을 하던 시점에는 소프트웨어 개발인력이 귀하였고, 닷컴 붐으로 일이 많았다. 소프트웨어 개발인력만 확보하고 있으면 돈을 벌 수 있었다. 하지만, 좋은 시절은 금방 갔다. 너무 많은 업체가 소프트웨어 용역 사업에 뛰어들었다. 고객은 입찰을 통해서 경쟁을 유도하고, 좋은 조건을 제시하는 업체를 선택했다 주로 가격 경쟁 위주의 치열한 시장이 형성되었다. 이렇게 사업이 어려워지는 경험을 한 이후에는 어떤 사업을 일으켜서 돈을 벌더라도, 경쟁자가 쉽게 진입하지 못하게 하고, 고객이 단지 가격 때문에 업체를 손쉽게 바꾸는 상황을 겪지 않으려면 어떻게 해야 할까를 고민했다

그 질문에 대한 답은 『마이클 포터의 경쟁론』에서 '경쟁우위론'이라는 이름으로 잘 설명한다. 마이클 포터는 기존산업의 경쟁 강도(이미 시장에 자리 잡은 경쟁자), 대체제의 위협, 공급자의 협상력, 고객의 협상력, 신규진입자의 위험 등 경쟁우위에 영향을 미치는 다섯 가지 힘에 대한 분석을 제시했다. 이 다섯 가지 힘이 경쟁우위를 강화하는 방향으로도 약화시키는 방향으로도 작용한다.

당신의 사업이 돈이 된다면 시작하면서부터 경쟁자를 만나게 된다. 때문에 경쟁자가 쉽게 당신을 따라 할 수 없도록 무엇인가 특별한 장치가 필요한데, 이 특별한 장치가 바로 경쟁우위다. 당신은 당신만 가지고 있는 기술과 능력을 바탕으로 경쟁우위를 형성할 수도 있다. 그러나 기술과 능력으로 형성된 경쟁우위는 경쟁자가 생각보다 쉽게 따라잡는다. 아무리 독특한 능력을 바탕으로 당신이 차별적인 고객가치제안을 하더라도, 당신의 경쟁자는 당신과 같은 공급업자를 쓰거나, 비슷한 기술적, 절차적 능력을 개발해서 당신을 금방 추격한다.

당신의 어묵집이 경쟁자에 비해서 맛이 신선하고, 국물이 시원해

서 고객이 당신의 가게만 찾는 상황이 되었다. 당신의 경쟁자는 처음에는 자기 가게의 손님이 줄어드는 이유를 잘 모른다. 하지만, 그들은 곧 당신의 존재를 알게 되고, 살아남기 위해 혼신의 노력을 다한다. 경쟁자들은 당신의 어묵 맛을 보고, 국물을 먹어보고 분석한다. 그들은 업계에서 오랜 시간 일해 온 전문가들이기에 생각보다 빨리 당신에게 신선한 어묵을 공급하는 업자를 찾아내서 그들과 계약을 시도할 것이다. 당신에게 어묵을 공급하는 공급업자가 돈을 벌려고 당신의 경쟁자에게 '아주 신선한 어묵을 매일 공급해드립니다'라고 프레젠테이션하며 돌아다녔을 수도 있다. 가치창출에 기여하는 핵심적인 부분을 공급업자에게 공급을 받았다면 공급업자가 다른 경쟁자에도 똑같이 해당 역량을 공급할 수 있다는 점을 인식해야 한다. 경쟁자들은 어묵 국물의 비밀도 생각보다 빨리 파악한다. 신선한 꽃게 국물을 만드는 방법을 파악했다면 새로운 기술, 새로운 능력은 이제 업계의 표준으로 자리 잡고, 고객은 이제 당신의 가게만 찾을 이유가 없다.

경쟁우위는 다양한 원천으로부터 만들어지고 경영학에서 이를 많이 연구한다. 그 중에 브루스 그린왈드의 『경쟁우위전략 : 지속가능한 수익을 창출하는 원리』는 『마이클 포터의 경쟁론』을 신규진입자의 위험에 초점을 두고 단순화한 서적이다. 어떤 사업이 매력적이면서 신규진입자의 진입이 어려우면 그 사업은 경쟁우위가 있다고 설명할 수 있다. 경쟁우위를 만들기 위해서는 대규모의 고정비투자를 하고, 이를 많은 고객 수에 분산시킬 수 있는 규모의 경제economy of scale를 가져야 한다. 그리고 거기에 소비자의 습관, 입맛, 이미 학습한 것 이외에 새로운 것을 배우려 하지 않는 성향, 고객이 다른 것으로 바꾸는 데 드는 전환비용 등에 힘입은 고객포획력customer captivity이 결합되어야 한다. 이 두 가지가 강력한 경쟁우위를 형성한다.

예를 들면, 코카콜라의 제조법이 특별한 것은 아니다. 하지만 소비자들은 코카콜라의 맛에 익숙해져 있다. 게다가 코카콜라는 매년 대규모의 광고비를 쏟아붓는 것을 한 세기 이상 지속해 왔다. 그리고 전 세계에 유통망을 깔아 놓았다. 게다가 코카콜라는 전 세계 음료시장의 냉장고 점유율을 충분히 높일 만큼 다양한 음료제품군을 가지고, 규모의 경제를 활용한다. 개별 콜라의 가격을 충분히 저렴하게 유지하면, 광고 투자를 수많은 개수의 콜라에 분배할 수 있다. 새로 진입하는 경쟁자는 전 세계에 유통망을 깔거나, 광고비 투자를 하는 데에 어려움을 느낀다. 상대적으로 적은 금액을 투자하더라도, 개별 콜라 캔에 분배하는 원가는 훨씬 부담스럽다.

마이크로소프트의 윈도는 대규모 개발비가 들지만 각 제품을 몇 십만 원의 가격으로 정해 전 세계로 팔고 있다. 고객은 한 번 윈도를 사용하면 사용법에 익숙해진다. 고객은 윈도 사용법에 익숙해지면서 전환장벽을 형성한다. 그리고 윈도에서 돌아가는 많은 어플리케이션도 사용해야만 한다. 다른 개인용 컴퓨터 운영체제로 전환하기 어렵다. 따라서 개인용 컴퓨터 운영체제 사업은 수익성이 좋은 매력적인 사업이지만 경쟁업체가 뛰어들기 어렵다. 새로 시작한 경쟁업체가 막대한 고정비를 투자해서 고객을 하나씩 뺏기 어렵기 때문이다.

반면에 소프트웨어서 용역개발업은 어떨까? 용역사업은 특정한 프로젝트를 수주해서 개발하는 형태인데, 누구나 회사를 설립해서 인력만 확보하면 사업할 수 있다. 따라서 소프트웨어 용역업은 진입장벽이 없다. 고객은 한 번 프로젝트를 진행할 때마다 큰 비용이 발생하므로 업체를 신중하게 결정하고, 매번 좋은 조건을 제시하는 업체로 바꿀 수 있다. 누구나 쉽게 진입할 수 있고, 고객입장에서 쉽게 다른 선택을 할 수 있으므로 경쟁우위가 거의 없다.

경쟁우위가 존재하지 않는 사업은 그 자체적으로 수익이 0 혹은 마이너스가 될 때까지 경쟁이 격화되는 속성을 가지고 있다. 사업을 시작한다면 경쟁우위가 존재하는 사업을 선택하라. 경쟁우위가 없는 사업을 선택하면, 끊임없는 경쟁업체의 진입과 그로 인한 수익악화로 사장이 밤잠을 편하게 자기 어렵다.

당신의 경쟁우위가 단지 당신이 개발한 어떤 능력이나 기술에 의해 공급자 측면에서 형성되었다면 상대적으로 경쟁우위가 약하다. 반면에 소비자의 습관, 학습에 의한 전환장벽에 의해 소비자 측면에서 형성되었다면 더욱 강력하다. 그리고 시장규모에 비해 큰 고정비 투자와 높은 고정비를 많은 수의 개별 고객으로 분산할 수 있는 규모의 경제가 적용되는 상황이면 더욱 강력한 경쟁우위를 형성한다.

어떤 산업은 많은 경쟁자가 살아남기 어렵고 소수의 회사로 경쟁이 압축된다. 글로벌로 경쟁하는 제품시장의 경우 몇 개의 대형 업체로 압축되는 경우가 많다. 예를 들면 항공기 제조업, 개인용 컴퓨터의 CPU, 운영체제 등이 그렇다.

어떤 산업은 많은 경쟁자가 각각 생존할 수 있다. 특히 서비스업에서 그런 현상이 나타난다. 각 나라별로 고객의 요구가 독특하다면 많은 업체가 경쟁에서 살아남는다. 서비스업의 성격상 고객이 만족하고 있으면 고객은 쉽게 다른 서비스를 검토하지 않는다. 게다가, 서비스 가격이 고객의 전체 비용 구조에서 작은 부분을 차지하면, 다른 대안을 검토하지 않는 경향이 있다. 회사에 사무용품을 배달하는 사업을 하는 회사가 잘되는 이유이다.

특정한 지역단위로 나뉘어 경쟁하는 음식점 시장도 경쟁이 치열해도 각각 수익을 낼 수 있다. 지역 식당은 고객이 식사를 하려고 움직이는 근거리에서 영업하므로 경쟁이 존재하더라도 어느 정도 수익을 낼 수 있다. 때문에 맛있기만 하면 선릉역 근처 삼겹살집과 역삼역 근처 삼겹살집이 동시에 잘된다.

현실에서 아이템을 찾는 방법

사업의 시작에 대해 검토했다. 결국 핵심은 고객에게 가치 있는 무엇인가를 만들어내야 하고, 공급자 입장에서 역량을 갖추고 지속적으로 공급이 가능해야 하고, 수익모델이 있어야 한다. 그리고 돈을 벌기 시작했을 때 수익을 지속적으로 유지할 수 있는 경쟁우위가 존재해야 한다.

직장인이 아이템을 찾는 좀 더 현실적인 방법은 무엇일까? 크게 두 가지의 방법이 있다. 첫째, 평소에 관심을 가지고 지식을 축적할 수 있는 취미생활로부터 사업 아이템을 찾아보라. 취미생활에 많은 시간을 투자하면, 남들보다 깊은 지식을 가진 소비자로서 전문적인 견해가 생긴다. 무엇이 좋고 나쁜지를 알면서, 소비자에게 더 좋은 것을 판별할 시각이 생긴다. 실제로 많은 사람들이 취미로 시작해서 사업으로 발전시킨다. 이것은 자신이 가진 역량을 바탕으로 사업 아이템을 찾는 전략이다. 단,생각보다 시장의 크기가 작을 수 있으니 주의한다.

둘째, 기회포착적인 사고와 행동방식을 가지라. 지금은 변화가 빠른 시대다. 10년 전만 하더라도 없던 많은 것들이 생겨났고, 그 사이에 사업적인 지형도 많이 변했다. 우리 주변에 늘 기회는 산재해 있다. 그러나 기회를 포착하는 우리의 태도와 행동력의 부재 탓에 우리는 기회를 늘 흘려보낸다. 좀 더 적극적으로 자기 주변의 사업기회를 잡으려는 노력이 필요하다. 많은 경우 크게 성공한 사업은 우연한 기회를 잘 포착한 후 집요하게 노력해서 만들어졌다.

예를 들면, 레이크록Ray A. Kroc은 아이스크림기계 세일즈맨이었다. 그는 특정 지방의 레스토랑에서 아이스크림 기계를 생각보다 많이 구매하는 것에 의문을 가졌다. 해당 가게를 방문해 보니, 맥도날드 형제가 운영하는 햄버거 가게였는데, 햄버거가 맛있어서 날로 번창하고 있었다. 레이크록은 맥도날드 형제가 조그맣게 운영하는 햄버거 가게를 전국적인 프랜차이즈 사업으로 키울 수 있겠다는 생각을 했다. 그는 기회를 잡았다. 맥도날드 형제로부터 사업권을 사서 전국적인 프랜차이즈 사업으로 키워냈다.

하워드 슐츠가 『스타벅스, 커피 한 잔에 담긴 성공 신화』에서 밝히고 있듯이, 그는 유럽을 방문했을 때 노천의 커피숍 문화에 감명받았다. 하워드 슐츠는 미국에서 커피 사업을 하고 싶었다. 하워드 슐츠는 직접 스타벅스를 창업하지 않았다. 스타벅스는 원래 강배전 원두를 파는 판매업체였다. 하워드 슐츠는 스타벅스의 초기 사업체를 우연히 만나서 원두 판매업체인 스타벅스를 현재와 같은 카페 비즈니스로 키워냈다. 결국 하워드 슐츠는 스타벅스 직원에서 소유주가 되었다.

기회를 포착하는 것은 운을 바라보는 태도와 관련 있다. 리처드 와이즈먼의 『행운의 법칙』에서 다루고 있듯이 사람과의 만남을 즐기고 만남으로부터 기회를 찾으려는 성격, 그리고, 행운에 대한 기대감을 가지고 살아가는 것, 그리고 불운을 불운으로 생각하지 않고 불운에서 행운의 요소를 발견하려는 성격이 어울려져서 당신에게 기회라는 선물을 선사한다. 지금 당신을 돌아보라. 당신의 현재는 과거에 어느 시점에 누군가를 만났기 때문에 존재한다.

2

전략

필수 불확실성의 원리 … 37

모두를 승리자로 만들 수 있는

필수 불확실성의 원리 … 40

시대의 변곡점을 전략적 옵션 시기로 삼아라 … 42

전략의 요체는 목표와 우선순위를 정하는 것 … 49

제7의 감각, 전략적 직관 … 52

회사의 전략, 운영, 인력 프로세스를 구축하라 … 57

인사부서를

기업 전략과 운영의 핵심 기관으로 활용하라 … 59

경쟁우위 창출에 대한 고찰 … 62

가치와 가격의 동태성을 주목하라 … 65

가격 전략에 대한 고찰 … 68

행동 경제학에서 다루는 가격 전략 … 72

위기에 빠진 회사에 부임하여

경영자가 되었을 때 … 74

필수 불확실성의 원리

기업이 마이클 레이너의 『위대한 전략의 함정』에서 말하는 '필수 불확실성의 원리'를 이해하는 것은 전략을 실행하는 데에서 주요 관건이다. 기업의 계급제는 시간을 축으로 구성된다. 높은 단계로 올라갈수록 더 긴 시간 지평의 사안에 집중하고, 불확실성 관리에 집중한다. 최상위 경영진은 사업 전체의 전략적인 불확실성에서 위험부담을 줄이면서 새로운 기회를 잡을 수 있도록 사업 포트폴리오를 관리한다. 각 사업부 경영자는 특정한 전략에 집중하고, 단위 사업의 리스크를 피할 수 있는 방법을 고민한다. 직무관리자는 단기간의 결과에 집중함으로써 불확실성을 조직적으로 관리한다. 이것이 필수 불확실성의 원리다. 필수 불확실성의 원리는 대기업뿐 아니라 규모가 작은 기업에도 적용된다. 각각의 맡은 직무에 따라 다른 시간축의 불확실성과 위험을 다룸으로써 리스크를 잘 관리할 수 있다.

예를 들면, 조그마한 커피전문점의 매장 관리자는 매일 매장의 실적과 손님 응대에 대한 책임을 진다. 매장 관리자는 매장 관리자로서의 직무에 자신의 시야가 맞춰져 있다. 고객을 응대하는 계약직 사원의 채용과 교육에 대한 책임이 있다. 그리고 공급업자로부터 커피원두, 각종 샌드위치 등을 공급받고, 품질 수준을 확인해야 하며 매장의 청결상태, 냉난방 상태 등 각종 매장환경에 대한 관리를 한다. 계약직 사원은 매장을 청소하거나, 카운터에서 주문을 정확하고 친절하게 받고, 커피를 제조하고, 고객의 질문에 답변한다.

그렇다면 사장은 무슨 일을 할까? 매일의 현금흐름, 월별 현금흐름을 살핀다. 주변 상권의 경쟁 구조를 살펴본다. 주변에 훨씬 경쟁력이 있는 대형 커피 전문점이 들어선다는 정보가 있는지 미리 파악하고 있다가 사업 전망이 불투명할 때 철수 결정을 해야 할 수도 있다. 만약 매장 관리자가 회사를 나갈 경우 고용시장에서 매장 관리자를 채용해야 하고, 업무 공백이 없도록 인수인계에 대한 위험을 관리해야 한다. 매장 관리자의 업무성과가 지속적으로 미비하여 개선의 여지가 없을 경우 해고해야 할 수도 있다.

필수 불확실성의 원리는 계획과 실행을 분리하는 차원으로는 설명되지 않는다. 필수 불확실성의 원리를 잘못 이해하면 경영진은 전략을 짜고, 직원은 실행한다고 오해할 수 있다. 필수 불확실성의 원리는 위험의 범위, 시간 축, 주요 업무에서 발생한다. 위험의 범위와 시간 축을 바탕으로 역할 분담이 되어 있기 때문에 전략적인 의사 결정을 효과적으로 할 수 있다. 시간 축과 위험의 범위, 업무가 다를 뿐이다. 각 단계를 책임지는 사람은 계획과 실행을 직접 수행한다. 위험의 범위, 시간 축, 업무를 중심으로 단계가 나뉘어 있는 이유는 한 사람이 모든 범위의 위험, 모든 시간 축, 모든 업무의 일을 다 잘할 수 없기 때문이다. 한 사람이 가진 절대적인 시간과 주의력에는 한계가 존재한다. 경영진은 좀 더 장기간에 여파를 미치는 사업 포트폴리오에 미치는 위험을 관리한다. 사업관리자는 개별 사업의 제품, 혁신, 자금에 대한 위험을 관리한다. 개별 직원은 자신의 맡은 바 기능에서 위험을 관리한다. 개별 직원은 고객과 직접 얼굴을 맞대고 현재의 위험을 관리한다. 경영진, 사업관리자, 개별 직원의 업무 각각에서 전략의 계획과 실행은 통합된 채로 존재하고, 위험 범위와 시간 축 그리고 업무가 달라진다.

사장이 사업에 대한 위험을 관리하려면 스스로 단일 사업의 관리자와 실무자 역할에서 벗어나는 것이 유리하다. 또 특정한 사업을 관리하는 사업관리자는 지엽적인 부분에 매몰되기보다 사업 전체를 봐야 한다. 사장이 초창기에 사업을 창출할 때는 스스로 사업에 일점 집중할 수밖에 없다. 그러나 사장이 현장에만 집중하면 자칫 긴 시간 지평의 위험 관리가 안 되어 기업의 미래가 어두워진다. 일정한 시점이 되면 단일 사업에 집중과 몰입하는 건 사업관리자에게 맡기고, 사장은 위험에 대한 대안을 창출하고, 긴 시간의 위험으로 자신의 관심을 집중시켜야 한다. 마찬가지로 사업관리자는 개별 기능은 기능을 책임지는 부하직원에게 맡기고, 사업 전반에 자신의 주의력을 집중시켜야 한다.

사업관리자는 특정한 사업에 자신의 모든 시간을 투입하고, 사장은 복수의 사업을 관리하면서 리스크를 관리하는 게 이상적이다. 회사가 하나의 사업을 하고 있으면, 하나의 프로젝트에 목을 맬 수밖에 없다. 사장은 사업을 복수의 프로젝트를 관리하는 구조로 변화시켜야 한다. 사장은 조직을 필수 불확실성의 원리에 따라 구축할 책임이 있다.

모두를 승리자로 만들 수 있는 필수 불확실성의 원리

조직을 필수 불확실성의 원리에 따라 구축하는 것은 전략과 실행을 구분하는 게 아니다. "전략은 좋았으나, 실행이 좋지 않았다" 혹은 "전략은 그저 그랬으나, 실행은 좋았다"라고 말하는 경우가 있다. 사실상 결과가 좋지 않은 좋은 전략이란 것은 존재하지 않는다. 좋은 전략은 실행 단계의 어려움을 감안한다. 좋은 전략은 좋은 결과를 만든다. 나쁜 결과를 만들어 낸다면 전략이 나쁜 것이다.

전략과 실행의 이분법은 경영진은 전략을 짜고 직원은 실행한다는 역할의 구분으로 이어지고, 전략을 실행하는 직원에게 무력감을 안겨 준다. 왜냐하면, 결과가 좋지 않으면 전략은 좋았는데 직원이 실행을 잘못했다고 비난하거나, 결과가 좋으면 경영진이 좋은 전략을 수립했다고 생각하기 때문이다. 직원은 전략에 맞춰 실행했을 뿐이다. 전략과 실행을 구분하는 사고방식에서 직원의 존재는 경영진이 만들어낸 멋진 전략을 기능적으로 수행하는 수동적 존재에 불과하다.

하지만, 실제 현실은 현장에서 직원의 아이디어가 필요하고, 직원이 동기 부여된 상태에서 각각의 영역에서 의사 결정을 하고, 실행해야만 어떤 전략이든 원활히 돌아갈 수 있다. 필수 불확실성의 원리를 조직에 적용하면 조직은 전략과 실행을 구분함으로써 직원을 무력감에 빠뜨리는 문제에 빠지지 않는다. 경영진은 조직이 어떤 사업 영역에 발을 담글지, 경쟁 방식과 주요한 맥락을 결정하고, 하위 사업 단위의 본부장은 해당 사업에 대해 고민한다. 즉, 고객에게 어떤 가치를 제안할지, 자신들이 확보해야 할 역량은 무엇인지, 어떤 강점을 더 강화할지 고민한다. 그리고 현장의 직원들은 고객과 맞닥뜨려서 개별 고객을 어떻게 만족시킬지 의사 결정과 실행을 해야 한다. 직원을 수동적으로 실행만 하는 무력한 존재로 만들지 마라. 직원이 각각의 수준에서 스스로 위험을 관리하고, 의사 결정과 실행을 할 수 있도록 해야 한다.

나폴레옹의 전쟁 수행은 당시 다른 나라와 다른 점이 있었다. 나폴레옹은 수하에 독자적으로 판단하고 움직일 수 있는 장수들을 키웠다. 자신은 전략적인 맥락만 제시했다. 실제의 전장에서 장수들이 상황에 따라 의사 결정을 하도록 했다. 경쟁국은 과거의 방식으로 군대를 움직였다. 작전 본부의 장수가 모든 결정을 하고, 병사들을 필요한 지점으로 이동시키는 결정을 했다. 현장의 장수로부터 상황을 보고를 받은 이후 결정을 했기에, 현장 상황을 반영하는 데 늘 시간이 걸렸다. 나폴레옹의 군대는 주요한 전략적인 목표를 고수하면서도 신속하게 개별 장수가 판단해서 전쟁을 수행함으로써 개별 전투에서 탁월한 성과를 올렸다.

전 세계적으로 영업을 하고 있는 글로벌 기업은 대부분 필수 불확실성의 원리에 따라 조직을 운영한다. 1837년에 시작한 P&G는 150년이 넘는 역사를 가지고 있다. 전 세계에서 영업을 하고 있고, 수많은 제품군을 가지고 있다. 데이비스 다이어의 『브랜드 제국 P&G』는 P&G의 창업부터 현재까지의 역사를 다루고 있다. 소규모 기업이 성장해서 수많은 제품군, 수많은 시장을 다루는 대규모 기업이 되었다. P&G의 성장에 맞춘 다양한 조직 구조에 대한 실험과 조직의 진화를 살펴볼 수 있다. P&G는 다양한 제품의 브랜드 관리자가 브랜드에 집중하면서 사업을 키워냈다. 수많은 제품 브랜드를 추가하고, 전 세계로 브랜드를 확장할 수 있었던 이유는 개별 브랜드 관리자는 자신의 브랜드에 집중하여 브랜드의 품질에 책임을 지고, 각 지역 시장 관리자는 자신의 지역 시장에 집중하면서 유통에 대한 책임을 졌기 때문이다. 개별 브랜드는 장사가 잘 안 돼서 없어지기도 했지만, P&G는 영속하고 있다. 단일 제품에 집중하는 회사는 이렇게 오랜 기간 영속하기 힘들다. 시대는 변화하고, 기술과 소비자도 변화한다. 변화는 곧 기업에게는 위험이다. 위험을 잘 관리하려면 필수 불확실성의 원리에 따라 조직을 잘 운영해야만 한다.

시대의 변곡점을 전략적 옵션 시기로 삼아라

인텔의 창립자이자 회장인 앤듀르 그로브의 책 『승자의 법칙』을 읽어보면 전략적 변곡점에 있을 때 의사 결정이 얼마나 중요한지 알 수 있다. 영어 원제는 'Only the paranoid survive'라는 제목인데 한국의 번역 초판은 '오직 편집광만 살아남는다'라는 직역으로 제목이 붙었었다. 제목만 듣고서는 인텔의 앤듀르 그로브에 대한 반감이 들 정도였다. 오직 편집광만이 살아남는다니, 그리고 그걸 책의 제목으로 만든 앤듀르 그로브는 도대체 얼마나 편집광적일까, 하는 생각이 든다. 편집광적 경영자라면 직원에게 일일이 지시하고, 일거수일투족을 감시하는 모습을 상상하기 쉽다.

하지만 이 책에서는 편집광이라는 단어를 다른 의미로 쓰고 있다. 앤듀르 그로브는 외부세계의 환경변화, 특히 경쟁자의 움직임에 신경을 곤두세워야 한다는 의미로 편집광이라는 단어를 사용하고 있다. 특히, 파괴적 기술이 출현하는 등 산업 환경이 급격히 변하는 시점에 기업의 대응에 대해 말한다. 산업 환경이 새로운 파괴적 기술에 의해 급변하는 상황을 전략적 변곡점이라고 표현한다. 그리고 기업이 전략적 변곡점을 맞이하면, 전략에 대해 끊임없이 고심하고, 비전의 문제를 편집광적으로 고민해야 한다고 주장했다.

인텔은 1985~86년에 메모리 위기를 겪었다. 사실 인텔은 메모리의 대명사였다. 메모리는 회사의 자존심이었다. 그런데 환경이 변했다. 일본이 저렴하게 메모리를 생산해서 인텔이 더는 경쟁할 수 없는 지경까지 왔다. 인텔의 중간관리자들은 새로운 마이크로프로세서 사업 쪽으로 자원을 이동시키면서 수익성을 관리했다. 메모리는 점점 수익성이 떨어졌지만 규모는 커졌고, 마이크로프로세서 사업은 규모는 작았지만 시장이 성장하고 있었고, 수익성이 좋았다. 이 과정에서 조직은 혼란을 겪었다. 전략적인 변곡점에서 앤듀르 그로브는 많은 것을 배웠고, 적극적으로 행동했다. 중간관리자들에 의해 자연스럽게 자원이 이동했한 것을 공식적으로 인정하고, 메모리 사업에서 사실상 철수하는 결정을 했다. 인텔의 정체성을 바꾼 것이다. 이 결정이 인텔을 빠른 속도로 성장한 개인용 컴퓨터 시장에서 마이크로프로세서 사업으로 우뚝 서게 만들었다.

기술환경 변화에 편집광적인 노력을 기울인 인텔조차도 최근의 모바일 컴퓨팅 환경, 사물인터넷 환경에 잘 적응하고 있는지 의문점이 든다. 소프트뱅크의 손정의는 2016년 막대한 금액을 들여 영국의 ARM을 인수했다. ARM은 모바일 AP(스마트폰 등의 두뇌에 해당하는 CPU)의 기반이 되는 ARM칩을 설계하고 그 지적재산권을 제공하고 라이선스 비용을 받는 영국 기업이다. 인텔조차 ARM에 라이선스비용을 지불하고 모바일 AP를 생산할 수밖에 없는 상황이다. 인텔의 상황은 기술 환경이 급변하는 주기가 빨라지고 있어서 과거에 성공적으로 기술변화에 적응한 기업도 지속적으로 살아남는다는 보장이 없는 냉엄한 현실을 상기시킨다.

기업환경이 급격하게 변화하는 시점이 있다. 이를테면, 닷컴 붐이 일어났던 1999년 말과 2000년대 초는 급격한 변화들이 많이 일어난 해다. 최근에는 아이폰을 필두로 스마트폰 시장이 급격하게 커지면서 산업 지형에 변화가 일어나고 있다. 변화의 소용돌이가 발생하는 시점을 변곡점이라 볼 수 있다. 과연 변곡점의 시기에 어떻게 대응해야 할까?

전략계획 중심 기업에서 리더의 카리스마가 강할 경우 조직은 일사 분란하게 움직인다. 만약 리더가 강한 추진력을 가지고 있다면,

리더는 모든 직원이 자신이 추진하는 방향에 맞추기를 원한다. 조직 내에 다양한 목소리가 존재하면 한 방향으로 강한 추진력을 가지기 어렵다. 하지만, 변곡점에서는 일사불란함이 좋은 게 아니다. 리더가 추진하는 전략의 방향이 틀린 것이라면 어떻게 하겠는가? 전략적 변곡점은 불확실한 미래에 대한 여러 시나리오가 소용돌이치는 시기다. 미래가 어떻게 될지 모르는데, 모두가 거대한 실패를 향해서 열심히 달려가는 상황이라면 어떻게 하겠는가?

전략적 변곡점 하에서는 일사불란함보다는 다양한 위험과 앞으로 전개될 시나리오를 다양하게 고려하도록 장려해야 한다. 마이클 레이너는 『위대한 전략의 함정』에서 전략적 옵션을 창출해서 다양한 시나리오에 대비하라고 말한다. 전략적 불확실성을 심각하게 받아들이는 기업은 불확실한 시대 상황에 직면했을 때, 목표에 집중하는 자세를 버린다. 그 대신 불확실성에 따라 활용하거나 버릴 수 있는 다양한 옵션을 창출한다. 사실상 미래가 어떻게 되리라고 예측할 수는 없다. 단, 현재 존재하는 다양한 대안 중 하나로 미래는 움직인다. 그러므로 현재 존재하는 다양한 대안에 대해, 각각 대응할 수 있는 시나리오와 전략적 옵션이 필요하다. 전략적 옵션을 창출해야만 기업은 불확실한 미래 환경에 효과적으로 대처할 수 있다. 이러한 접근법을 활용하려면 어떤 옵션을 취하고, 얼마나 투자를 하며, 시간이 흐름에 따라서 어떻게 옵션을 관리해야 하는지를 알아야 한다. 성공적으로 불확실성을 관리하려면 경영자는 전략적 옵션을 창출하고, 각 사업부에 활동을 지시하고 안내할 수 있어야 한다.

예를 들면, 소니는 베타맥스에 집중하는 전략을 펼쳤다. 소니 경영진은 전략적인 불확실성을 관리하고, 대안적인 옵션을 창출하지 않았다. 대신 소니 경영진은 자신들이 최고라고 생각하는 전략을 결정했다. 그리고 모든 자원을 투자하여, 실행에 집중했기에 실패했다. 소니 경영진은 베타맥스를 VHS에 비해서 품질도 좋고, 월등한 표준으로 생각했다. 그러나 두 가지의 불확실성을 예측할 수 없었다. 첫째, 테이프를 대여하여 집에서 영화를 보는 것이 대중화될 것인가? 혹은 텔레비전 프로그램을 녹화해서 보는 것이 대중화될 것인가? (베타맥스는 이 점에서 VHS보다 뛰어났다. 소니의 경영진은 텔레비전 프로그램을 집에서 녹화하는 수요가 많으리라 예측했다.) 둘째, 소비자들은 VCR을 구입할 때 높은 품질과 가격 중 어떤 것을 더 중요하게 생각할까?

소니는 VHS 포맷과 경쟁하면서 자사의 베타맥스를 BI에서 BII로 업그레이드했다. 그런데, BII와 BI은 포맷 호환이 안 됐다. 더 좋은 품질을 위해 새로 나온 버전이 과거의 제품과 호환되지 않게 결정했다. 그 때문에 당시 VHS 50퍼센트, 베타맥스 50퍼센트로 형성되어 있던 미국 내의 대여점 시장에서 1년 만에 33퍼센트로 점유율이 낮아졌다. 그런데, 미국의 대여점 시장은 이 즈음부터 폭발적으로 성장하여, 시장규모가 5년 동안 32배로 늘어났다. 네트워크 효과(어떤 제품이나 서비스가 많은 사용자들에게 팔릴수록 그 가치가 커지는 효과를 말한다. 이를테면, MSN, 야후 메신저 등의 메신저 서비스는 사용하는 사람이 많을수록 사용가치가 올라간다. 최근의 소셜네트워크 서비스도 네트워크 효과가 적용되는 사업분야이다. 친구들이 해당 서비스를 많이 사용하면 사용가치가 더 올라 간다)로 인해 VHS의 점유율이 무섭게 올라간다. VHS

가 많이 대여될수록 VHS 판매가 늘어나고 다시 VHS 테이프가 더 많이 대여되는 순환고리가 형성되었다. 소니가 BI에서 BII로 자사의 베타맥스를 업그레이드한 것은 더 좋은 제품을 고객에게 제공해서 VHS와의 경쟁에서 이기기 위한 전략이었다. 단, 그 시점에는 미국의 대여점 시장이 앞으로 성장하리라 예상할 수 없었고, 대여점 시장의 네트워크효과에 대해서도 예견하기 힘든 상황이었다.

그리고 VHS의 낮은 가격과 많은 제조사들의 다양한 제품은 네트워크 효과를 강화했다. 많은 제조사들이 VHS 생산에 전념하고 있었고 몇 달 지나지 않아 마쓰시타 혹은 관련 기업에서 새로운 기술을 모방했다. 개방형 표준을 취했기에 다양한 제조사들이 관여하는 것이 가능했다. 반대로 소니는 폐쇄형 표준을 채택하여 자사의 우월한 품질로 시장을 석권하려 했다. 실제로는 어떤 VHS 제조사도 소니 제품의 차별성을 따라잡지는 못했다. 그러나 다양한 제조사의 노력으로 VHS 제품에 대한 선택의 폭은 더 넓어졌으며 가격, 기능, 제품 특성도 다양해졌다. 소비자 입장에서 VHS는 초기품질이 좋지 않았지만 다양한 선택이 가능했다. 또한 소니는 미국의 대여점 시장의 급속한 성장을 전혀 예상할 수 없었고, 일어날 수 있는 미래 중의 하나로 고려하지도 못했다. 반면에 소니가 절실히 노렸던 시장인 집에서 TV를 녹화해서 보는 수요는 생각만큼 이후에 성장하지 않았다.

소니와 마쓰시다의 사례에서 소니가 미래를 예측하지 못했다는 교훈을 얻기보다는 다양한 옵션을 관리하지 못했다는 교훈을 얻어야 한다. 미래는 누구도 쉽게 예측할 수 없고, 다양한 시나리오 중

하나로 전개되리라 예상해야 한다.

성공적으로 전략적인 옵션을 창출해서 급격한 기술 변화의 시기에도 살아남은 마이크로소프트의 사례는 흥미롭다. 마이크로소프트가 개인용 컴퓨터용 운영체제인 DOS로 시장을 석권한 이후에 애플은 혁신적인 제품을 내놓았다. GUI Graphic User Interface를 갖춘 매킨토시를 출시한 것이다. 애플은 매킨토시를 출시하면서, GUI기반의 운영체제와 컴퓨터 하드웨어를 통합적으로 제작 판매했다. 마이크로소프트는 하드웨어를 통합적으로 판매하는 회사는 아니었다. 마치 오늘날 애플이 아이폰에서 하드웨어와 휴대폰용 운영체제를 통합적으로 제공하고, 구글이 휴대폰용 운영체제인 안드로이드를 제공하여 다른 휴대폰 제조업체와 손잡은 것과 유사하다.

마이크로소프트는 애플의 매킨토시 GUI에 대응하여, 자사의 윈도우 제품을 만들었다. 그리고 IBM과는 OS/2(IBM이 개발한 GUI기반 개인용 컴퓨터 운영체제)를 공동 개발했다. IBM의 전략이 적중하여 IBM이 개인용 컴퓨터 하드웨어 업체에서 운영체제까지 성공적으로 진출할 경우를 대비한 것이다. 또한, 마이크로소프트는 매킨토시에서 사용할 수 있는 최신 버전의 워드와 엑셀을 개발했다. 매킨토시가 크게 성공할 경우 마이크로소프트의 오피스 제품을 매킨토시에서 팔려는 전략이다. 또한, 마이크로소프트는 당시 대안적인 개인용 컴퓨터 운영체제인 SCO유닉스를 유통했다. 대안적인 운영체제인 SCO유닉스가 잘될 경우도 대비했다. 마이크로소프트는 최근의 사업(DOS), 다음 세대의 사업(윈도우), 두 사업을 추락시키려는 다른 업체들의 제품(OS/2, 매킨토시, 유닉스)을 조금씩 혼합해서 사업을 추진했다. 당시에는 앞으로 사업의 미래가 어떻게 될지 몰랐고 다양한 형태의 대안으로 발전할 수 있었기 때문이다. 후일 마이크로소프트의 윈도우가 크게 성공했다. 마이크로소프트 윈도우가 크게 성공했기에 사람들은 결과만을 보고 마이크로소프트가 윈도우에 전력 질주했다고 생각하지만 당시에는 어떤 사업이 성공할지 누구도 확신할 수 없었다. 마이크로소프트는 산업의 양상이 어떻게 전개되든 생존할 수 있도록 다양한 패를 가지고 있었다.

이후의 인터넷 시대가 왔을 때도 마이크로소프트는 1994년에서 2005년까지 전기통신과 미디어, 기술분야에서 모든 범주의 회사에 200건 이상의 인수 및 투자를 감행한다. 마이크로소프트는 온라인, 게임, 모바일, 새로운 미디어, 기존 미디어를 가리지 않고 과거 어느 때보다 적극적으로 분산 전략을 취하며 위험에 대비했다. 기술이 급변하는 시기에는 이후에 어떤 방식으로 기술이 채택될지 알기 어렵다. 다양한 옵션을 개발하여 분산 투자하여 미래가 어떤 방식으로 전개되더라도 살아남을 수 있는 전략을 채택한 마이크로소프트에게 배우자.

전략의 요체는 목표와 우선순위를 정하는 것

포기를 배우는 것이 전략에서 중요하다. 무엇을 할지 결정하는 것보다는 무엇을 안 할지 결정하는 게 중요하고 어렵다. 무엇이든 실행하려면 돈이 들고, 경영자는 시간과 주의력이 들여야 하고, 직원들의 시간을 써야 한다. 많은 의사 결정이 비가역적이다. 한 번 결정해서 어떤 방향으로 움직이기 시작하면, 거기서 다른 문제들이 발생한다. 그리고 그 문제를 해결하다 보면 또 다른 문제가 발생하고, 이제 되돌릴 수는 없다. 이 모든 문제는 애초에 시작을 하지 않았다면 발생하지 않았을 문제이다. 인재의 채용도 그렇고, 새로운 사업 착수, 투자 유치도 그렇다. 만약 무엇인가를 하는데, 목표와 우선순위가 불분명하면, 끊임없이 혼란에 빠진다.

혁신 프로젝트에서 제품을 적절하게 좋은 품질로 만들어서, 저렴하게 공급하는 목표를 선택했다면, 고사양의 고가격 제품을 보고 비교해서는 안 된다. 제품이 출시되고 나서 사장이 초기의 전략적 결정을 잊어버리고, 사업의 주요 가정이 변화하지 않았는데, 단지 마음에 들지 않아서 고사양 제품의 기능과 계속해서 비교하면, 실무진은 커다란 혼란에 빠진다. 불행하게도 많은 회사에서 경영진이 초점을 흐리는 행동을 한다. 전략이 모든 개발부서에게 일관되게 전달하고, 동일한 기준에 의해 제품 개발의 전 과정을 통제해야 한다. 많은 사람이 관여해서 제품을 개발하다 보면, 사람들은 각자의 선호도를 제품 개발에 반영한다. 결국 별 특징 없는 제품을 만들어 낸다.

리더는 목표와 우선순위를 정하고, 하지 말아야 할 것을 명확하게 정해야 한다. 전쟁을 수행하는데, 일선의 장수들은 용맹하게 싸우려고만 하지, 퇴각을 결정하기 쉽지 않다. 군주가 퇴각을 결정한다. 계속 적을 뒤쫓으면 적이 파놓은 함정에 걸려들 것이다. 군주는 일정한 시점에 퇴각명령을 내리거나, 출격 직전에 장수에게 어느 정도 추격 후 퇴각하라고 미리 명령을 내려놓아야 한다. 아니면 위험한 순간에 열어보라고 노란, 파란, 빨간 서신이라도 미리 써두어야 한다.

시바 료따로의 『대망』에는 다음과 같은 이야기가 나온다. 일본 전국시대에 전쟁을 잘하는 군주였던 다케타 신겐武田信玄의 강점은 강한 군사력을 바탕으로 상대방에게 자신의 약점을 노출시켜서 미끼를 물었을 때 공략하는, 탁월한 전쟁 능력이다. 미타카타하라 전투에서 도쿠가와 이에야스德川家康는 다케타 신겐에게 당해서 많은 병사들을 죽음으로 내몰고, 그 자신도 혈혈단신으로 도망치다가 공포감에 바지에 똥을 지렸다. 도쿠가와 이에야스는 전투에서 이미 패했음을 깨달았지만, 즉시 전군에 후퇴명령을 내리지 못하고 자존심을 지키느라 자신을 비롯하여 많은 부하 장수와 병졸을 사지로 몰아넣었다. 도쿠가와 이에야스는 간신히 살아서 성에 복귀하자마자, 자신의 깨달음을 잊지 않기 위해서, 바지 똥을 지린 자신의 몰골을 화상에게 그리게 했다. 후일 그림을 보면서 반성하고자 한 것이다. 도쿠가와 이에야스는 비록 전쟁 수행 능력면에서 다케타 신겐보다 뛰어나지는 않았지만 자신의 라이벌인 다케타 신겐과의 전쟁의 경험을 바탕으로 이후에는 더 냉철한 판단을 하는 리더로 거듭났다.

직원들이 야근을 하고, 모두가 합심해서 목표를 향해 일한다고 반드시 좋은 것은 아니다. 많은 사장들이 모두가 열심히 하는 상황을 만족스럽게 생각하는 경향이 있다. 그러나 그저 열심히 일하는 것보다 고객을 만족시키면서 지속가능한 수익을 창출하는 것이 중요하다. 좋은 전략과 좋은 수익모델, 경쟁우위가 존재하는 사업모델을 바탕으로 직원들이 무리하지 않으면서 성과를 내야 한다. 그러려면 반드시 효과적인 목표와 우선순위가 정립되어 있어야 한다. 모든 일을 열심히 한다고 해서 좋은 성과가 나지 않는다. 자신이 가진 주의력과 에너지, 직원의 주의력과 에너지, 자원을 효과적으로 집중시켜서 결과를 만들어내는 것이 중요하다.

제7의 감각, 전략적 직관

분석 능력이 전략 창조를 대체할 수 없다. 즉, 아무리 시장에 대해서 많이 알아도 새로운 제품과 사업을 만드는 것은 다른 능력을 요구한다. 전략을 잘 알고, 다양한 정보를 분석할 수 있는 능력이 있어도, 실제로 전투에서 이기기 위한 전략을 창출하는 능력은 다르다. 상황에 맞는 전략을 창출하는 능력을 전략적 직관이라 한다. 전략적인 직관에 관해서는 윌리엄 더건이 『제7의 감각』에서 잘 다루고 있다. 저자는 이 세상에 없는 새로운 사업을 만들거나, 탁월한 예술품을 만들거나, 뛰어난 전투를 한 장군의 전략에 전략적인 직관이라는 개념을 도입했고, 전략적 직관이라는 개념은 클라우제비츠의 전쟁론에서 가져왔다. 클라우제비츠는 역사적 사례, 냉철함, 섬광 같은 통찰력, 결단력의 4가지로 전략적인 직관을 설명했다.

나폴레옹은 독서광이었다. 역사적 사례를 책으로부터 얻었다. 독서를 통해서 수많은 전투를 경험했다. 과거에 있었던 다양한 전쟁과 전투를 머릿속의 지적 기억에 담아 두고 현실에 응용했다. 냉철함이란 있는 그대로를 볼 수 있는 동양철학의 평상심 같은 것을 말한다.

우리는 우리가 가진 욕망과 욕구 때문에 있는 그대로 볼 수 없는 경우가 많다. 상황을 있는 그대로 보지 못하고, 자신의 감정을 덧칠한다. 주어진 상황을 있는 그대로 보고 올바른 행동을 선택하는 것이 냉철함이다. 섬광 같은 통찰력은 불현듯 떠오르는 아이디어로 과거에는 해결하지 못한 문제를 새로운 시각으로 보는 것이다. 새롭게 정의된 문제에 따라 해답은 자연스럽게 만들어진다. 결단력은 아이디어를 실행하는 용기를 말한다.

클라우비츠의 전략적 직관에 대한 논의와 대비시켜, 비슷한 시기의 전략가였던 조미니Baron de Jomini Henri의 이론을 살펴보자. 조미니의 이론은 현재의 위치 A로부터 이동하고 싶은 위치 B를 결정하고, 그 다음에 A에서 B까지 이동하기 위한 계획을 세우는 삼단계로 되어 있다. 이것은 기업분석에서 GAP분석과 유사하다. GAP분석은 현재 상황을 분석하고, 가고자 하는 미래의 모습을 정의한다. 그 다음에 그 차이를 분석해서 어떻게 차이를 메울 것인지에 대한 행동계획을 세운다. 조미니의 전략체계는 일반적인 군대의 전략 절차의 지침이 되었다. 왜 B로 이동해야 하는지, B의 지점을 어떻게 떠올릴 수 있는지에 대해서는 설명해주지 않는다. 단 A, B가 결정되었을 때 구체적인 지침과 방법을 이해할 수 있다.

조미니의 전략론을 마이클 포터의 전략 분석과 비교할 수 있다. 마이클 포터가 기업의 전략 분석에 지대한 공헌을 했지만, 마이클 포터는 현재의 산업과 전략에 대한 분석은 가능할지라도, 새로운 전략을 창출하고, 새로운 옵션을 만드는 것에 대해서는 잘 설명하지 못했다. 즉, 조미니의 전략론을 아무리 해박하게 이해하더라도 실제의 전투 현장에서는 B 지점을 발견하기 어렵다. 목표가 되는 B 지점을 기계적으로 산출하면 승리하기 어려운 경우가 많다. 창의적인 방식으로 목표를 설정해야 하는 일이 현실세계에서는 훨씬 많다. 이를테면, 스마트폰이 없던 시절 스마트폰을 개발하거나, 전기자동차가 떠오르기 전에 전기자동차를 개발하는 목표 설정 같은 것이 그렇다. 마이클 포터의 경쟁론을 아무리 잘 이해하더라도 현재의 상황을 분석할 뿐이지 새로운 제품이나 서비스를 만들어내기 어렵다. 반대로 클라우비츠의 전략적 직관론은 역사적인 기억의 재료로부터 현 상황을 냉철하게 인식해서 섬광 같은 통찰력으로 B지점을 찾아내는 데에 초점을 두고 있다.

전략적 직관론은 새로운 것, 옵션 창출에 관한 것이다. 전략적 직관을 가진 사람은 방대한 역사적인 경험을 두뇌의 지적 기억 공간에 저장했다가 활용한다. 이 부분이 전문가 직관과 대비되는 점이다. 전문가들은 특정한 분야에서 경험을 축적하고, 직관을 활용해서 빠른 의사 결정을 효과적으로 할 줄 안다. 전문가들이 축적해야 하는 경험은 전문가 집단에서 이미 공식화해 놓았다. 의사들은 정해진 커리큘럼에 따라 수련을 하고, 변호사들은 법전과 판례를 통해 학습해야 한다. 그렇게, 전문가들은 그 경험이 분야로 제한된다. 전략적 직관을 가진 사업가는 전문 분야를 포함한 다양한 분야와 방대한 역사적 경험을 활용해서 새로움을 창조한다.

전략적 직관을 소유한 스티브 잡스의 제품들을 보라. 그는 대학 시절 아름다운 서체를 연구하는 켈리그래픽에 매료되었다. 후일 맥의 아름다운 폰트를 다양하게 만드는 데 자신의 경험을 연결했다.

스티브 잡스는 유저인터페이스와 디자인에 대한 남다른 감각으로 애플의 성공을 만들어 냈다. 자신의 감각을 활용하여 아이팟을 성공시켰다. 아이팟으로 콘텐트 제공업체들을 끌어들여서 음악 산업을 혁신하는 새로운 비즈니스 모델을 창조하는 경험을 했다. 그 경험을 활용하고 연결하여 아이폰의 앱시장을 창출했다. 스티브 잡스는 전략적 직관을 바탕으로 역사적 사례를 두뇌의 지적 기억에 저장하고 있다가, 필요할 때 활용하고 연결하여 새로운 전략을 창출했다

빌 게이츠가 소프트웨어 사업을 일으킨 것을 보라. 초창기에 표준 플랫폼 전략을 구사하기 위해 40여 개의 서버에 베이직 언어를 설치했다. 문제는 각각의 서버마다 사용하는 기계어가 조금씩 달라서 마이크로소프트는 베이직을 각 서버에 구현하려면 매번 소스코드를 새로 짜야 했다. 그러나 사용자는 기계어를 모르더라도 표준적인 베이직 문법만 알면 각각 다른 하드웨어에서 쉽게 컴퓨터 프로그래밍을 할 수 있도록 만들었다. 초창기에는 서버업체와 맺은 계약 조건도 좋지 않았다. 표준 플랫폼을 만들어내면 힘이 생길 것이라는 믿음으로 저렴하게 사이트 라이선스로 제공했다. 후일 베이직이 표준플랫폼이 되자 판매당 라이선스로 전환했다. 그러면서 수입이 급증했다. 베이직의 성공을 바탕으로 마이크로소프트는 IBM이 개인용 컴퓨터시장에 진출할 때 DOS를 제공하는 계약을 체결한다. DOS에 베이직도 같이 제공했다. 과거의 경험을 바탕으로 DOS를 개인용 컴퓨터의 운영체제로서 표준화시키는 전략을 반복했다. 이후에 윈도우도 마찬가지였다. 빌 게이츠는 소프트웨어 사업에서 표준 플랫폼 사업이 가지는 힘을 이해하고, 전략적 직관을 발휘해서 시장을 이끌었다.

루 거스너는 자신의 전략적 직관을 활용하여 궁지에 몰린 거대한 제조업체였던 IBM을 살려 냈다. 루 거스너는 과거 아메리칸익스프레스 카드의 CEO였던 시절에 IBM의 고객으로서 느낀 경험을 떠올렸다. 그리고 자신의 사업 경험을 바탕으로 IBM이 독립적인 여러 업체로 나뉘기보다는 고객에게 통합 IT서비스를 제공하면 무척 강한 기업이 될 것이라는 비전을 창출했다. 루 거스너가 아니었다면, IBM은 작은 독립기업으로 나뉘어서 역사 속에서 사라졌을 수도 있다.

피카소가 새로운 예술 장르를 탄생시킨 것도 마찬가지이다. 피카소는 초창기에는 데생을 반복해서 그렸다. 그리고 기존의 미술 장르의 규칙을 학습하는 데 시간을 썼지만, 당대의 다양한 장르의 화풍을 보면서 자신만의 화풍을 만들어내는 아이디어를 얻었다. 그 이후 10년마다 큰 변화를 보이면서 독특한 미술 스타일을 만들어 냈다.

사업가로서 성공하려면 많은 사업가의 이야기를 역사적 사례로 수집할 필요가 있다. 특히, 시중에 나와 있는 성공한 기업가의 전기를 읽어보면 어떤 전략서보다도 탁월한 혜안을 얻을 수 있는 경우가 많다. 이를테면, 샘 월튼의 전기 『샘 월튼 불황 없는 소비를 창조하라』, 스타벅스 창업자 하워드 슐츠의 『스타벅스, 커피 한잔에 담긴 성공 신화』, 레이크록의 『맥도날드 이야기』, 서두칠의 『우리는 기적이라 말하지 않는다』, 디즈니 이야기를 다룬 『월트디즈니』 등을 읽어 보면 어떤 소설보다 재미있고, 어떤 전략서보다 교훈적이다. 기업가의 이야기는 당신의 기억에 저장되어 있다가 전략적 직관이 필요한 시점에 마법 같은 혜안으로 당신에게 아이디어를 선사하는, 통찰력의 저장고다.

회사의 전략, 운영, 인력 프로세스를 구축하라

회사의 전략, 운영, 인력을 구체적으로는 어떤 절차를 통해서 세우고 검토하면 될까? 래리 보시디의 『실행에 집중하라』에서 전략프로세스 설계와 운영에 대한 아이디어를 얻을 수 있다.

GE 같은 글로벌 기업은 운영 리듬이라는 회사 운영의 흐름을 가지고 있다. 실행을 위한 사회적인 소프트웨어라고도 부르는데, 각종 미팅을 통해 전략, 운영, 인력 프로세스를 다루는 체계가 있다. 기업 규모와 상관없이 당신도 마찬가지로 배워서 하면 된다. 전략 검토, 사업 계획 수립, 예산 수립 등은 매년 일상적으로 해야 하는 전략과 운영 관련 업무다.

즉, 매년 전략을 세우고, 사업계획을 수립하고, 연간 예산을 세운다. 새로운 사업 진출을 준비하고, 장기 사업 계획을 세우면서 사업의 가정을 검토한다. 예를 들면, 다음과 같은 전략 프로세스를 만들고, 각각의 참여 범위를 결정한다. 리더는 회사에 맞도록 운영리듬을 만들고 사업에 주기성을 부여한다.

◆ **전략리뷰 세션 1**

3개년 사업에 대한 매출과 비용에 대한 대략적인 계획을 세운다. 경쟁 환경, 사업의 가정을 검토한다. 새로운 사업으로 진출 계획(혁신 프로젝트) 등도 같이 논의한다. 이때 작성한 각종 매출과 비용의 숫자들을 세션2의 기초자료로 활용한다. 3개년의 주요 세그먼트별 매출, 비용 변동에 대해 논의한다.

시기: 7~8월

◆ **전략리뷰 세션 2**

다음년도 사업계획을 수립한다. 운영예산안 수립으로 연결해서 구체적인 예산계획도 같이 수립하도록 한다.

시기: 11월

◆ **월간 전략리뷰**

월간 운영 리뷰와 별도로 연간 전략 수립에서 검토한 각종 아젠다와 비교하여 월간 단위의 전략 이슈에 대해서 검토한다.

◆ **월간 운영리뷰**

매월 초 전월 실적에 대해서 사업팀장과 경영자가 모여서 검토한다. 주요 운영 이슈를 검토한다.

시기: 매월 초

◆ **분기운영리뷰**

분기별로 전 분기의 결산을 확인한다. 다음 분기 예산안을 승인한다. 분기별로 변화한 현실에 따라 연간 예산안을 다시 작성한다.

시기: 매 분기 시작되는 월의 2~3주.

◆ **인사평가 세션**

성과 평가, 인력 배치, 내년도 보상계약 체결

시기: 12월 1일 ~ 12월 15일.

인사부서를 기업 전략과 운영의 핵심 기관으로 활용하라

많은 경영자가 사람을 기업 경영에서 가장 중요한 문제로 생각한다. 그럼에도 불구하고 기업 내에서 HR부서는 단지 기능적으로 채용을 하고, 직원의 복리후생을 관리하는 기능 부서로 전락했다. GE 같은 글로벌 기업은 라인 관리자의 중요한 전략적인 결정과정에 HR담당자가 참여해서, 사람에 대한 의사 결정을 신속하게 할 수 있도록 한다. 회사에서 전략 변화를 결정하면, 그에 따른 조직의 인재상, 인사 평가의 역량 모델 등의 변화를 조직 전체에 전파한다.

예를 들어, 제프 이멜트 취임 이후 GE의 전략과 인재에 대한 평가 기준이 어떻게 변화했는지 살펴보자. 제프 이멜트는 취임 후에 드리밍 세션Dreaming Session(제프 이멜트가 취임 후 GE의 비전을 창출하기 위해 회사 내의 다양한 관계자를 참여시켜 진행한 모임)으로 GE의 비전을 수립했다. 과거에는 주로 본사 중심의 M&A와 생산성 프로그램으로 성장하였다면, 이제부터는 자체의 기술과 혁신을 통해 성장하기를 바랐다. 개도국의 기반 시설, 기후변화에 따른 대체에너지 사업, 새로운 기술과 새로운 시장을 만드는 사업으로 성장한다는 비전을 세웠다. 즉, 과거에는 M&A와 생산성 혁신을 위한 이니셔티브(핵심적인, 전략적인 실천 프로그램)에 중점을 두었지만, 이제부터는 마케팅과 기술에 대한 지식을 가진 리더들이 회사의 전면에 나서게 되었다. 제프 이멜트는 성장리더십Growth leadership을 정의하여, 성장 리더의 요건과 평가 기준을 4가지로 명확히 제시하여 리더 양성을 꾀했다.

첫째, 마켓 관점에서 성공을 정의할 수 있는 외부 초점을 창조하는 사람.

둘째, 전략을 구체적인 실행 방안으로 전환하고, 일의 우선순위를 정하여 커뮤니케이션 하는 결단력 있는 사람.

셋째, 부하 사원의 아이디어를 자극하기 위해 솔선하여 상상력을 발휘하고, 위험에 과감히 도전하는 용기를 보유한 사람.

넷째, 포용력을 갖고 구성원 간 신뢰 관계를 구축하고, 활성화된 팀 운영과 자신의 담당 분야에서 변화를 주도하기 위해 깊이 있는 전문 지식을 보유한 사람의 육성.

전략 변화에 발맞춰 조직의 인재상을 재정의하고, 그에 따른 리더의 육성 방향과 평가 기준을 제시했다. 즉 과거에 GE에서 잘나가던 사람이 생산성 프로그램을 하고, M&A를 하던 사람이었다면, 이제는 특정한 기술과 시장에 정통한 엔지니어, 마케터가 중요했다. 사업 리더들도 전문성을 강조하는 방향으로 바뀌었다.

제프 이멜트에게 GE CEO 경쟁에서 밀린 후에 바로 홈디포Home Depot의 CEO로 간 나델리는 제일 먼저 자신과 호흡을 맞추던 GE의 HR임원을 스카우트해서 홈디포의 HR 부사장으로 임명하고 일을 시작했다. 거대한 사업인 홈디포의 위기상황을 이해하고 진정 전략적인 변화를 만들어 내려면 제일 먼저 HR 임원이 필요했다.

기업의 전략적인 변화, 실행, 문화에 관련하여 가장 중요한 것은 그것을 실행할 사람이고, 조직 내에서 사람에 관한 문제를 다루는 곳은 HR이다. HR은 기업에서 경영자와 가장 긴밀하게 일하는 기관이어야 한다. 직원들이 전략 변화를 피부로 느끼고, 일상 업무에 변화를 일으키려면, 전략과 실행계획에 맞춰 평가 계획과 보상 계획을 수립해야 한다. 만약 6시그마를 도입하기로 했고, 회사의 최고경영층부터 6시그마를 중요하게 생각한다면, 6시그마에 적극적인 사람에게 좋은 평가가 가도록 인사평가 기준을 바꿔야 한다. 그리고 6시그마에 적극적이 되었을 때 어떤 보상을 받을 수 있는지 제시해야 한다.

국내 기업들이 HR을 기능적 수준에서 벗어나 전략적으로 잘 운영하고 있는지 의문이 든다. 이를테면, 전략은 변화했지만, 직원들은 과거의 방식으로 평가받는다. 전략 변화에 맞춰 평가기준을 새롭게 만들어서 직원들과 공유하지 않으면 직원들은 전략 변화를 체감하기 힘들다. 직원들이 구체적으로 어떻게 평가기준이 변화하는지 모르면, 변화한 전략이 주는 메시지와 좋은 평가를 받기 위한 기준이 충돌함으로써 직원들은 혼란을 느낀다. 관리자가 전달하는 메시지와 평가 때의 기준이 다르거나, 전략이 변화했는데 평가방식은 과거의 방식 그대로이거나, 우선순위 없이 너무 많은 것을 담은 채점표 때문에 조직이 우선순위를 바꾸었다는 것이 현장 직원들에게 전파되지 않는다면, 직원들의 주의력은 분산된다. 성과평가를 기업 경영의 핵심적인 도구로, 그리고 HR조직을 경영전략의 실행을 위한 핵심 도구로 생각해야 한다.

경쟁우위 창출에 대한 고찰

오랜 기간 수익을 내는 기업은 경쟁우위를 가지고 있다. 어떤 사업에 수익이 많이 나면, 많은 경쟁 기업은 마치 벌 떼가 꿀을 찾아서 모이듯이 해당 사업에 뛰어든다. 팻도시의 『경제적 해자』는 정말로 오랫동안 투자자들에게 높은 수익을 만드는 기업의 정성적인 특성을 설명한다. 저자는 어떤 회사가 경기침체, 불황을 이겨내고, 기술의 변화, 사회 트렌드의 변화에 내성을 가지고 오랜 기간 수익을 유지할 수 있는지 그 기업의 특성을 설명한다. 기업에 구조적인 경쟁우위를 제공하는 네 가지 원천은 무형 자산, 고객전환비용, 네트워크 효과, 원가 우위다.

첫째, 무형자산은 브랜드, 법적인 인가 같은 것이다. 기업이 무형자산을 가지면, 다른 경쟁기업보다 높은 가격을 자신의 제품에 매길 수 있다. 어떤 사업을 수행하는 데 법적인 인가가 필요한 경우, 기업은 상대적으로 경쟁을 피할 수 있다.

둘째, 고객전환비용은 고객이 경쟁자의 제품이나 서비스를 사용하기 어렵게 만든다. 고객이 다른 회사로 이동할 가능성이 낮아지면 회사는 더 높은 가격을 받을 수 있고, 높은 자본수익률을 낼 수 있다. 고객이 습관, 입맛에 따라 쉽게 다른 제품으로 바꾸지 못할 때 전환장벽이 생긴다. 고객이 현재 사용하는 서비스나 제품을 다른 제품으로 바꾸려고 할 때 고객에게 실제 비용이 발생할 수 있다. 고객이 어떤 회사의 소프트웨어 제품을 사용하다가 다른 제품으로 바꾸어야 할 때, 고객은 사용법을 다시 익혀야 하므로 자신의 시간을 투자해야 하는 비용이 든다.

셋째, 네트워크 효과는 정보를 공유하고 사용자들을 서로 연결해주는 일을 근간으로 하는 사업에서 흔히 발견된다. 사업 아이템이 네트워크 효과를 가지고 있고, 고객이 늘어나면, 고객은 더욱 만족한다. 고객은 시간이 흐를수록 새로운 경쟁 회사로 바꾸기가 어렵다. 새로 시작한 회사는 더 적은 수의 고객을 가지고 영업을 시작할 수밖에 없기 때문이다. 네트워크 효과가 있는 사업은 시간이 흐를수록 경쟁우위가 강화된다. 게다가, 회사가 규모의 경제를 바탕으로 많은 수의 고객에게 고정비투자를 배분할 수 있고, 시장규모를 충분히 만족시킬 수 있을 만큼 성장하면 다른 경쟁자가 진입하기 더욱 어렵다.

넷째, 저비용 프로세스와 더 나은 위치 및 고유한 자원의 소유는 모두 원가 우위를 만들어 낸다. 그러나 프로세스에 기반을 둔 경쟁우위는 주의 깊게 살펴봐야 한다. 한 회사가 새로운 프로세스를 창안하더라도 다른 회사가 그 프로세스를 모방할 수 있기 때문이다.

저원가와 관련하여 규모의 경제가 중요하다. 경쟁우위 측면에서 보면 작은 연못에서 큰 물고기가 큰 연못에서 적당히 큰 물고기보다 낫다. 물고기의 절대적 규모가 아니라 물고기와 연못 크기의 비율에 초점을 맞춰야 한다. 작은 연못에 큰 물고기가 한 번 자리를 잡으면 다른 큰 물고기가 들어오기 힘들다. 혹은 작은 경쟁 물고기가 큰 물고기로 자라나는 것을 막을 수 있다. 그러나 연못이 클 경우 내가 적당히 큰 물고기라도 언제든지 더 큰 물고기가 나타나서 나를 잡아먹을 수 있다.

예를 들면, 유통망을 특정한 시장에 구축하는 데 투자비용이 들고, 고정비를 들여야 하는 경우를 생각해보자. 유통망을 깔고 유지하는 데 드는 고정비를 많은 수의 개별 제품 가격에 배분할 수 있는 기업이 있는 시장은 경쟁자가 쉽게 잠식해 들어오기 어렵다. 게다가 유통하는 개별 상품의 가격이 낮고, 작은 양을 구매하는 많은 고객이 있을 경우 더욱 잠식하기 어렵다. 경쟁자는 비슷한 규모의 투자를 해야 하고, 그러고 나서도 고정비는 비슷하게 드는데, 무수히 많은 고객 하나하나를 뺏어야 한다. 고객이 일정한 수에 이르기 전까지는 막대한 고정비용이 적자를 만든다. 그런데 시장까지 작다면 더욱 곤란하다. 잠재적 경쟁업체 입장에서는 투자를 결정하기도 어렵고, 투자를 하더라도 고객을 획득하기가 어렵다.

사업을 할 때는 경쟁우위를 창출하는 방향으로 의사 결정을 해야 한다. 무형자산을 축적하는 형태로 사업을 전개하고 있는가? 제품, 서비스는 브랜드화 되어 있는가? 꾸준히 광고, PR 등에 투자해서 사람들에게 자신의 브랜드를 인지시키고 있는가?

제품과 서비스는 전환장벽을 형성하고 있는가? 서비스를 강화하는 것이 전환장벽을 형성하는 가장 기초적인 접근이다. 고객들은 서비스가 좋아지면, 편하고 익숙해져서 서비스가 취약한 경쟁제품으로 쉽게 옮겨가지 않는다. 제품이나 서비스에 대해 고객을 교육하고, 교육의 결과로 고객의 생산성이 높아지고 만족하고 있다면, 낯선 다른 제품과 서비스로 옮겨가는 것이 쉽지 않다.

초기의 월마트가 경쟁우위를 고려한 전략을 펼쳤다. 월마트가 처음 미국에 점포를 냈을 때의 상황을 살펴보자. 이미 K마트는 도시를 중심으로 수요가 있는 곳마다 들어서 있는 상태였다. 월마트는 K마트와의 경쟁을 피해서 소도시에 소도시 전체 수요를 만족시킬 수 있을 만큼 큰 규모로 점포를 열었다. 사람들이 처음에는 무모하다고 생각했다. 시골에 이렇게 대형마트를 지어서 과연 장사가 될 수 있을까? 그러나, 결과는 효과적이었다. 지역의 수요를 독점하다시피 흡수했다. 한 번 월마트가 들어선 곳에는 경쟁점포가 들어서기 힘들었다. 월마트는 지속적으로 소도시를 통해 확장했다. 샘 월튼의 자서전인 『샘 월튼』을 읽어보면 초기 월마트의 전략적 선택을 알 수 있다. 같은 사업을 전개하더라도 경쟁우위를 창출하는 방향으로 사업활동에 초점이 가도록 해야 한다.

가치와 가격의 동태성을 주목하라

고객이 제품이나 서비스를 가치 있다고 생각하는 이유는 회사가 그 가치를 고객에게 학습했기 때문이다.

휴대폰이 처음 도입되었을 때는 통화 품질이 가치로 인식되어 좋은 통화 품질이 프리미엄을 받았다. 차차 기능 중심의 시장으로 옮아가서 벨소리 폴리(동시에 날 수 있는 악기의 수, 화음의 개수)수, 카메라 화소수의 경쟁으로 넘어 갔다. 시간이 흘러 스마트폰이 출현하고 소비자의 선택의 기준이 이메일, SNS, 인터넷 브라우징, 다양한 어플리케이션으로 옮아가고 있다. 혁신은 공급자에게 먼저 일어나서, 그것이 가치라고 고객을 설득한다. 고객이 느끼는 가치는 공급자의 기술 능력과 상호 작용하면서 시간이 흐를수록 변화한다.

처음 어떤 제품이나 서비스가 시장에 등장하면, 처음에 소비자는 제품의 상세한 기능에 대해서는 자세히 모른다. 소비자는 새로 등장한 제품과 서비스에서 기본적인 필요, 욕구를 충족하는 가치만 이해할 수 있다. 소비자가 제품을 구매해서 사용하기 시작하면 가치에 대해 학습하고 이해가 깊어진다. 소비자는 시간이 흐를수록 제품의 기본 기능 외에 제품에 대해 다양한 생각을 한다. 어떤 부분은 성능이 더 좋아지길 원하고, 좀 더 다양한 디자인을 원하며, 더 추가할 기능을 원한다. 고객의 욕구가 늘어나면 공급업자는 다양한 기능과 성능의 제품을 시장에 출시한다. 다양한 제품을 소비한 고객은 제품에 대해 더 학습하고, 새로운 욕구를 발전시킨다.

소비자가 제품을 선택하는 기준이 경쟁의 기반이다. 경쟁의 기반은 산업이 발전함에 따라, 소비자들이 제품을 학습하면서 변화한다. 경쟁의 기반 내에서 더 많은 가치를 저렴한 가격에 제시하는 제품과 서비스가 많이 팔려 나간다. 경쟁이 존재하면 소비자는 더욱 안심하고 구매한다. 비교할 수 있다는 것이 중요하다. 몇 가지 기능을 중심으로 가격대가 다른 여러 제품이 존재하면 고객은 자신의 우선순위와 기능에 대한 비교를 통해서 일정한 판단 기준과 선호를 바탕으로 제품을 구매한다.

앞에서 말했듯이 휴대폰이 처음 등장했을 때는 무선 음성통화가 기본적인 기능이었다. 초기에는 유선통화와 대비하여 음성통화의 질이 중요한 가치였다. 통신 사업자들이 무선 통화망을 까는 경쟁을 하던 시점이다. 지하나, 산간 등지에서 통화가 잘되느냐가 중요한 문제였다. 당시에 소비자들에게 휴대폰이 언제 어디서나 잘 터지느냐가 중요한 가치였다. 시간이 흘러 카메라 폰, 벨소리 등의 부가 기능이 중요해졌다. 카메라 폰의 화소수가 문제였고, 벨소리가 몇 화음이냐가 문제였다. 다양한 종류의 휴대폰이 출시되었고, 이런 부가 기능이 다양하게 장착되어 여러 가격대로 제품이 출시되었다. 구성된 기능과 성능에 따라 다양한 가격대를 형성했다. 소비자는 카메라 폰의 화소수, 카메라폰의 어플리케이션, 동영상이 끊김 없이 장시간 가능한지 여부, 64폴리 벨소리를 다 갖추고도 가격이 저렴한지 따져서 구매한다. 그 이후 스마트폰이 등장하면서 인터넷 속도가 한때 중요한 문제였다가, 카메라성능, 소프트웨어와의 연결성 등 여러가지 측면으로 경쟁기반이 변화했다.

소비자는 제품과 서비스를 선택할 때 가격과 가치에 대한 인식을 바탕으로 구매를 결정한다. 소비자의 가격과 가치에 대한 인식이 시간이 흐름에 따라 어떻게 변화하는지 파악해라. 경쟁자의 가격과 가치의 함수를 파악하고, 앞으로 어떻게 변화할지 예견하라. 고객의 마음속에서 비교할 수 있는 선택 대안은 무엇이고, 자사의 제품은 어떤 가격, 가치 함수로 소비자들에게 다가가는지 살펴보라.

가격 전략에 대한 고찰

2010년 5월 「하버드 비즈니스 리뷰」에 '고객들이 가격에만 집착하는 것을 막는 방법How to Stop Customers from Fixating on Price'이라는 기사가 실렸다. 시장이 성숙함에 따라 제품과 서비스가 범용화되고 이런 상황에서 고객은 그저 가격이 싼 것만 찾는다. 이럴 때는 기업이 혁신을 통해서 고객 가치를 창출하더라도, 고객은 흥미를 느끼지 못한다. 가격 전략을 통해 고객에게 메시지를 전달하고, 기존의 가격중심 경쟁구도를 탈피하는 방법이 있다.

① 제품 장점을 부각하기 위한 가격 전략 채택

고객이 가격이 아니라 제품의 가치에 집중할 수 있도록 변화시킴으로써 자사의 혁신에 고객이 더 많이 지불하도록 고객을 학습시키는 전략이다.

타이어업체가 타이어의 내구도를 향상시켰는데도 불구하고, 고객은 저렴한 타이어만 찾고 관심이 없었다. 굿이어는 내구도에 따라 가격을 다르게 매겨서 고객이 내구도를 중요한 변수로 고려하도록 메시지를 전달했다. 즉, 내구도가 좋은 타이어에 높은 가격을 부과했다. 또한 회사는 내구도에 대한 혁신 투자를 지속했다. GE 제트엔진은 운항거리에 따라 가격을 매김으로써 운항거리를 늘리는 혁신투자에 대한 보상을 받았다.

국내의 이메일 대량 발송 업체들은 고객으로부터 의뢰받은 이메일 대량 발송에 대해 성공 발송 통수를 기준으로 과금한다. 고객은 발송장비, 이메일 발송 소프트웨어, 네트워크 회선을 신경 쓰지 않고, 이메일 성공 통수를 기준으로 요금을 낸다. 고객은 이메일 발송 서비스 업체의 가격을 검토하면서, 자사의 이메일 발송량과 이메일 발송 시스템을 갖추기 위해 필요한 하드웨어 및 솔루션 구매, 해당 솔루션을 자사 내에서 운영하는 비용, 네트워크 사용량 등을 고려해 가격과 가치를 새로운 시각으로 바라본다.

HaaS_Hardware as a Service(하드웨어를 서비스로 제공하는 사업, 정확한 명칭은 아마존의 EC2, 랙스페이스클라우드의 클라우드 서버 등)는 클라우드 컴퓨팅 기술을 바탕으로 CPU, 메모리, 하드웨어, 네트워크 회선을 제공하는 서비스이다. 고객은 사용한 만큼 시간단위로 지불한다. 아마존은 대규모 데이터센터를 짓고, 대규모의 개인용 컴퓨터서버를 구매하여 가상화 기술에 투자했다. 고객은 직접 하드웨어를 소유할 필요가 없다. 아마존에게 사용료를 내고 가상의 서버를 빌려 쓸 수 있다. 메모리를 늘리거나, CPU 파워를 올리거나, 더 많은 서버를 확보하는 일이 아주 신속해진다. 클라우드 컴퓨팅 업체가 하드웨어를 서비스로 제공하고, 사용량에 따라 지불하도록 하면, 고객은 실제 하드웨어를 이용하는 가격을 서비스 요금으로 환산하여 비교하고, 클라우드 컴퓨팅 업체가 제공하는 확장성과 유연성을 자세히 살펴보면서 가격, 가치에 대한 새로운 인식을 형성한다. 당연히, 클라우드 컴퓨팅 업체들이 노리고 있는 바다.

② 의도적으로 높은 가격을 채택해서 고객이 제품의 가치에 관심을 가지도록 함

만약 대부분의 GPS 제품이 200달러인데, 어떤 특정한 제품만 300

달러일 경우 고객은 이 제품이 어떤 가치를 가지고 있는지 자세히 살펴본다. 고객의 주목을 끌기 위해 의도적으로 높은 가격을 매기는 전략이다.

한 엘리베이터 제조업체는 새로운 혁신을 통해 좋은 제품을 만들었다. 그러나 기존 고객은 저가격 위주로만 제품을 찾는 상황이었다. 기존 제품은 기존 제품대로 팔고, 상당히 비싼 가격을 책정하여 신제품을 같이 소개했다. 초기에는 판매량이 적었지만, 고객들이 새로운 제품에 대한 인지도에 관심을 가지고 같이 비교하게 함으로써 후일 해당 제품을 시장에 안착시켰다.

이를테면 당신이 소프트웨어 솔루션 사업을 하고 있는데, 당신이 속한 시장이 치열한 경쟁 상황에 처해 있다고 해보자. 당신이 여러 가지 새로운 기능을 추가해 솔루션을 새로 개발했다고 해도 고객은 기존에 찾던 기능만 찾고, 새로운 제품에 대해서 별로 관심이 없다. 이럴 경우 당신은 기존의 제품라인은 유지하면서 영업을 지속하고, 새로운 기능이 추가된 제품에 의도적으로 높은 가격을 매길 수 있다. 높은 가격을 매기면 고객들은 제품을 검토하는 단계에서 가격이 비싼 제품을 유심히 살펴본다. 물론 높은 가격 때문에 새로운 제품을 선택하는 고객은 당장에는 많지 않다. 그러나 상대적으로 비싼 신제품을 소개받은 고객은 새로운 제품의 가치에 대해 주목한다. 이렇게 확보한 인지도를 바탕으로 추후에 고객을 만들면서 시장에서 자리를 잡을 수 있다.

③ 가격을 분할해서 제시함으로써 특정한 부분의 장점을 부각시킨다

동일한 서비스를 동일한 가격에 제공하더라도, 가격을 분할해서 제시할 경우 고객이 제품의 구성 서비스을 파악하고 관심을 기울이는 정도가 다르다.

예를 들면, 초고속 인터넷 결합상품을 같이 파는 경우를 살펴보자. 과거에 초고속 인터넷 서비스의 가격이 월 3만 원이었다. 초고속 인터넷 서비스 시장의 경쟁 격화로 새로운 부가서비스를 개발해도 고객은 특별한 관심을 기울이지 않는다. 혁신을 단행하여, 인터넷 전화와 IP TV서비스를 추가하였을 때 다음과 같은 가격을 제시한다. 개별적으로는 인터넷 전화요금의 기본요금을 월 1,000원으로 매기고, IP TV의 월 사용료를 9,000원으로 표시하고, 전체를 4만 원의 가격으로 제시한다. 초고속 인터넷 서비스 망의 실제 원가는 훨씬 적고, 이미 투자를 완료해서 더 저렴하게 받을 수 있지만, 이미 고객은 초고속 인터넷 서비스의 가격을 3만 원 정도로 인지하고 있는 상황이다. 고객은 새로 추가되는 부가 서비스의 가격이 저렴하다고 여겨서 새롭게 구성된 패키지를 싸다고 느낀다. 물론 전화만 추가하거나, IP TV 서비스만 사용할 수는 없도록 한다. 상품구성을 3만 원의 인터넷 서비스와 4만 원의 인터넷 + 전화 + IP TV로 선택할 수 있게 제공할 경우 고객은 추가로 제공되는 서비스가 가격 대비 저렴하다고 생각해서 추가 구매를 고려한다.

전체의 통합 가격만 제시할 경우 고객은 개별 서비스의 가치와 가격을 비교해 볼 수 없지만, 가격을 분할해서 제시할 경우는 개별 서비스 가격과 가치를 비교하고 관심을 가진다. 전체 서비스에 대해서는 차별화를 느끼지 못하더라도, 가격을 분할하여 제시한 개별 서비스가 좋다고 느껴지면, 전체 서비스에 대해서도 호감을 가진다.

**④ 단일화된 제품가격으로 고객이 가격에 신경 쓰지 않고
자신의 선호에 집중하도록 만든다**

애플의 아이튠스는 음악가격을 1.29달러로 통일시킴으로써 고객은 자신이 선호하는 노래를 선택하는 데 집중하게 했다. 스와치가 패션 시계를 선보일 때 시계가격을 통일시키자 구매자는 시계 가격보다는 스타일과 디자인에 신경을 썼다.

행동 경제학에서 다루는 가격 전략

행동경제학behavioral economics은 이성적이며 이상적인 경제적 인간을 전제로 한 경제학이 아닌 실제적인 인간의 행동을 연구하여 어떻게 행동하고 어떤 결과가 발생하는지를 규명하기 위한 경제학이다. 아담 스미스 이래 경제학은 많은 이론적 발달이 있었음에도 실제의 경제에서 현실과 괴리를 보였다. 그 이유는 경제학 이론은 사람이 합리적 의사 결정을 한다는 전제하에 발달했는데, 실제로 사람은 합리적이지 않기 때문이다. 이는 사람이 갖는 여러 사회적, 인지적, 감정적 이유와 편향에 의해 일어나는 심리학적 현상에 관련이 있다고 보았다. 다니엘 카너먼은 행동경제학의 발달에 대한 공로로 2002년 노벨 경제학상을 수상했다. 행동 경제학의 이론을 잘 활용하면 가격 전

략에 대한 좋은 아이디어를 많이 얻을 수 있다.

행동 경제학자인 댄 애리얼리의 『상식 밖의 경제학』에서는 다음과 같은 가격 전략을 소개하고 있다.

만약 어떤 잡지의 웹사이트에서 구독광고란에 다음과 같은 내용이 있다고 해보자.

① 온라인 구독권: 1975년 이후의 모든 잡지의 내용을 온라인에서 볼 수 있는 권한에 연간 75달러

② 오프라인 구독권: 1년간 오프라인 잡지를 받아보는 데 연간 135달러

③ 온라인구독권과 오프라인 구독권: 1975년 이후의 모든 잡지의 내용을 온라인에서 볼 수 있는 권한과 1년간 오프라인 잡지를 받아보는 데 연간 135달러

이런 내용이 있으면 상식적으로 ②를 선택하는 사람은 없다. 그냥 이 회사의 마케팅 부서의 실수라고 생각하기에는 인간행동에 대한 깊은 이해가 숨어 있다. 저자는 만약 ②가 존재하지 않는다면 3분의 2가 ①을 선택하지만, ②가 존재함으로써 3분의 2가 ③을 선택한다는 것을 실험으로 입증했다. 사람들은 항상 비교해서 의사 결정을 한다.

가치가 높고 가격이 비싸고, 가치가 낮고 가격이 싼 대안들만 있을 경우 인간은 쉽게 결정하기 어렵다. 그러나 가치가 어중간하면서 가격이 높은 대안을 하나 추가해주면, 비교를 통해 가치가 높고, 가격이 높은 것을 선택하게 유도할 수 있다.

식당에서도 의도적으로 가장 많이 팔고 싶은 주력 상품 위에 고

가의 메뉴를 집어넣어서 고객이 중간을 선택하도록 유도한다. 즉, 5만 원짜리 정식이 주력 제품인 식당이라면 그 위에 반드시 7만 원 혹은 10만 원짜리 메뉴가 존재해야 한다.

위기에 빠진 회사에 부임하여 경영자가 되었을 때

문제를 가지고 있는 회사의 경영을 맡게 되었을 때 사실상 가장 중요한 경영자의 능력은 리포지셔닝 능력이다. 리포지셔닝에 대해선 램 차란의 『노하우로 승리하라』에 소개되어 있다. 램 차란이 성공하는 리더의 8가지 노하우로 정리한 것 중 제일 첫 번째로 짚은 것이 '포지셔닝과 리포지셔닝' 능력이다.

포지셔닝과 리포지셔닝은 고객의 욕구를 충족하고 수익을 창출하는 핵심아이디어를 찾아내는 역량을 말한다. 특히, 업계의 상황이 변했거나, 새로운 기술이 등장해서 변화가 예상되거나, 강력한 경쟁자가 등장하거나 하는 식으로 기업이 기존의 전략을 고수하기가 어려운 상황일 때 리포지셔닝 역량이 필요하다. 기업은 변화를 추구해야 한다. 변화해야 할 때 사업의 리포지셔닝이 필요하고, 리더에게 리포지셔닝 역량이 필요하다.

리포지셔닝 역량을 바탕으로 기존 조직의 핵심역량에 대한 정의를 바꾸고, 핵심 리더십 특성을 바꾸어야 하는 경우도 발생한다. 예를 들면, GE의 제프 이멜트는 유기적 성장으로 방향을 선회하면서 마케팅과 기술에 탁월한 리더를 회사의 리더상으로 정하고, 핵심인력을 교체하고, 키워냈다. 바뀐 전략에 따라 역량 있는 외부인재를 유입하거나, 내부의 직원들 중 평가방식을 바꾸어 이전에는 대접받지 못하던 직원이 대접받을 수 있다. 그리고 때로는 새로운 시장으로 진출 혹은 혁신, 사업모델의 변경, 자사의 사업 포트폴리오 변화 등 변화 관리 능력이 필요하다. 성공하는 리더는 이러한 리포지셔닝 능력을 가지고 있다.

리포지셔닝 능력이 부족한 리더는 자사 제품의 본질을 잘 모른다. 공급자의 시각이 부족하고, 소비자로서 자사의 제품을 평가할 역량이 없는 경우가 많다. 이런 리더가 위기에 빠진 조직을 맡았을 때는 어떤 방향으로 주요 제품의 포지셔닝을 바꿀지 모르기 때문에 조직 내에 있는 사람에게 의존하는 경향이 있다. 다행히 회사 내부에 능력 있는 인재가 있어서 위기 상황을 탈출할 리포지셔닝 전략을 수립할 수 있다면 모르겠지만, 리더가 이것을 판단할 능력이 부족하면, 위기는 해결되지 않고 지속된다.

리더가 처음 조직을 맡았을 때는 모든 조직원이 리더를 바라보면서 어떤 조처를 할지 궁금해하며, 관심을 둔다. 초창기에 관심이 고조되었을 때 준비된 리포지셔닝 전략을 바탕으로 조직의 변화를 빠르게 만들어내지 못하면, 이후에는 직원의 관심도 줄어든다. 즉, 변화하기가 더 어렵다. 위기에 빠진 조직은 갑판에 불이 난 배와 같다. 모두가 위기의식을 공유하고 리더가 신속하게 새로운 활로, 즉 리포지셔닝 전략을 수립해서 지시해야 한다. 만약 이 시점을 놓치면 배 전체에 불이 번져서, 서서히 가라앉는다. 직원들은 무력감에 어찌할 바를 모르게 된다.

만약 위기에 빠진 조직을 경영해야 한다면, 부임 후는 해법을 찾기엔 너무 늦다. 부임하기 전에 조직에 대해 최대한 상세히 정보를 얻고, 어떤 리포지셔닝 전략을 구사할지에 대한 방안을 세운 이후에 부임해야 한다. 결국 잘 모르는 사업을 맡아서는 안 된다는 이야기다. 리더가 위기에 빠진 조직을 살리려면 상황을 정확히 파악하고 있어야 하고, 해당 산업의 본질도 꿰뚫고 있어야 한다. 만약 당신이 이사회의 일원이라 위기에 빠진 회사의 경영자를 선임해야 한다면, 새로 부임하는 CEO에게 해당 산업에 대한 지식과 회사를 살려낼 명백한 계획이 있는지 검토하고 선임하라.

3

운영

예산 수립의 중요성 … 79

세그먼트: 기업 성장의 묘약 … 84

교세라로부터 배우는 아메바 조직 … 90

예산을 수립 때 주의할 점:

적게 약속하고 많이 달성하라 … 94

예산 수립 시 매출 예측을 손쉽게 하는 방법 … 97

사업운영에서 혁신과

기존 사업의 자금 배분 결정 … 102

사업운영의 핵심원리: 진솔한 대화 … 104

예산 수립의 중요성

사업 전략을 짜고 나서 예산을 수립하지 않는 경영자는, 전쟁의 전략은 수립했지만 효과적으로 적진에 자신의 병사와 물자를 실어 나르는 병참을 신경 쓰지 않는 것과 같다. 아무리 좋은 전략을 수립했다 하더라도, 사업의 일상은 자원 투입에 대한 의사 결정을 필요로 한다. 만약 예산을 수립하지 않는다면 매일매일 의사 결정을 즉흥적으로 해야 한다.

성장하는 사업은 시의 적절하게 투자하지 않으면 성장기회를 놓치는 경우도 있다. 만약 예산을 수립하지 않고, 즉흥적인 의사 결정에 의존하면 큰 규모의 투자를 하기가 어렵다. 투자를 하더라도, 전체 사업의 현금흐름을 고려하지 않을 수 없고, 사업의 수익률에 얼마만큼 영향을 주는지 고려해야 한다. 가랑비에 옷 젖듯이 일반경비가 회사 전체의 수익을 갉아 먹을 수 있다. 때로는 경비나 각각의 비용 투자가 매출대비 비중이 어떤지, 어떻게 전체의 수익에 민감하게 작용하는지 직관적으로 알기 어려운 경우가 많다.

예산시스템이 존재하지 않을 경우 반드시 써야 할 돈을 제때에 지출하지 못한다. 직원의 복리후생비 등 사기에 전적으로 영향을 미치는 자금을 투자에 비해 매출실적이 조금만 좋지 않으면 감정적으로 철회할 수도 있다. 예산시스템이 있으면 매출실적이 좋지 않을 때, 전체 비용구조를 이해하고 비용 절감을 체계적으로 할 수 있다.

인력계획도 마찬가지인데, 사람을 고용했을 때 전체의 비용구조에 미치는 영향을 알고 있어야 한다. 예산안 수립은 해답을 준다. 예산안 수립 과정에서 비용 계획을 세우며 어떤 비용이 사업 전체에서 중요하게 통제해야 할 비용인지 알 수 있다. 성장하는 세그먼트에 대해, 어느 정도의 자금을 투자해야 하는지 계획을 세울 수 있고, 간단하게 스프레드시트를 가지고 시뮬레이션 해볼 수도 있다.

부연하면, 월별 매출액을 제품이나 세그먼트 별로 예상하고, 매출원가를 추산해야 한다. 광고비, 인건비, 외주비, R&D 투자비 등 판매와 일반관리비를 계획하여 예상 당기 순이익을 계산한다. 그리고 모든 비용에 대해서는 매출액 대비 백분율을 계산하여 비용의 증감이 매출액에 어떤 영향을 민감하게 미치는지 살펴봐야 한다. 인력 비용에 대해서는 정규직 1명당 비용(산업별, 나라별로 이 숫자는 달라진다. 1인당 월 600만 원을 기준으로 할 수도 있고 1000만 원으로 계획을 잡을 수도 있다. 자사의 1인당 인건비를 분석하면 평균적인 종업원 1인당 비용을 가정할 수 있다)을 대략적으로 추산하여 인력계획이 비용계획에 반영되도록 계획을 수립한다.

사업 성장을 위한 브랜드, 기술 등 경쟁우위를 확보하려면 돈을 투자해야 한다. 예산안 항목에서 광고비, R&D 비용 지출계획을 세운다. 광고비나 R&D 비용 예산을 수립하고 나서는 실행단계에서 해당 비용을 지출하는 방법을 고민해야 한다. 효과적으로 돈을 쓰려는 고민은 성과로 연결된다. 브랜드 창출이나 기술력 확보는 단기간에 이뤄지지 않으므로 예산안을 수립하고 꾸준하게 투자해야만 결과를 볼 수 있다. 나는 경쟁우위 확보에 관련된 투자 예산 책정이 특히 중요하다고 생각한다. 사업계획상 고객가치를 증대할 다양한 계획을 세워놓고, 실행이 안 되는 경우가 많다. 이는 예산을 수립하지 않아서 그렇다. 실제로 고객가치를 증대하기 위한 소프트웨어 R&D에 매월 얼마를 투자할 것인가? 그리고 브랜드가치를 증대하는 데에 매월 광고비로 얼마나 쓸 것인가?

월별, 분기별로 매출계획과 각종 비용에 대한 지출 계획을 만든다. 매출계획은 보수적으로 잡는 것이 좋다. 매출의 분기별, 계절적인 요인을 고려해서 현금흐름을 고려한 지출계획을 세울 수도 있다.

예를 들면, 공공기관에 영업을 주로 하는 회사의 경우 연초에는 실제로 수금할 것이 별로 없다. 공공기관의 실무자들이 연초에는 자금을 지출하기보다는 연간 사업을 계획하고, 준비하는 데 시간을 보내기 때문이다. 때문에 연초에는 모든 지출을 통제해야 한다. 그렇지 않을 경우 연초에 자금 부족에 시달리게 된다.

식품 사업을 하고 있고, 선물용 제품을 주요 사업으로 하고 있다면, 주요 매출이 추석과 설날 같은 명절에 집중된다. 이럴 경우 주요한 자금 투자 일정을 해당 매출을 수금하는 시점 이후로 계획을 세우는 것이 좋다. 어떤 사업은 여름에 매출이 좋고, 어떤 사업은 겨울에 좋다. 전체적인 사업의 연간단위 주기에 주목해야 한다. 그리고 수주형 산업의 경우 수주잔고를 통해서 향후 몇 개월 후부터, 몇 년 후까지의 자금 흐름을 미리 예측하는 경우가 있다. 해당 자금 흐름에 맞춰 각종 자산투자, 판매와 일반관리비에 대한 계획을 세워야 한다.

예상되는 수입의 현금흐름에 맞춰 지출 계획을 잡으면 운전자본 필요량이 적어지므로 남는 자본을 다른 사업에 투자하거나, 주주에게 배당 가능하다.

대기업은 잘 짜인 예산 계획, 결산 등의 시스템을 가지고 있다. 그러나 많은 소규모 기업은 계획을 가지고 있지 않는 경우가 많은데, 심지어는 1인 기업이라 하더라도 예산안을 만들고, 자신의 사업을 계획적으로 할 필요가 있다.

많은 사람들이 예산이란 말을 하면 대기업 혹은 공기업의 관료적인 통제 수단을 떠올리고 혐오하는 듯한 반응을 보인다. 세상은 변하는데, '예산에 없다'며 통제하는 관리부서의 발목잡기가 떠올라서 예산 시스템 전체에 대해 부정적으로 보는 경우다. 나 역시 사업 초창기에 예산 계획 따위는 필요 없다는 생각에 예산을 짜지 않고 사업을 했다. 사업을 하면서 현금흐름이 막히거나, 계획적으로 지출을 하지 못하는 상황은 큰 피해로 돌아온다. 늘 부족한 자원을 잘 할당하여 효과를 내는 의사 결정 기술과 그것을 뒷받침하는 현금흐름 관리시스템이 필요하다. 그 핵심에 예산 수립과 운용이 있다.

예산 수립은 사업계획 수립 시에 일회적으로 하고 끝나는 것이 아니라, 월간, 분기 운영리뷰마다 결산실적과 예산계획을 비교해가며, 바뀐 사업 상황에 따라 지속적으로 수정해야 할, 사업 운영의 핵심 도구다.

나는 사업을 운영하면서 분기단위로 운영리뷰를 하고, 매번 팀장에게 분기단위로 변화한 사업 현실에 따라 연간 예산을 매번 다시 작성하도록 했다. 특정한 세그먼트의 매출성장이 가파를 것이라고 예상했지만, 실제의 현실은 그렇지 않을 수 있다. 투자를 대규모로 하기로 했지만, 현재 상황으로는 회수가 어렵다고 생각되면 규모를 축소하거나 다음 분기부터는 투자를 그만두면 된다. 투자 결정을 분기단위로 짚어보면, 규모가 큰 사업도 변화하는 환경 속에서 안정적인 현금흐름을 만들 수 있었다. 즉, 예산은 바로 결산과 연결된다. 매월, 분기별, 연간 결산서와 연결되어 지속적으로 피드백 하고, 사업의 의사 결정에서 가장 중요한 수단으로 삼을 필요가 있다.

중소기업의 생산성을 회사의 비용 지출만 보고 파악하는 방법이 있다. 전체 비용 중 인건비 비중을 보면 된다. 생산성이 높은 조직은 인건비의 비중이 전체 지출에서 적은 비중을 차지한다. 생산성이 낮은 기업은 비용지출 대부분이 인건비다. 일반적인 서비스업을 보면, 회사 전체의 비용 지출의 50퍼센트가 인건비인 경우가 많다. 사람에 의존해서 사업을 전개하고, 경영자가 무조건 아끼기만 하기 때문이다. 예산을 체계적으로 수립하고, 인건비 외에도 광고비, 연구개발비, 아웃소싱비를 책정하고 잘 지출하는 기업은 전체 인건비 비중이 전체 비용지출의 50퍼센트 아래로 떨어진다. 예산을 책정하지 않으면 무심코 직원을 늘리고, 인건비 비율이 줄어들지 않는 악순환에 빠진다. 그러나 예산 시스템에 의해 직원 1인당 비용이 월 600~1,000만 원 증가한다고 생각하면 쉽게 정직원을 늘릴 수 없다. 대신 회사에서 필요한 일을 외부의 계약직에 맡기거나, 전문업체에 위탁하는 예산을 수립한다. 비용 지출에서 인건비 비중을 줄이려면 다른 비용에 대한 예산을 잡아라. 물론 생산성을 높이려면 매출을 올리고 이익을 올려야 한다. 그러나 먼저 돈을 벌기 위해서는 돈을 쓰는 방법을 바꾸어야 한다.

세그먼트: 기업 성장의 묘약

기업은 성장을 원하고, 기존 사업을 나눔으로써 성장할 수 있다. 사업의 매출을 나누어서 바라보고, 각 세그먼트의 성장이 촉진되도록 견실하게 관리할 수 있다.

80/20법칙으로 유명한 리차드 코치가 쓴 『전략을 재점검하라』는 전략의 수립과 실행에 관해 다루고 있다. 단일한 사업처럼 보이는 곳에서도 사업 세그먼트를 나누고, 각 세그먼트별로 매출과 원가를 분석한다. 각 사업 세그먼트가 속한 산업의 산업매력도를 분석하고, 머리빗분석, 시장성장률, 상대적 시장점유율, 세그먼트별 매출액이익률, 세그먼트별 자본수익률을 분석한다. 가상의 사례를 바탕으로 상세하게 전략의 수립 과정 전체를 보여준다.

비슷한 제품처럼 보일지라도 경쟁자가 다르거나, 동일한 경쟁자를 가지고 있더라도, 해당 영역에서 시장점유율이 다를 경우 세그먼트로 나눌 수 있다. 만약 제품을 팔고, 유지보수를 하는 형태의 사업이라면 크게 보아서 제품판매와 유지보수라는 세그먼트로 나눌 수 있다. 기업에 다양한 서비스를 제공하는 형태의 사업이라면 서비스별로 세그먼트를 나눌 수 있다. 커피판매업이라면 내방 고객과 테이크아웃 고객으로 나누고, 테이크아웃 고객을 개인소비자와 기업 행사용으로 구매하는 세그먼트로 나눌 수 있다. 각 산업마다 하나의 사업이라도 복수개의 세그먼트로 나누어 바라볼 수 있다. 하나의 사업단위에서 복수개의 사업을 하면서 각각의 사업을 세그먼트로 분류해서 사업을 운영할 수 있다.

세그먼트별로 사업계획 수립하고, 사업운영하기

먼저 세그먼트별로 매출액을 파악한다. 사업계획 수립 시점부터 세그먼트별로 행동계획을 수립하고, 예산 수립을 별도로 하고, 매출계획도 각각 따로 잡는다. 회사 운영의 주요한 단위에 세그먼트를 활용하는 것이 좋다. 세그먼트별로 매출이 월별, 분기별, 연간으로 기록되고, 각종 투자자금이나 주요한 활동계획들이 세그먼트별로 만들어진다. 너무 많은 세그먼트를 만들면 사업 관리 비용이 많이 든다. 손익을 책임지는 사업관리자가 손에 꼽을 수 있을 정도의 세그먼트를 관리하는 것이 적절하다.

매출 세그먼트를 나누고, 세그먼트별로 실행계획을 세우는 것에 대해 알아보자. 매출 세그먼트를 나누는 과정이 단지 분류를 위한 분류가 되어선 안 된다. 현재 발생하고 있는 매출을 단지 분류를 하기 위해 나누었을 때는 어떤 사업적인 통찰력도 생기지 않는다.

예를 들면, 만약 여러분이 테이블 10개를 비치한 커피전문점을 하고 있다고 가정하자. 커피전문점의 영업시간은 매일 10시간이고, 주말까지 영업한다. 주중에는 평균적으로 고객이 한 테이블에 머무르는 시간이 2시간이고, 평균 테이블 점유율이 80퍼센트, 테이블당 평균 매출이 1만 원이었다. 그리고 주말에는 테이블에 머무르는 시간이 4시간에, 평균 테이블 점유율이 30퍼센트, 테이블당 평균 매출이 1만 원이었다. 그렇다면, 매출을 다음과 같이 계산한다.

주중 하루: (10시간 ÷ 2시간) × (10 테이블 × 0.8) × 1만 원 = 40만 원
주말 하루: (10시간 ÷ 4시간) × (10테이블 × 0.3) × 1만 원 = 7.5만 원
월 매출: 40 × 5(일) ×4(주) + 7.5 × 2(일) × 4(주) = 860만 원
연간 매출: 860(만 원) × 12(개월) = 1억320만 원

세그먼트를 적용하여 성장 계획을 세워 보자. 결국 매출 증가 계획은 테이블당 평균 매출을 증가시키기 위해 제품 가격을 올리거나, 테이블 점유율을 높이기 위해 이벤트를 하거나, 한 번 방문한 고객의 재방문을 높이기 위해 서비스를 개선하는 등의 여러 가지 형태로 잡을 수 있다. 매출 세그먼트를 어떻게 나눌 수 있을까? 단지 분류를 위한 분류가 되면 '주중/주말'로 나눈다. 하지만, 주중과 주말의 세그먼트를 나눈다고 해서 의미 있는 매출 신장 계획이 나올 수 있을까? 구체적인 실행 계획을 통해서 주말의 매출 계획을 높일 수 있

는 방법이 있다거나 하면 방법이 있을 것도 같지만, 실제로는 쉽지 않다.

모든 문제의 출발은 고객을 바라보는 관점에 있다. 누구에게 어떤 가치를 팔아서 매출을 증가시킬 것인지에 대한 답변을 할 수 있어야 한다. 우리는 기존 구조에 새로운 고객을 노리는 몇 가지 전략을 추가하기로 결정하고, 임대료와 인건비를 증가시키지 않으면서 새로운 매출원을 찾기로 했다. 그래서 시도한 것이 인근 사무실을 대상으로 한 커피 배달이다. 인근 사무실에서 미팅을 할 때 사전에 주문을 하면 30분 안에 갓 추출한 드립 커피를 배달하기로 했다. 현재의 인력 구조로 충분히 가능하다고 판단했다. 추가적인 비용은 초기 홍보를 위한 광고비 외에는 특별히 없다.

그럴 경우 매출 세그먼트는 다음과 같이 나뉜다. '매장매출/배달 매출'이다. 기존 매장매출은 다른 영업활동을 동일하게 할 경우 전년도와 같거나, 그간의 인지도 상승 등으로 소폭의 매출 증가를 기대할 수 있다. 인테리어 디자인에 연간수입의 10퍼센트에 해당하는 금액을 투자하고, 커피 가격을 인상해서 전년도와 동일한 매출을 만들고, 커피 하우스가 고객에게 주는 경험을 높이기로 했다 즉, 1,032만 원을 인테리어 디자인 예산으로 책정했다. 주변 상권에 대한 분석결과 커피 가격을 10퍼센트 인상하더라도 경쟁이 된다고 판단했다. 새롭게 인테리어 디자인을 해서 고객경험이 좋아진 것이 높아진 가격을 상쇄해서 회전율이 유지된다고 가정했다. 그럴 경우 연간 매출은 1억1,352만 원으로 예상된다. 인테리어 비용이 추가로 들더라도, 작년도와 비슷한 이익을 유지하면서 고객경험은 좋아지게 된다.

그러나 인테리어 예산을 투자해서 이미 비용을 써버렸는데, 가격 상승 때문에 고객 내방이 줄어들 때는 문제가 될 수 있다. 이 부분이 걱정이라면, 인테리어 디자인 비용 지출 계획이 실제의 고객경험 상승으로 이뤄질 수 있는지 면밀히 검토하고, 확신이 들도록 좀 더 정보를 모아야 한다. 그러고 나서 가격을 유지하면서 매장의 회전율을 높이거나, 테이블당 판매금액을 높일 방법을 고민해 봐야 한다.

배달매출의 경우 주변 상권에 홍보 전단지를 제작 배포하는 등의 광고비를 투입하고, 거래처를 만들어간다. 주변 상권에 대한 수요예측을 통해서 대략 매월 100만 원의 추가 매출을 예측하고, 매출계획을 잡는다. 처음 3개월간은 배달매출 세그먼트에 광고비 예산으로 매월 50만 원씩을 책정하였고, 사업계획 예산상의 매출계획은 단계적으로 상승하는 것으로 잡아 놓았다. 실제 실행단계에서는 홍보활동을 했는데도 매출이 상승하지 않을 경우 3개월 후에 운영 리뷰를 통해서 이 사업의 존속 여부를 결정한다. 그리고 기존 고객에게 매장에서 원두커피와 커피잔과 같은 부가제품을 팔기로 했다. 세그먼트는 매장매출/배달매출/부가제품판매가 된다.

고객에게 제공되는 가치, 새로운 시장을 고민하고, 현재 가지고 있는 자산을 활용하면서 매출을 증가시키는 고민을 해야 한다. 매출 세그먼트의 분류는 해당 사업팀이 어떻게 구체적으로 사업을 준비하고 있고, 어디에 자원을 투입하고, 어떤 행동계획을 가지고 있는지와 관련한다. 새로운 시각과 새로운 노력 없이 경쟁 시장에서 기존의 매출원이 자동으로 증가하지 않는다. 시장에 대한 고민을 반영하고, 그에 대한 구체적인 액션 플랜을 고려하여 매출 세그먼트를 분류해야 한다. 매출 세그먼트 분류는 전략과 실행 계획에 연계할 수 있어야 효과적이다.

일단 사업을 세그먼트로 보는 것이 잘 안착하면, 세그먼트별 매출실적과 주요 활동에 대한 데이터가 쌓이기 시작한다. 매출의 성장이 어떤 세그먼트에서 만들어지는지 살펴본다. 그리고 어떤 세그먼트는 성장률이 둔화되고 있는지, 어떤 세그먼트의 성장이 가파른지 파악한다. 어떤 세그먼트에 추가적인 투자를 할 것인지, 해당 투자는 투자회수율Return on Investment이 적절하게 나올 것인지 판단한다. 급속히 성장하고 있는 세그먼트가 분명 존재하는데도 전체의 사업이 성장하지 않아서 모르고 지나칠 수 있다. 이렇게 성장하는 세그먼트에 대한 투자 기회를 놓치지 않기 위해 세그먼트별로 상세하게 사업을 뜯어보는 노력이 필요하다.

세그먼트로 사업을 관리하려면 사업을 운영하는 동안 수년간에 걸쳐서 데이터를 축적할 만큼 지속적으로 관리해야 한다. 세그먼트 분류가 적절하고, 세그먼트별 매출과 비용, 활동에 대한 데이터를 축적해야 한다. 그리고 모든 운영회의에서 일관되게 활용할 수 있도록 만들어야 한다.

실제로 자사의 사업을 세그먼트 단위로 나누어 바라보면, 어떤 세그먼트는 성장이 둔화됐거나, 축소되기도 했고, 어떤 세그먼트는 50퍼센트 이상의 가파른 성장을 하기도 했다. 나무가 성장하기 위해서 나무 가지를 늘리는 것처럼, 세그먼트를 추가하면서 기업의 전체 실적이 성장한다. 세그먼트로 사업을 관리하는 것은 많은 기업들이 채택하고 있는 성장의 묘약이니, 사업관리에 반드시 도입하라.

교세라로부터 배우는 아메바 조직

기업은 사람이 모여서 일을 하는 곳이고, 많은 사람들이 모이면 회사가 가진 기능별로 조직이 나뉘기 마련이다. 영업, 개발, 생산, 고객지원 등 기업에는 많은 기능 부서가 있다. 기능 중심 조직은 조직을 그 직원들이 수행하는 기능을 중심으로 묶은 조직이다. 예를 들면, 소프트웨어 솔루션 판매업체에서 연구소, 개발팀, 영업팀, 고객지원팀, 경영지원팀과 같은 구성이 기능조직이다.

각 기능 팀에는 동일한 기능을 수행하는 직원이 모여 있고, 해당 기능에 원숙한 사람이 각 기능 조직의 팀장이 된다. 그리고 경영진 차원에서 각각의 기능을 모아서 최종적인 성과를 창출하는 단위로 만든다. 기능중심조직에서 최종적으로 매출과 비용을 생각하면서 자원 배분을 할 수 있는 사람이 CEO인 경우가 많다. 즉, 개발팀 인력을 어느 정도로 유지해야 하는가? 영업팀 인력의 규모는 어떠해야 하는가? 회사의 R&D를 위해 소프트웨어 자산구매를 얼마만큼 할 수 있는가? 등의 의사 결정을 하는 사람은 오직 손익 책임을 지고 있는 CEO다.

따라서 개별 기능팀의 관리자는 사업전체의 비용에는 둔감하다. 기능팀의 관리자는 자신의 권력이 조직의 규모와 일치한다고 느끼기에 경쟁적으로 인력을 늘리려는 경향이 있다. 만약 엔지니어가 200명 있는 조직의 연구소장과 영업인력이 3명 있는 영업팀장 중에 누가 발언권이 셀 것인지 생각해보자.

많은 기능팀 중심 조직에서는 각 기능팀의 관리자가 소속팀원의 이해관계를 위해 다른 기능팀 관리자와 싸움(!)을 하는 경우가 허다하다. 영업조직과 개발조직의 싸움이 전형적인 사례다. 회사에서 일을 하다 보면 당연한 것 아닌가 생각할 수도 있지만 규모가 커지면 커질수록 기능팀 간 싸움 때문에 비효율적이 되기 십상이다.

고객에게 자사의 소프트웨어 솔루션을 판매하는 회사를 예로 들어보자. 영업팀은 많이 팔아서 돈을 많이 벌면 성과로 인정받는다. 게다가 판매실적에 의해 보상이 결정되므로, 고객별로 발생하는 개별적인 요구사항을 모두 받아들이는 경향이 있다. 까다로운 요구를 하는 고객이 있더라도 요구조건을 수용해야 계약 체결로 갈 수 있기 때문이다. 엔지니어가 해야 할 일의 분량에 대해서는 상대적으로 덜 고려한다. 개발팀의 소프트웨어 엔지니어들은 주어진 업무의 완수가 중요하다. 고객별로 업무 난이도가 다르고, 영업팀이 수주한 일을 완수해야 한다. 일이 너무 많아지거나, 고객별로 특수한 상황에 대한 대처에 부담감을 느낀다. 개발팀이 바빠져서 회사가 돈을 많이 버는 것은 좋은 일이지만, 엔지니어는 일이 많은 것에 대한 보상은 못받고 일의 완수만 요구받기 때문이다. 엔지니어들은 엔지니어 투입비용을 고려하지 않고 수주만 해오는 영업팀을 적대시한다. 게다가 영업팀은 실적의 결과로 보상까지 받는다. 엔지니어는 고생은 엔지니어가 하는데 보상은 영업팀이 받는다는 생각까지 한다.

기능팀 간의 갈등을 해결하고자, 업무 절차를 만드는 노력도 하지만 효과적이지 않다. 물론 기능팀 체제하에서도 성과급제도를 잘 설계하고, 기능팀 리더가 해당 팀원의 의견을 잘 청취하고 업무를 조율하면서 운영을 잘할 수도 있다. 그러나 현실에서는 복잡한 인센티브 시스템 때문에 많은 비효율이 발생한다. 조직의 규모가 커질수록 갈등을 조율하기 더 어렵다. 생각보다 많은 소모적인 논의를 하게 되고, 기능 조직의 설계원리상 근본적으로는 해결이 불가능하다.

교세라의 이나모리 가즈오는 아주 일찌감치 기능 중심 조직의 비효율 문제에 대해서 고민하고, 조직이 커지면 각각의 사업 단위가 사업의 실적을 관리하고, 사업을 운영하면서 자주적으로 움직일 수 있는 시스템을 고민했다. 경영의 신이라 불리는 이나모리 가즈오는 자신의 저서 『아메바 경영』에서 회사의 전 부분이 마치 독립적으로 살아 있는 생명체처럼 만들어진 아메바 조직에 대해 설명한다.

아메바 조직에서는 기능팀 간의 충돌 문제가 자연스럽게 해결된다. 회사가 수행하는 사업의 손익관리의 책임이 최고 경영진까지 올라오지 않는다. 아메바 단위에서는 스스로 손익 책임을 진다. 하나의 아메바 단위에서 비용과 더불어 매출에 대해서도 책임을 지도록 하기 때문에 기능팀에서처럼 단지 세를 불리기 위해서 인력을 늘리려는 동기가 없어진다. 왜냐하면 아메바는 매출과 더불어 비용을 고려하여 만들어내는 이익으로 평가받기 때문이다. 아메바 조직은 바로 손익팀이다. 손익팀으로 조직이 구성되면, 각각의 손익팀 안에 다양한 기능을 가진 팀원이 존재한다.

예를 들면, 소프트웨어 솔루션 기업의 사례를 살펴보자. 솔루션 업체가 3개의 제품을 가지고 있다면, 각각의 제품마다 손익팀을 구성한다. 각각의 손익팀 관리자는 매출과 비용을 책임져야 하므로 각 팀에 성과를 내는 데 꼭 필요한 사람만 유지한다. 하나의 팀 안에 엔지니어, 고객지원, 스태프, 영업 등이 같이 모여 있으면서 자신의 제품을 팔고 서비스한다.

손익팀이 구성되면 손익팀의 손익을 추적하기 위한 관리회계(관리회계는 기업의 회계시스템 중 재무회계와 세무회계와 구별된다. 재무회계는 투자자들에게 보여주기 위한 기업의 재무제표를 말하고, 세무회계는 국가에 세금을 납부하기 위해서 장부를 작성하는 것을 말한다. 반면에 관리회계는 기업의 내부의 경영의 필요에 의해 작성하는 회계를 말한다) 시스템이 필요해진다. 이나모리 가즈오는 교세라의 독특한 내부 관리회계 시스템을 공개했다

교세라는 아메바를 중심으로 비즈니스 일반관리자를 양성하여 조직을 운영했고, 각 기능 단위도 아메바를 중심으로 회사 내에서 시장 거래체제를 도입하는 방식으로 운영했다. 교세라의 아메바 조직은 심지어 규모가 커서 어쩔 수 없이 기능팀을 두어야 하는 상황에서조차, 기능팀이 손익팀처럼 움직일 수 있도록 동일한 구조를 적용했다. 즉, 공장도 하나의 사업체처럼 돌아가도록 만들었다.

아메바와 같은 손익팀으로 회사가 운영되면, 손익팀 단위로 의사결정 속도가 신속해진다. 사업의 규모가 커지고, 다양한 사업을 벌이게 되더라도 복잡도를 관리할 수 있다. 규모가 커지더라도, 상대적으로 규모가 작은 손익팀 내에서 빠르고 유연하게 사업을 운영할 수 있다. 그리고 직원에게 동기를 부여하기도 훨씬 쉽다. 직원들이 손익팀의 성과에 직접적으로 영향을 미칠 수 있기 때문이다.

시간당 채산성과 구조조정

많은 기업이 어려움에 빠진 이후에 구조조정을 시도한다. 특히 대규

모 기업은 부문별 실적 악화를 버퍼링할 수 있는 자금력과 다른 사업을 가지고 있어서 부분의 문제에 둔감할 수 있다. 그러다, 전체 사업에 영향을 줄 정도로 실적이 악화되면 이미 손을 쓸 수 없는 상황에 이르는 경우가 많다. 아메바 조직을 채택하여 각 부문의 시간당 채산성을 파악하고 있으면, 일부 사업의 시간당 채산성이 악화된다면 해당 부문 리더는 채산성을 높이려고 다양한 비용절감 노력을 기울이게 되고, 시장이 요구하는 매출 크기에 맞춰서 조직을 자연스럽게 줄인다. 시간당 채산성 계산에서 분모는 총투입 근로시간이다. 결국 인력을 감축하여 감축한 인력이 조직 내에서 성장하는 부문으로 이동하게 한다. 상시적인 구조조정 체계가 마련되는 것과 같다.

시장 변화의 충격에 기민한 조직이 되면서 좀 더 오래가는 조직이 가능해진다.

예산을 수립 때 주의할 점: 적게 약속하고 많이 달성하라

한때 나는 GE의 전 CEO 잭 웰치가 강하게 주장하던 스트레치 골 Stretch Goal(단지 점진적인 향상을 목표로 하게 되면 일상 업무에서 점진적인 향상에 대한 계획을 세우게 되지만, 획기적으로 도전적인 목표를 설정하면 현재 하던 것과는 전혀 다른 방식으로 일한다는 목표 설정 방법)에 관해 많은 고민을 한 적이 있다. 일반적으로 강한 성취를 열망하는 리더는 부하 직원에게 많은 것을 요구하고 높은 목표를 잡기를 원한다. 게다가 오너나 CEO는 직원에게 더욱더 높은 성과를 요구한다. 하지만,

현실이 아름답게 돌아가지만은 않는다. 오히려 스트레치 골을 조직의 규범으로 만들려는 CEO나 관리자의 생각은 잘 받아들여지지 않고, 거센 저항에 직면하기 쉽다. 직원들은 스트레치 골을 직원들을 짜내려는 생각으로 받아들이고, 현실성이 부족한 몽상이라 여긴다.

스트레치 골에 선행되어야 할 것이 있다. 그것은 약속하고 달성하는 문화다. 조직의 실행력에 관련된 기초 체력은 바로 약속하고 약속한 것을 완수하는 능력이다. 많은 조직의 관리자가 다음과 같은 이야기를 듣는다.

"약속할 수는 없지만, 열심히 해보겠습니다."

결과를 보기 전까지는 알 수 없다는 말인데, 이렇게 불확실한 직원의 말을 들으면, 위험을 감수하고 투자 의사 결정을 해야 하는 기업의 소유주는 속이 탄다.

사소한 것이라도 약속하고, 그 약속을 완수해내는 조직문화가 필요하다. 그 근저에는 실행을 쉽지 않게 생각하고, 작은 약속이라도 정확히 지키려는 강력한 실행문화가 뒷받침되어야 한다. 강력한 실행 문화를 정착시키고자 하면 사람들은 보수적으로 변화한다. 즉, 자신이 100을 할 수 있어도, 지킬 수 있는 80을 말한다. 보수적인 목표 설정은 나쁘지 않다. 왜냐하면, 조직은 많은 사람들이 모여서 성과를 창출하는 곳이기에, 한 부분에서 책임을 완수하지 못하면, 다른 부분에 여파를 미치기 때문이다. 누군가 80을 할 수 있다고 약속했다면, 다른 사람들은 그 말을 믿고, 다른 연관성이 있는 일을 계획한다. 그러나 약속이 지켜지지 않는다면, 조직 전체적으로는 엄청나게 큰 비용을 치러야 한다.

예를 들면, 당신은 신제품 출시계획을 잡았다. 개발부서에서 신제품 출시 일정을 약속했다. 그 일정에 맞춰 미디어와 계약하고, 광고를 제작했으며, 유통업체와도 공급계약을 체결하고, 먼저 자금을 투여했다. 그러나 그 약속이 지켜지지 않으면 연쇄적으로 큰 피해가 발생한다.

특히, 조직의 매출목표는 예산수립과 연동하기 때문에 높은 매출목표는 목표를 달성하기 위한 공격적인 투자를 포함하고, 만약 매출달성에 실패하면, 재앙이 온다. 투자는 했는데 현금이 회사에 들어오지 않으면 극심한 현금부족에 시달린다. 따라서 목표 수립과정에서 현실성이 뒷받침되지 않는다면 높은 목표를 잡는 것이 오히려 나쁘다. 흑자를 유지하면서 점진적으로 성장할 수 있었던 사업이, 의욕적인 목표 설정과 과도하고 비효과적인 투자 탓에 적자로 돌아설 수도 있다.

현실을 받아들이자. 많은 초보 경영자가 훌륭한 직원을 뽑으면 일을 잘해서 매출이 올라갈 것이라고 막연한 기대를 한다. 정말 순진한 생각이다. 나 역시 사업초창기에는 그랬다. 경영환경, 회사가 가진 제품과 서비스의 경쟁력, 시장상황을 냉철하게 보고, 매출은 생각보다 쉽게 증가하지 않는다고 생각하라. 적은 인력과 비용을 투자해서 항상 남기겠다는 강한 의지를 가져라. 현실은 생각보다 녹록하지 않다.

스트레치 골보다 약속한 것을 완수하는 문화가 중요하다. 스트레치 골은 그 다음이다. GE 같은 글로벌 기업은 철저하게 실행을 중시하는 조직이다. 그렇기에 스트레치 골이 의미가 있다. 스트레치 골을 설정하고 목표를 달성할 수 있기 때문이다.

강한 조직은 약속한 바를 잘 완수하는 문화를 가지고, 그 바탕 위에 스트레치 골을 실현한다. 크게 약속하고, 약속한 바를 달성하는 조직이 이상적이다. 크게 약속하고, 크게 약속을 못 지키는 것은 회사에 있어서 재앙이다. 특히 사장은 주요 관리자들에게 실행하는 문화를 교육하고 몸소 실천해야 한다. 비즈니스 리더들에게는 오히려 적게 약속하고, 많이 달성하는 것이 좋은 덕목임을 기억해야 한다.

예산 수립 시 매출 예측을 손쉽게 하는 방법

사업팀장은 내년도 매출을 10퍼센트 신장하는 것으로 목표를 세웠다. 그러나 경영자는 내년도 회사의 매출목표가 20퍼센트인데, 10퍼센트 신장 가지고 되겠느냐고 사업팀장에게 매출계획을 다시 짜오라고 한다. 사업팀장은 팀으로 돌아가서 영업사원들에게 좀 더 신장된 매출 계획을 다시 짜라고 요구한다. 영업팀은 한 번 약속을 하면 그것을 기준으로 평가받기 때문에 다시 고민에 휩싸인다. 지키기 힘든 약속인 것을 알면서 팀장이 원하는 대로 목표를 수정해준다. 이렇게 다시 짠 매출계획을 바탕으로 사장은 내년의 예산 지출계획을 수립한다. 사업팀장과 경영자가 협상으로 수립한 매출 계획으로는 '적게 약속하고 많이 달성하라'는 것을 실천하기 어렵다. 경영자로부터 목표가 부과되고, 현실과 상관없이 그 목표에 맞춰 매출 목표를 상향

하도록 지속적으로 요구 받기 때문이다.

더 현실적이면서 실용적인 방법이 존재한다. 우선은 잘 정의된 세그먼트로 사업을 구분해 놓아야 한다. 그리고 각 세그먼트별로 당해 연도의 신규 고객 획득과 전년도의 재구매 금액을 알고 있어야 한다. 회사의 일상적인 사업활동이 재구매 고객의 유지를 위한 활동과 신규 고객 유치를 위한 활동으로 나누어져 있어야 한다.

예를 들어보자, 소프트웨어 서비스를 임대로 판매하는 회사가 있다. 이 회사는 보안관리 소프트웨어를 고객들에게 연간 단위로 임대료를 받고 서비스하고 있다. 고객들에게는 1년 단위로 재계약하도록 하고 있다. 이 회사의 주요 사업 세그먼트는 공공부문과 민간부문으로 이뤄져 있다. 지난 3년간의 매출을 당해 신규 매출과 전년도 고객의 재구매 매출로 구분했다. 공공부분의 매출은 2015년 1억 원(신규매출 8천만 원, 재구매 2천만 원), 2016년 1억2천만 원(신규매출 9천만 원, 재구매 3천만 원)이고, 민간부분의 매출은 2008년 2억 원(신규매출 1억7천만 원, 재구매 3천만 원), 2016년 2억4천만 원(신규매출 2억 원, 재구매 4천만 원)이라고 해보자.

단위: 백만 원

		2015	2016	2017
공공부문	신규	80	90	
	재구매	20	30	
	합계	100	120	
민간부문	신규	170	200	
	재구매	30	40	
	합계	200	240	

2017년의 매출 예측을 해보자. 세그먼트와 재구매/신규판매를 무시하고 연간 매출성장률만 고려해보면, 2015년 3억 원(공공부분 1억 원 + 민간부분 2억 원), 2016년 3억6천만 원으로 20퍼센트 성장하였으므로 전년도의 전체 매출성장률을 대입해서 목표를 정할 경우 2017년의 매출목표는 4억3천만 원 가량이다. 그러나 사업을 책임지는 팀장은 보수적으로 목표를 정하고, 충분히 달성할 수 있기를 원하기 때문에 자신의 직관에 의존하여 10퍼센트 혹은 5퍼센트의 성장목표를 잡고, 전년도에 20퍼센트 성장했으니 충분히 달성 가능하다고 생각한다. 그러나 경영자는 사업팀장의 생각을 꿰뚫어보고, 더 높은 성장목표를 자신의 직관에 의거해서 요구한다. 전년도 전체 성장률이 20퍼센트였으니, 다음 목표는 그것을 상회해야 한다고 생각한다. 경영자와 사업팀장 간에 몇 퍼센트 성장이냐를 가지고, 단지 불확실한 직관을 근거로 싸움을 한다.

여기에 세그먼트와 재구매율을 고려해서 제대로 매출계획을 잡아보자. 공공부분의 경우 2015년 대비 2016년의 재구매율은 30퍼센트에 달한다. 2015년도 공공부분 매출 1억 원 대비 2016년의 재구매 매출이 3천만 원이었기 때문이다. 이 회사가 공공부문 고객에 대한 재구매 노력을 전년도와 동일한 수준으로 유지한다는 전제하에 2017년의 재구매 매출은 3,600만 원(1억2천만 원 × 30퍼센트)으로 예상 된다. 2017년에 2016년과 동일하게 신규 고객을 유치하는 활동을 했다고 전제할 경우 2017년의 예상매출은 1억2,600만 원(9,000만 원 + 3,600만 원)이다. 민간부분의 경우 2016년의 재구매율은 20퍼센트였다. 마찬가지로 재구매를 위한 노력을 기울였을 때, 2017년의 예상 재구매 매출은 4,800만 원(2억 4천 × 20퍼센트)이고, 2017년에 2016년과 동일한 수준의 신규매출을 예상했을 경우 2017년의 민간부문의 매출은 2억4,800만 원(2억 원 + 4,800만 원)으로 예상된다. 이렇게 예상할 경우 2017년의 예상 매출은 3억7,400만 원(1억2,600만 원 + 2억4,800만 원)으로 2016년 대비 10.3퍼센트 성장이라는 예상이 나온다.

이렇게 예상이 나온 것은 신규매출에 대한 증가가 없고 전년도와 동일한 수준의 신규 고객이 만들어질 것이라는 가정을 하고, 전년도와 동일한 수준의 재구매율이 유지될 것이라는 기본 가정을 했기 때문이다. 빠르게 성장하는 시장의 경우 시장성장을 고려하여 신규 고객에 대해서 일정하게 상승한 목표를 가질 수도 있다. 그러나 단지 자신감만 가지고는 안 된다. 시장 여건도 봐야 하고 자사가 가진 신규 고객 획득을 위한 투자를 어떻게 하고 있는지 점검할 필요가 있다.

이를테면, 이 소프트웨어 회사의 경우 신규 고객 유치에 매출액의 5퍼센트에 해당하는 비용을 인터넷 키워드 광고에 투입해왔다. 고객은 검색광고를 보고, 이 회사의 신규 고객이 되었다. 그렇다면 전체 인터넷 인구가 늘지 않고, 시장에 대한 성장이 특별히 빠르지 않는 한에는 이 회사가 동일한 광고비를 투입할 경우 신규 고객 획득이 전년과 같다고 예상할 수 있다. 많은 사업이 신규 고객 획득에 대해서 과도한 계획을 세움으로써 예산을 낭비하고, 어려움에 처한다. 따라서 특별한 조치를 취하지 않으면 신규 고객 획득은 전년도와 비슷하거나, 상황이 안 좋으면 줄어들 수도 있다고 생각하라. 자사가 신규 고객을 획득하는 프로세스 전반을 자세히 뜯어보라. 고객이 구매 상담전화를 걸었는데, 구매 상담을 하는 인력이 너무 바빠서 즉시 고객의 전화를 받지 못하는 것은 아닌지? 광고를 꾸준하게 집행하고 있는지? 자사 제품의 홍보수단인 홈페이지가 경쟁사의 홈페이지와 비교해서 매력이 떨어지지 않는지? 고객 입장에서 구매과정이 쾌적한지 살펴보면서 투자 계획을 수립해야 신규매출이 유지되거나, 증가한다. 그리고 고객가치제안도 경쟁력이 있는지 살펴보라. 경쟁력을 유지하기 위해서 R&D투자를 얼마나 더 해야 할지도 결정한다.

재구매율에 대해서도 전년도와 동일하게, 기존 고객을 유지하기 위한 활동을 꾸준하게 했다는 전제하에 유지된다고 가정했다. 고객유지를 위해 회사가 취하고 있는 활동을 점검하자. 고객이 서비스를 사용하고 문제를 느껴서 불만사항을 접수했을 때, 고객의 의견을 진지하게 들었는가? 서비스 만족도가 유지되고 있는가? 고객에게 서비스하는 스태프의 교육훈련이 잘 되었나? 여러 가지 이유로 고객이 서비스를 제대로 사용하지 못하는 것은 아닌가? 등을 체크하고, 만료 기간 전에 고객에게 재계약을 유도하는 이메일이나 콜을 적절하게 하고 있는지도 확인한다. 재구매율을 최소한 유지하거나, 높이려면 고객에 대한 서비스를 강화하면서 고객이 지속적으로 이 회사의 서비스와 제품을 사용하도록 유도하는 프로그램에 지속적으로 투자해야 한다.

매출구성에서 재구매 매출이 없고, 신규매출에 의존하는 사업은 어떨까? 신규매출 증가가 그 자체로 어려울 수도 있다고 받아 들여야 한다. 재구매가 꾸준히 생기는 사업모델로 전환할 수 있도록 전략을 재점검하라. 매번 고객을 새로 획득해야 하는 사업은 매출을 지속적으로 증가시키기 힘들다. 어떤 사업이든지 고객을 신규로 획득하는 데는 돈이 든다. 한 번 획득된 고객에게 잘 서비스해서 지속적으로 판매하는 것이 중요하다.

신규 고객과 재구매 고객을 나누어 보는 것은 매출 예상에 현실성을 부여하고, 자사의 주요한 운영 활동을 신규 고객 획득과 재구매 고객 유지라는 두 가지 측면으로 바라보도록 하게 만든다. 매출 예상을 스프레드시트로 검토해보면 알겠지만, 재구매율이 높아지면 신규획득이 적더라도, 사업의 성장속도가 가파르게 증가한다. 성공적인 사업가는 고객에 대한 서비스를 강화함으로써 높은 재구매율을 유지한다. 높은 재구매율은 지속적으로 성장하기 위한 비결이다.

사업운영에서 혁신과 기존 사업의 자금 배분 결정

램 차란은 『노하우로 승리하라』에서 GE의 제프 이멜트가 2000년 GE의 수장이 되면서 어떻게 사업을 이끌었는지 설명한다. 제프 이멜트는 GE의 미래를 탐색하고자 먼저 드리밍 세션을 열었다. GE의 연수원인 크로톤빌에 고객사의 중역, 업계의 리더, 세계적인 석학을 초대해서 향후 10년에 걸쳐 GE가 무엇으로 먹고 살아야 하는가를 탐색했다. 여기서 외부환경의 트렌드, 그 트렌드의 근본원인, 그들 간의 통합 방향과 양상 및 인과관계에 대해 다양한 이해관계자의 입장에서 논의했다.

그리고 2000년 초반 그는 개도국에 미래가 있고, 개도국에서 기반

시설을 건설하는 사업에 기회가 있으며, 지구 온난화와 저탄소 배출 등의 환경관련 산업이 앞으로 뜰 것이라고 예측하고, GE가 그 기회를 잡을 수 있다고 생각했다. 제프 이멜트는 GE가 직접 기술을 확보하고, 유기적 성장을 통해 연간 8퍼센트 성장하겠다는 목표를 정했다.

GE는 유기적 성장으로 방향을 선회하면서 마케팅과 기술에 탁월한 리더를 회사의 리더상으로 정하고, 핵심인력을 교체하고, 키워냈다. GE같은 규모에서 8퍼센트 성장을 매년 한다는 것은 매년 매출액 100억 달러 정도 성장해야 하는 것을 의미하고, 이는 매년 포춘 500대 기업을 하나씩 일궈내는 것과 같다. 하지만 무모한 목표는 아니었다. 그에게는 드리밍 세션으로부터 배우고 파악해낸 신흥시장, 에너지 분야에 대한 비전이 존재했고, GE는 꿈을 실현할 충분한 역량을 가지고 있었다. 제프리 이멜트는 주도면밀하고 현실적인 계획을 세웠다.

GE는 신용평가 등급을 AAA로 유지하면서 자본수익률 20퍼센트, 영업이익률 20퍼센트, 매출액 이상의 현금흐름을 창출하며 이와 같은 목표를 달성하기로 결정했다. 이멜트 회장은 수익 증대 목표를 추진하는 데 필요한 현금을 현 사업의 운영을 통해 조달하기로 구상했다. 이를 위해 1, 2년 정도는 그동안 전통적으로 유지해 오던 두 자릿수 연간 주당수익률 성장을 포기해야 했다. 이멜트 회장은 배포 있게 추진했다. 이에 대해 이사회, 증권사 애널리스트, 주주들에게 양해를 구했다. 수년 뒤에 GE는 마침내 8퍼센트 성장이라는 목표와 재무 목표를 달성하면서 다시 두 자릿수 주당수익률로 돌아왔다.

GE 같은 대규모 회사에서도 새로운 사업영역에 투자할 때는 현금흐름을 고려해서 현실적인 사업 계획을 세운다. 목표는 모든 수행 단계에서 현실적이어야 하며, 현실주의는 신뢰를 얻게 해준다. 규모가 작은 회사도 배울 수 있다. 만약 새로운 사업을 통해 성장하겠다는 계획을 세웠다면, 그 재원에 대한 계획을 면밀하게 세워야 한다. 외부 자금 조달에 대해 막연한 기대를 가지고 사업을 시작해서는 안 된다. 매출성장목표에 대한 막연한 기대도 좋지 않다. 각각의 세그먼트별로 합리적이고, 보수적인 계획을 세워야 한다. 현실성이 부족한 사업계획으로 사업을 벌일 경우, 현금 부족 때문에 기존 사업까지 타격을 입을 수도 있다. 실제로 많은 초창기 기업이 현금부족 때문에 잘되는 사업을 가지고도 문을 닫는다.

　신규 사업을 할 때는 현금흐름을 고려한 자금 조달 계획을 면밀하게 세워서 사업을 진행하라.

사업운영의 핵심원리: 진솔한 대화

사업을 운영하는 핵심원리는 바로 마음을 터놓는 솔직한 대화다. 의견과 사람을 분리하여, 나 자신의 생각과 주장이 틀릴 수도 있다고 인정하고, 다양한 관점을 받아들이고, 토론과 대화를 통해 더 나은 방법을 찾으려는 문화가 회사의 최상층부터 하층까지 뿌리내려야 한다. 실적중심의 문화와 현실을 직시하고, 합의하고 계획한 것을 강력하게 실행하는 문화를 대화로써 만들 수 있다.

'적게 약속하고 많이 달성하라'는 보수적인 예산편성에 대해 이야기하면서 언급했지만, 조직 내에 현실주의가 뿌리 내리려면 리더가 있는 그대로의 현실을 받아들이고, 주요 운영 회의에서 솔직한 현실을 이야기하도록 직원을 장려하고, 직원의 이야기를 들었을 때 감정적으로 반응하지 말고, 충분히 주의 깊게 들어야 한다.

사장의 머릿속에 있는 전략과 실제 직원이 생각하는 전략에는 큰 괴리가 있다. 사장의 원대한 전략 계획도 직원들이 공감해주지 않으면 공상이 된다. 직원 모두가 전략을 실현 가능하다고 믿고, 현실성이 있다고 느껴야 실행할 수 있다.

전략의 수립과 토론, 적절한 인력의 배치와 평가, 현실적인 세부 운영 계획 수립 및 실천에서 솔직한 대화라는 무기를 사용해야 한다. 기업의 사회적 소프트웨어인 조직의 회의 체계를 잘 만들고, 솔직한 대화가 오고 가도록 해야 한다. 전략리뷰, 운영리뷰, 인사평가, 분기별 실적평가 등의 미팅 자리를 현실감이 넘치는, 허심탄회한 대화의 장으로 만들어라.

직원들이 사장에게 편하게 이야기할 수 있는 환경을 마련해야 한다. 사장은 이야기를 들어야 한다. 대화가 되려면, 대화하는 방법부터 배워야 한다. 마음을 열고, 진심으로 경청해야 한다. 상대방을 상처주지 않을 것이라는 믿음을 줄 수 있어야 한다. 단 한 번이라도 사장이 직원의 이야기를 듣다가 면박을 주거나 직원이 대화 때문에 개인적으로 피해를 입으면 다시는 입을 열지 않는다. 그 자리에 있던 사람들에게 진실을 이야기해서는 안 된다는 교육을 하는 셈이다. 앞으로는 아무도 진실을 이야기하지 않을 것이다. 진심으로 듣고, 즉흥적으로 답변하기보다 직원이 이야기를 한 배경을 생각해 보아야한다. 거기서 통찰력을 발견하고, 근본적인 해결책을 숙고해야 한다.

질문으로 직원들이 스스로 해결책을 발견하도록 한다. 그래야, 진실이 돌아다닌다. 진실이 돌아다니는 조직을 만드는 것, 그것은 사장과 조직 내 리더들의 책임이다. 사장과 리더들은 직원에게 먼저 다가가서 관심을 기울여야 한다. 직원들과 격의 없이 이야기할 수 있는 자리를 만들고, 자주 접촉을 가지려고 노력해야 한다. 현장으로 다가가서 직원들이 하고 있는 일에 관심을 기울이고, 맞장구 쳐주고, 질문하고, 격려해주고, 응원해주어야 한다. 좀 더 고민할 수 있도록 질문을 던지고, 격려해야 한다.

4

혁신

북자지껄

뛰어난 혁신가란? ··· 109

혁신가는 모순되는 목표를 동시에 추구한다 ··· 114

파괴적 혁신 이론 ··· 116

파괴적 혁신이론이 기업 경영자에게 주는 의미 ··· 130

오픈 이노베이션 ··· 133

혁신 프로젝트의 관리:

단계 혁신의 한계 극복하기 ··· 138

블루오션전략? ··· 141

기존 사업에서의 혁신 – 고객 혜택에 집중하라 ··· 143

먼저 생산성 향상. 그 다음이 성장 ··· 145

사업 초기에 성장에는 인내하고.

수익성에는 인내하지 않는

투자자로부터 투자를 받아라 ··· 149

새로운 사업분야에서 성공하기는

생각보다 훨씬 어렵다 ··· 151

뛰어난 혁신가란?

기업 경영이론에서 주로 혁신innovation이란 새로운 것으로 탈바꿈한다는 광의의 의미로 쓰이기보다는, 기업이 고객에게 가치 있는 새로운 제품과 서비스를 개발해서 기업의 성장 동력으로 삼는 것을 말한다. 회사를 창업하여 제일 먼저 고민해야 하는 것이 혁신이고, 지속적으로 성장을 원할 때 끊임없이 고민해야 하는 것도 혁신이다. 사장이 직접 뛰어난 혁신가가 되거나, 아니면 뛰어난 혁신가를 찾아서 고용해야 한다. 그렇다면 뛰어난 혁신가는 어떤 사람인가 살펴보자.

기업에 성장을 가져오는 새로운 제품 및 서비스를 개발하고, 아이템 창출뿐 아니라 지속적인 성장을 가져오는 경제적인 사업을 만들어내는 사람을 혁신가라고 정의한다. 그리고 혁신가는 다음과 같은 자질과 능력을 가져야 한다.

첫째, 고객가치의 개념을 이해하고 있다.

혁신가는 고객가치제안Customer Value Proposition 개념을 이해하고 있고, 자신이 만들어내려는 새로운 제품과 서비스가 고객에게 어떤 가치를 주는지 분명하게 설명할 수 있다. 스스로가 고객의 대변자로서 소비자의 시각을 가지고 있으면서도 공급자의 시각을 동시에 가지고 있다. 즉, 어떤 고객가치를 만들어내기 위해 기업 입장에서 가져야 하는 자산, 능력, 프로세스에 대한 통찰력이 있고, 비용구조를 이해하고, 해당 고객가치를 창출하기 위해 자신이 대화해야 할 전문가들을 알고 있고, 전문가의 언어로 대화할 수 있으며, 전문가들에게 고객이 원하는 가치를 그들의 언어로 설명할 수 있다.

둘째, 혁신가는 수익모델을 잘 이해하고 있다.

혁신가가 아무리 고객에게 좋은 것을 만들어 낸다 하더라도 지속적으로 이익이 나지 않는다면, 사업을 지속할 수 없다. 혁신가는 만들어낸 제품이나 서비스를 돈을 받고 고객에게 판매하는 단순한 수익모델 외에도 돈을 버는 다양한 수익모델을 알고 있다. 고객가치제안이 고객 입장에서 가치를 전달하는 행동이라면, 수익모델은 회사 입장에서 가치를 획득하는 방법이다.

예를 들면, 애플은 아이폰 사업을 하면서 휴대폰을 팔아서 돈을 번다. 하지만, 애플은 고객에게 다양한 소프트웨어를 저렴하게 제공하고 싶었다. 그래서 다양한 개발자들이 아이폰용 어플리케이션을 개발해서 자사의 고객에게 팔 수 있도록 시장을 만들었다. 애플은 어플리케이션들이 판매될 때마다 일정한 수익을 낸다. 그리고 아이팟, 아이폰에서 판매되는 애플의 뮤직스토어에서도 음악을 음반 업체들이 팔 때마다 일정한 수수료를 번다. 애플은 고객들에게 다양한 음악과 휴대폰 어플리케이션을 사용할 수 있는 가치를 창출하는 한편, 돈도 벌고 있다.

닌텐도, 소니, 마이크로소프트는 비디오게임의 플랫폼을 보급하기 위해 낮은 수익을 내면서 전 세계에 팔았다. 대신 그 위에서 돌아가는 게임소프트웨어로부터 수익을 창출한다. 게임 개발자는 판매 카피당 벌어들이는 수익을 플랫폼 제공자와 나눈다. 마이크로소프트는 윈도를 전 세계 개인용 컴퓨터의 표준 운영체제로 자리 잡게 했다. 전 세계의 윈도 프로그램 개발자들은 마이크로소프트 플랫폼에 의존하여, 각종 개발툴을 구매해야 한다. 사례들을 잘 살펴보면 하나의 사업 내에도 다양한 형태로 돈을 버는 수익모델의 아이디어가 존재함을 알 수 있다.

셋째, 혁신가는 경쟁우위를 이해하고 있다.

뛰어난 고객가치를 창출하고 돈을 벌 수 있어도, 금방 경쟁자에게 복제당하거나, 누구나 쉽게 도전할 수 있다면 해당 사업은 지속적으로 수익을 유지하기 힘들다. 혁신가는 경쟁우위의 개념을 이해하고 있고, 수요측면과 공급측면의 경쟁우위의 개념과 규모의 경제에 의한 경쟁우위 개념을 이해하고 있다. 단순히 사업에 착수할 때, 현시점에서 경제적인 가치가 있느냐만 고려하는 것 아니라, 시간의 축을 고려하여 장기적으로 역량, 프로세스, 자산을 구축하여 경쟁자들이 쉽게 모방할 수 없는 사업을 만드는 방법에 대해서 알고 있다. 어떤 사업은 시간이 지날수록 경쟁우위가 강해진다.

이를테면 소프트웨어 사업에서 고객이 사용법을 익히는 데 시간을 투자해야 하는 제품의 경우, 고객은 다른 소프트웨어 사용법을 배우기 어렵거나 귀찮다고 생각해 전환장벽이 생긴다. 그리고 입맛이나 습관처럼 한 번 소비자들이 익숙해지면 좀처럼 바꾸기 힘든 것도 존재한다. 브랜드는 지속적으로 광고비를 투자한다. 소비자에게 인지도와 선호도가 자리 잡으면, 경쟁업체가 뒤늦게 시작해서 웬만해서는 따라 잡기 수월치 않다. 그러나 어떤 사업은 누구나 쉽게 모방하거나, 시간이 흐르면 오히려 뒤늦게 진입한 경쟁자가 유리한 사업도 있다. 이를테면, 공개된 기술을 바탕으로 한 제조업을 생각해보자. 이미 생산시설에 투자한 업체는 과거의 제조기술을 바탕으로 제품을 만든다. 그러나 뒤늦게 진입한 업체는 더 좋은 장비로 더 좋은 품질로, 더 저렴하게 제품을 만들어낼 수 있어서 유리하다.

넷째, 혁신가는 새로운 아이디어에 접촉할 수 있는 가치흐름을 만들고 있다.

혁신가들은 새로운 고객가치를 창출하는 면에서 자신이 많은 아이디어를 가지고 있기도 하지만, 스스로 아이디어를 창출하는 능력의 한계도 알고 있다. 그것을 보완하려고 꾸준히 자신의 주변에 아이디어의 흐름을 만들어 낸다. 즉, 전문가 집단, 소비자 집단과의 접촉을 통해 아이디어가 풍성하게 흐르도록 한다. 혁신가들은 다양한 전문가들과 인적 네트워크를 구축해서 업계의 현안, 신기술 동향, 고객의 필요와 욕구를 지속적으로 파악한다. 끝없는 호기심과 열정으로 새로운 것을 탐색하고, 자신의 경험을 연결하여 사업적 통찰력을 만들어낸다.

다섯째, 혁신가는 비즈니스 전반에 대해 잘 알고 있다.

혁신은 결국 새로운 사업을 만드는 것이므로, 인사, 전략, 운영 전반에 걸쳐 조직을 관리할 수 있는 역량을 요구한다. 뛰어난 혁신가는 새로운 사업을 창출할 때, 아이디어의 중요성뿐만 아니라, 사업에 대한 실행능력이 필요하다는 것을 알고 있다. 시행착오를 넘어설 수 있는 충분한 비즈니스 경험을 가지고 있다. 자신에게 부족한 역량에 대해서는 경험이 많은 사업가를 파트너로 선택해서 보완할 줄 안다. 대부분의 뛰어난 혁신가들은 본인 스스로 손익을 다루는 팀(매출뿐 아니라 비용지출을 동시에 관리하여 이익을 내는 단위)을 운영한 경험을 가지고 있다.

여섯째, 혁신가는 직관적으로 파괴적 혁신이론에 대한 개념을 이해하고 있다.

시간의 흐름에 따른 기존 산업의 오버슈팅 경향을 알고 있다. 파괴적 기술 출현으로 발생하는 산업 지형의 변화를 알고 있다. 혁신가는 자신의 사업 영역에서 출현하는 파괴적 기술에 관심을 유지하며, 파괴적 혁신 이론을 이용해서 사업을 한다.

일곱째, 혁신가는 뛰어난 학습능력과 불굴의 의지를 가지고 있다.

혁신가는 늘 새로운 아이템을 연구하고, 그에 대한 실행을 통해, 경험에서 배운다. 혁신가는 성공과 실패의 경험을 반복하면서 시장과 사업에 대한 직관을 발전시킨다.

혁신가라는 것이 단지 새로운 아이디어를 많이 낼 수 있고, 어떤 분야에 대해 식견이 높은 사람이라고만 생각해서는 안 된다. 실제로 경제적 가치를 창출하는 사업을 만들어내려면 사업 전반에 완숙해야 한다. '기술은 기술 그 자체로서는 아무런 가치가 없다. 기술이 좋은 비즈니스 모델과 결합해야 경제적 가치를 갖는다'는『오픈 이노베이션』의 헨리 체스브로의 주장을 새겨들을 필요가 있다. 혁신가는 다양한 기술을 이해하고 있고, 비즈니스 모델도 잘 이해하고 있어서 이 둘을 연결시킬 수 있는 사람이다. 특히, 자신에게는 부족한 능력을 다른 사람으로부터 보완할 수 있는 리더십을 갖추어야 한다. 무엇보다도 고객에게 가치가 있는 것이 무엇인지를 소비자와 공급자의 입장에서 고려할 수 있어야 한다.

혁신가는 모순되는 목표를 동시에 추구한다

데보라 슈로더-사울니어는『우리는 어떻게 모순을 해결했는가』에서 약극단의 문제를 동시해 해결하는 방법을 설명하고 있다. 진정 창의적인 혁신은 A or B의 사고에서 A and B의 사고로의 전환에 관련한다. 진정한 혁신은 표면적으로 모순되어 보이는 목표를 동시에 추구할 때 만들어진다.

◆ 가격이 싼 대중적인 자동차를 만들 수는 없을까? (자동차는 사치품이며 만드는 데 돈이 많이 든다는 통념을 거부한 질문)

◆ 저렴하고 대중적으로 사용 가능한 카메라와 인화의 방법은 없을까? (사진은 고가품이며, 사진현상은 전문가만 할 수 있는 복잡한 작업이라는 통념을 거부한 질문)

20세기 초반 미국에서 자동차는 부자들만 타는 비싼 물건이었다. 포드는 질문을 했다. 보통 사람도 급여로 자동차를 살 수 있을 정도로 저렴한 자동차를 만들 수 없을까? 자동차는 비싼 사치품이라는 생각에 도전했다. 생산 방식을 혁신하여, 저렴한 자동차를 만들어 냈다. 대량 생산 라인이라는 개념을 도입해서 개당 원가를 낮추고, 자동차의 가격을 계속적으로 내렸다. 포드는 중산층도 탈 수 있는 저렴한 자동차를 만들어 냈다.

코닥도 사진 인화가 복잡하고 전문가의 전유물이던 시대에 새로운 기술로 1달러에 카메라를 팔고, 사용한 카메라를 통째로 본사로 보내면 사진으로 현상해서 보내주는, 당시로서는 획기적인 아이디어로, 가족의 사랑을 사진에 저렴하게 담으려는 일반인들의 욕구를 해결했다.

지금 자신의 사업에서 교착되어 있는 아이디어를 푸는 데 있어서, 모순된 목표와 경쟁하는 목표를 동시에 추구하면서, 새로운 아이디어로 문제를 해결할 수 있어야 한다. 창의적인 생각은 최초의 모순을 품은 질문에서 시작한다.

파괴적 혁신 이론

경영학의 아인슈타인이라고 불리는 크리스텐슨 교수가 주창한 혁신 이론이 바로 파괴적 혁신 이론이다. 그의 저서 『성공기업의 딜레마』, 『성장과 혁신』, 『미래기업의 조건』에서 파괴적 혁신이론에 대해 다루고 있다. 저자는 파괴적 혁신이라는 새로운 개념을 도입해서 복잡한 시장 역학을 설명하면서, 한때 성공적인 기업이 왜 새롭게 출현한 조그마한 신생기업에게 밀려서 역사에서 도태되는 현상이 나타나는지 말한다.

기존 기업이 기존 고객의 요구를 만족시키기 위해 성능을 개선하는 것을 존속적 혁신이라 한다. 어떤 시장이 형성되면 고객은 제품이나 서비스의 어떤 성능에 부족함을 느끼게 되고, 공급자들은 성능 개선 게임에 돌입한다. 이것을 존속적 혁신이라고 한다. 즉, 이미 확립된 시장에서 고객의 성능에 대한 요구사항은 밝혀져 있고, 공급자가 성능을 향상해내면 고객은 더 지불할 것으로 예상되는 상황이다. 개인용 컴퓨터 시장에서 고객은 빠른 속도와 더 많은 메모리를 원했다. 공급업자들은 더 빠른 CPU와 더 큰 메모리를 제공하려 했다. 디지털 카메라 시장에서는 더 많은 화소수와 더 많은 사진 저장 용량을 고객들이 원했다. 존속적 혁신 게임은 고객이 성능향상에 대

해 얼마나 프리미엄을 지불할지 예측이 어느 정도 가능하고, 기술개
발에 대한 투자도 계획적으로 진행하면서 위험을 관리하는 것이 가
능하다. 대개 존속적 혁신은 이미 자리 잡은 대기업의 몫이 된다.

파괴적 혁신은 기존의 고객의 요구를 만족시키기 위해서가 아니
라, 현재 이용 가능한 제품의 성능에도 미치지 못하는 제품과 서비
스를 도입함으로써 궤도를 파괴하고 재정의한다. 파괴적 기술은 성
능이 떨어지지만, 다른 이점을 제공한다. 파괴적 기술로 만든 제품과
서비스는 신규 고객이나 덜 까다로운 고객들의 마음을 끌어당길 수
있도록 간단하고, 편리하고, 저렴하다.

예를 들면, 사진 촬영과 인화 시장에서 기존의 아날로그 카메라
가 확고하게 자리 잡고 있을 때 디지털 카메라는 초기에 저품질 휴
대용 카메라 시장부터 공략했다. 디지털 카메라는 필름 카메라보다

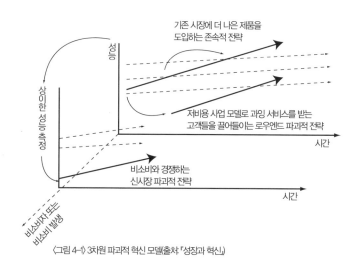

〈그림 4-1〉 3차원 파괴적 혁신 모델(출처 『성장과 혁신』)

화질은 떨어졌지만, 사진 인화 등의 번거로운 작업이 필요 없고, 필름 값 걱정 없이 사진을 많이 찍어도 무방했다. 구글은 마이크로소프트가 확고하게 자리 잡은 오피스 시장에 구글 오피스로 접근했다. 구글 오피스는 기능도 훨씬 단순하고, 마이크로소프트 오피스에 비하면 성능이 많이 부족하지만, 저렴하고, 인터넷 환경에 파일이 보관되고, 수정 이력이 남고, 공동 작업이 가능한 등 다른 기술적인 요소를 차용했다

성공적인 기존 기업은 파괴적인 신생기업에 의해 자신의 자리를 위협받는다. 그것은 성공적인 기업의 경영진, 직원들이 게으르거나, 모자라서도 아니다. 성공적인 기업은 충실하게 자신의 고객에 전념하며, 지속적으로 존속적 혁신을 하고 최선을 다했기 때문에 파괴적 혁신에 당한다. 파괴적 혁신은 초창기에 시장이 무척 작고, 다소 불완전하지만 다른 기술과 저급 시장에 초점을 두고 시작한다. 파괴적 혁신이 노리는 시장은 대규모로 이익을 내려는 동기를 가진 성공기업에게는 매력적으로 보이지 않는다. 기존의 성공 기업은 시장에서 고객의 발전하려는 요구를 충족시키기 위해 기술적으로 완벽을 추구한다. 그리고 가장 지불을 많이 할 수 있는 프리미엄 고객에 초점을 맞춘다. 그렇기 때문에 파괴적 혁신 기업이 목표로 하는 저수익고객에게 관심을 두기가 어렵다.

이미 파괴적 기술이 안착되어 충분한 시장을 형성했을 때는, 파괴적 혁신으로 성공한 기업이 과거의 성공기업이 후발주자로서 시장에 진입하는 것을 방해할 수 있을 만큼 충분히 새로운 역량으로 무장했기 때문에 진입이 쉽지 않다. 과거의 성공기업은 파괴적 기업이 역

량을 축적하면서 겪은 경로를 뒤늦게 쫓아가기 힘들기 때문이다. 파괴적 혁신을 성공해낸 기업은 존속적 혁신을 수행하는 기존 기업에 비해 새로운 기술, 절차, 자원에 대한 경로의존성을 확보하면서 경쟁우위를 유지한다. 뒤늦게 기존 기업이 파괴적 혁신이 자신의 안마당을 침입한 것을 알아채도 어찌할 수 없다.

디지털 카메라가 고급 카메라 시장을 어떻게 파괴했는지 살펴보자. 초기에는 디지털 카메라 기술은 해상도도 높지 않고, 저장용량도 크지 않았다. 필름카메라에 비해 촬영능력이 현저히 떨어졌다. 그러나 부단히 기술을 개발하고, 디지털 기술이 발전하면서 DSLR같은 고급 카메라 기종까지 출현하여, 기존의 카메라 업체의 아성을 무너뜨렸다. 자동차 산업에서는 현재의 가솔린이나 디젤 자동차의 아성을 전기자동차가 파괴할 수도 있다.

파괴적 혁신은 로우엔드 혁신과 신시장 혁신의 두 가지의 종류가 존재한다. 신시장 혁신은 우리가 흔히 알고 있듯이 기존에 존재하지 않던 시장을 새로운 기술로 만들어 내는 것을 말한다. 신시장 혁신은 현재 시장에 나와 있는 제품을 사용하지 않는, 비소비자를 타깃으로 하는 혁신적인 제품을 출시함으로써 기존 시장을 파괴하는 것을 말한다. 예를 들면, 인터넷 광고시장이 매스 미디어에 광고를 집행할 수 없는 중소기업의 광고 시장을 만들어 냈다. 소니의 휴대용 카세트 플레이어인 워크맨은 이동하면서 듣는 음악 시장을 창출했다.

로우엔드혁신은 기존 시장에서 가장 구매력이 낮은 고객을 새로운 기술 혹은 새로운 프로세스를 가지고 처음에는 다소 품질이 낮지만 낮은 가격으로 공략한다. 기존에 자리 잡은 경쟁업체 입장에서는 가장 수익성이 낮고, 시장규모가 작은 시장을 뺏기 때문에 별로 신경 쓰지 않는다. 그러나 시간이 흐르면서 새롭게 채택했던 기술적인 방법이 진보하고 점차적으로 품질 수준을 높여가면서 기존 진입자의 시장을 단계적으로 뺏는 형태를 취한다.

　로우엔드혁신이 출현하는 원인은 공급자의 혁신능력이 소비자의 요구사항을 뛰어넘는 오버슈팅 현상 때문이다. 소비자들은 처음에는 존속적 혁신의 요구를 가지고 있다. 기업이 성능 개선을 해내면, 고객은 성능에 대해서 프리미엄을 지불하려 한다. 따라서 공급업자들은 해당 성능을 확보하는 데 투자해서 기술력을 키운다. 공급업자가 성능향상게임에 빠져든다. 그런데 공급자의 성능 개선 속도가 소비자의 성능에 대한 요구 증가 속도보다 훨씬 빠르다. 소비자의 습관, 요구사항은 천천히 증가하는 반면, 공급업자의 기술 혁신 속도는 제한이 없기 때문이다. 이를테면, 초기 컴퓨터 시장의 CPU 빠르기와 지금의 빠르기를 비교하면 당대의 슈퍼컴퓨터보다 성능이 훨씬 좋아졌다. 그렇기 때문에 어느 시점부터는 소비자들이 가진 성능에 대한 요구 수준을 넘어서게 되어 오버슈팅이 발생한다. 오버슈팅이 발생한 순간에 로우엔드혁신의 출현을 요구하는 상황이 발생한다. 즉, 공급업체들이 기술 개발로 제품의 성능을 향상하더라도, 고객들은 이미 현재의 성능에 충분히 만족하고 있어서 더 이상 프리미엄을 지급할 의사가 없다.

　예를 들면, 자동차 회사는 성능을 개선한 엔진을 출시하지만, 소비자는 새로운 엔진의 갖가지 성능을 100퍼센트 활용할 수 없다. 도로 상황이 새로운 성능을 100퍼센트 발휘할 정도가 되지 않기 때문이다. 물론 처음에는 엔진 성능이 고객이 요구하는 성능에 미치지 못하는 시절도 있었다. 초창기에 개인용 컴퓨터는 중앙처리장치CPU 속도가 고객이 요구하는 것보다 느리고, 메모리 용량도 작았다. 고객들은 지속적인 성능향상을 원했고, 공급업자들은 빠르게 성능을 향상시켰다. 과거 개인용 컴퓨터 시장은 항상 더 빠른 속도와 더 많은 메모리, 더 많은 하드디스크를 사용자들이 요구했다. 그에 따라 성능향상을 끊임없이 해왔던 인텔, 마이크로소프트에게 소비자들은 기꺼이 지갑을 열었다. 그러나 어느 시점부터 개인용 컴퓨터로는 원하는 모든 업무를 충분히 할 수 있는 성능에 이르렀고, 사람들이 더 이상 운영체제의 업그레이드나 더 빠른 CPU에 대해서 요구하지 않고 있다. 소프트웨어의 다른 사용처가 나오지 않는 한 요즘의 고객들은 개인용 컴퓨터의 메모리와 속도에 대해 만족하는 상황까지 왔다. 바로 그 시점부터 마이크로소프트와 인텔의 위기는 시작되었다. 시장이 오버슈팅이 되면 구글 오피스나 스마트폰의 등장과 같은 다른 대체기술이 등장하면서 사람들은 개인용 컴퓨터로 하던 업무를 더 낮은 가격의 기기나 다른 기술을 활용하는 형태로 옮아간다.

철강업계에서 대표적인 파괴적 혁신 사례로 불리는 누코Nucor의 경우 철강 제품 중 저부가가치 제품부터 시작해서 지속적으로 기술을 축적해 고품질 제품의 포트폴리오를 확보했다. 누코는 종합제철소가 고품질의 철강제품을 만들어낼 때 규모는 작지만 전기로 가열하는 용광로 기술을 이용해 처음에는 가장 수익성이 낮은 저급 철강 제품부터 공략했다. 전기로의 생산 기술이 발전하면서 점차로 낮은 가격에 고품질 철강을 공급하는 기술력을 축적하면서 점차로 시장 점유율을 높여나가, 종합제철소의 주요 시장까지 넘보게 되었다.

소프트웨어 솔루션 업계에서도 소프트웨어 솔루션의 성능과 기능에 대한 요구가 계속되는 동안은 고객이 기능 개선에 기꺼이 지갑을 열었다. 성능 개선요구가 충분히 달성되어 오버슈팅이 발생하면, 고객은 기본적인 기능 위주로 쓰길 원한다. 고객은 솔루션에 오버슈팅이 발생하면 솔루션을 소유하기보다 필요할 때만 단순화한 기능을 서비스로 쓰기를 원한다.

파괴적 혁신 이론으로 산업의 진화 살펴보기

파괴적 혁신 이론은 산업 생태계의 진화를 새로운 통찰력으로 바라보게 해준다. 예를 들면 자동차 산업은 대규모의 자동차 메이커, 부품 제조업체로 이뤄져 있다. 개인용 컴퓨터시장은 운영체제 업체인 마이크로소프트 등과 메모리 제조업체, 중앙처리장치인 CPU 제조업체인 인텔, AMD가 있다. 그리고 수많은 컴퓨터 부품 제조업체들이 존재한다. 최종적으로 컴퓨터를 제조 판매하는 델, HP 등이 존재한다. 자동차와 컴퓨터의 산업 태동기에는 다양한 부품 제조업체가 존재하지 않았다. 산업생태계가 시간이 흐름에 따라 어떻게 진화하고, 변화하는지 파괴적 혁신이론은 좋은 모델을 제시한다.

어떤 제품과 서비스에서 고객이 기대하는 것을 충족할 만큼 성능이 충분하지 않다면, 상호의존적인 모듈을 통합한 회사가 모듈을 분리한 방식보다 경쟁에서 이길 가능성이 높아진다. 즉 초기에 자동차와 자동차 산업을 만든 포드를 생각해보자. 이전에 자동차 산업이 존재하지 않았기 때문에 부품을 공급하는 업체가 없었다. 비슷한 부품을 제작하는 업체가 있더라도, 포드가 원하는 비용, 품질, 설계 구조에 맞출 수 있는 업체는 없었다. 포드는 타이어, 핸들, 엔진 등 모든 자동차 구성품을 직접 개발하고, 통합해야 했다. 통합과정에서 비용을 줄이고, 가장 좋은 성능의 제품을 만들 수 있다. 이 시점에서는 각각의 부품을 독립적인 모듈로 하기보다, 전체적인 하나의 제품을 만드는 데 집중해서 상호의존적으로 설계한다. 대부분 새로 태동하는 산업에는 고객의 성능에 대한 요구를 충족시킬 정도로 기술 발전이 충분하지 않아서 적절한 부품 공급자가 존재하지 않는다. 따라서 사업을 일으키려면 제품의 구성품을 직접 개발하고, 상호의존적인 설계로 성능을 끌어 올리는 시도를 해야 한다.

이렇게 해서 산업이 생겨나고, 통합적으로 제품을 공급하는 업체들이 만족스러운 수익을 거둔다. 통합적인 공급 업체는 고객에게 더 나은 성능을 제공하기 위해서 지속적으로 기술을 발전시키면서 경쟁한다. 시간이 흘러 통합적인 공급 업체가 고객들이 이용할 수 있는 기능성과 안정성을 초과한다. 즉 오버슈팅이 발생한다. 통합적인 공급 업체는 고객의 요구가 성능에서 사용편의성, 다양성 등으로 변화함에 따라 오히려 경쟁력이 떨어진다.

예를 들면, 포드가 자동차의 핸들을 직접 제조하면, 다양한 핸들 제조업체들에게 핸들을 납품받는 것보다 고객들에게 선택의 기회가 다양하게 줄 수 없다. 아이폰이나 안드로이드가 일반화되기 전에 휴대폰 제조사가 휴대폰 어플리케이션을 통합적으로 제공했기 때문에 고객 입장에서 선택의 폭이 좁았던 것도 같은 이유다.

통합기업이 제공하는 제품에서 오버슈팅이 일어났을 때 고객의 요구 사항이 성능에서 사용편의성과 다양성으로 변화한다. 고객 요구 사항이 변화한 것을 경쟁 기반이 변화했다고 말한다. 경쟁 기반이 변화하면 사용편의성과 다양성을 요구하는 고객을 만족시킬 수 있도록 모듈방식으로 조립해서 제공하는 파괴적 기술을 보유한 업체가 등장한다. 모듈 중심의 업체는 다소 성능에 대한 부분은 손해 보더라도 다양한 선택의 폭을 고객에게 제공한다. 기존 고객 중 로우엔드 고객의 경쟁 기반이 변화했으므로, 성능에 대한 요구 사항보다 다양성과 편의성을 원하는 로우엔드 고객을 타깃으로 한다. 기존 하이엔드 고객에게는 각각의 구성품을 통합해 높은 성능을 제공하는 게 좋겠지만, 로우엔드 고객은 모듈 방식으로 부품업체를 활용해 성능은 다소 떨어지더라도 다양한 기능을 저렴하고 유연하게 제공하

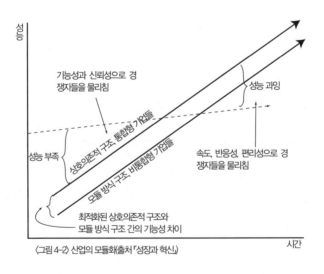

〈그림 4-2〉 산업의 모듈화(출처 『성장과 혁신』)

는 게 더 좋다.

초창기에 휴대폰 사업은 통화 품질과 배터리 문제 등 기본적인 성능 문제를 해결하기 위해 제조사에서 통합적으로 제품을 만들었다. 휴대폰 제조사는 전체 성능을 향상시키려고 휴대폰 운영체제, 어플리케이션을 의존성 있는 설계로 만들었다. 그러나 휴대폰의 기본적인 성능이 충분해지자, 고객들은 휴대폰으로 다양한 일을 하기를 원했다. 애플은 고객의 요구를 잘 파악해서 사용편의성과 다양성을 충족시킬 수 있는 모듈식 구성으로 휴대폰을 변화시켜서 아이폰을 출시하여 대성공을 거두었다.

자동차 산업도 전체적인 비용 절감 때문에 각각의 구성품을 좀 더 저렴하고 다양하게 만들 수 있는 공급업체가 생겨나고, 모듈화됐다. 통합적으로 생산하던 업체는 가격과 다양성을 충족하지 못해서 점차로 시장에서 퇴출되고, 모듈화한 생산이 업계의 표준으로 자리 잡는다. 처음에는 모듈화한 기업의 제품 성능이 부족해서 저가의 제품을 선호하는 고객들 위주로 고객 이탈이 늘어나지만, 차차 모듈화한 제품의 성능이 좋아지면서 고가층의 고객에게도 영향을 준다. 초기에 포드는 '자동차 색깔은 고객이 원하는 대로, 단 검은 색에 한해서'라는 명언을 남기기도 했다. 하지만, 자동차 성능이 충분해지면서 고객들은 사용편의성과 다양성을 원하게 되었고, 제너럴모터스가 다양한 모델로 시장을 공략했다. 제너럴모터스는 자동차 제작에 플랫폼 개념을 도입하였고, 분권화된 독립적인 사업부서가 각각 다양한 차를 개발하는 새로운 조직 방식을 도입했다. 새로운 조직 방식으로 제너럴모터스는 다양한 제품라인을 제공할 수 있었다.

모듈방식이 자리 잡으면 하부 모듈 성능이 문제가 되어서, 하부의 모듈로 수익이 빠져나가는 현상이 나타난다. 즉, 모듈화를 했더라도, 전체의 성능 중에서 고객이 요구하는 핵심적인 성능 향상 문제와 관련된 부분의 모듈 책임을 맡은 쪽은 지속적인 성능 개선 요구를 받고, 그 부분으로 수익이 집중된다. 이것을 만족스러운 수익 보존의 법칙이라고 한다.

예를 들면, 초기의 개인용 컴퓨터 시장에서 애플은 통합적으로 하드웨어와 소프트웨어 전체를 직접 만들어서, 성능에 대한 고객의 요구에 통합적으로 대응했다. 반면에 IBM은 개인용 컴퓨터를 하드웨어와 운영체제, 어플리케이션, 소프트웨어를 모듈화했다. IBM은 전체 개인용 컴퓨터를 설계하고, 모듈은 각각 다른 외부 업체에 아웃소싱하여 개인용 컴퓨터를 제작했다. 마이크로소프트와 인텔은 IBM의 개인용 컴퓨터에서 각각 운영체제와 중앙처리장치를 담당했다. 이후 IBM의 개인용 컴퓨터가 큰 성공을 했다. 고객은 개인용 컴퓨터에서 운영체제의 편의성과 빠른 속도를 지속적으로 원했다. 마이크로소프트와 인텔은 고객이 성능 향상을 원하는 모듈에 대한 책임을 맡고 있었다. 마이크로소프트와 인텔은 이후에 꾸준한 존속적 혁신을 통해 운영체제의 편의성과 중앙처리장치의 속도를 개선했다. 전체 개인용 컴퓨터 시장의 수익은 이 두 사업체로 집중되었다.

이렇게 모듈화한 세상에서 어떤 한 모듈을 선택해서 사업을 해야 한다면, 전체 시스템을 사용하는 고객이 지속적으로 성능 향상을 원하는 모듈인지를 생각해봐라. 성능 향상이 필요한 모듈에 지속적인 성장 기회가 있다. 이런 모듈을 선택하고, 난제를 지속적으로 해결할 수 있다면, 향후 전체 시스템에서 발생하는 수익의 상당 부분을 가져갈 수 있다.

지금 아이폰으로 촉발된 스마트폰 시장의 폭발적인 증가를 살펴보면 시장이 어떻게 진화할지 개인용 컴퓨터 시장으로부터 유추할 수 있다. 초기에 스마트폰은 성능 면에서 유저의 사용편의성, 사용할 만한 어플케이션 부족 등의 문제를 가지고 있었는데, 애플은 문제를 통합적으로 해결했다. 하드웨어와 운영체제를 상호의존적인 설계를 수행하여 직접 만들었고, 애플은 휴대폰 어플리케이션 개발만 개방했다. 이에, 구글은 안드로이드라는 운영체제를 담당하고, 산업을 스마트폰 제조업자, 스마트폰 운영체제, 어플리케이션 개발자로 모듈화했다. 특히, 전 세계의 수많은 휴대폰 제조업자들을 참여시켰다는 점이 크게 다르다. 애플은 전 세계의 수많은 휴대폰 제조업체와 경쟁자가 되었고, 안드로이드는 스마트폰 제조업체를 전체 모듈의 한 부분으로 초대했다. 애플은 파괴적 혁신으로 커다란 시장을 만들었다. 하지만, 모듈화한 산업으로 공략하는 안드로이드 진영으로부터 공격을 당할 수밖에 없다. 애플은 공들인 몇 개의 제품라인으로 시장에서 경쟁하겠지만, 안드로이드 진영은 수많은 스마트폰 제조업체의 투자로 다양한 제품을 실험할 것이다. 이후에 여전히 스마트폰 유저의 핵심적인 문제인 인터페이스와 다양한 어플리케이션이 충분히 해결될 때까지는 각각의 분야에서 핵심적인 성능 개선 요구가 있는 모듈을 담당한 업체가 돈을 벌 것이다.

컴퓨터 통신 산업을 통해 바라본 파괴적 혁신 이론 사례

2000년대 인터넷 붐이 휩쓸고 지나간 후 인터넷 업계 사람들과 술자리를 가졌다. 과거에 국내 굴지의 개인용 컴퓨터 통신 업체(국내에 인터넷이 보급되기 전에, 천리안, 하이텔과 같이 소비자가 개인용 컴퓨터와 모뎀을 통해서 접속하여 커뮤니티의 일원이 되고, 다양한 콘텐트를 이용하던 사업, 주로 정액제로 서비스하였다)부터 일을 하던 사람들이 모였다. 소주 두어 병이 돌고 나선, 국내 인터넷 사업의 빠른 변화와 개인용 컴퓨터 통신을 향수처럼 떠올렸다.

개인용 컴퓨터 통신 업계에 근무하던 초창기에는 고객수가 십만 단위에서 백만 단위로 늘어나는 등 정말 대단한 성장세였다고 한다. 그런데 갑자기 인터넷 시대가 도래했다. 각 개인용 컴퓨터 통신 회사들은 앞으로 무엇으로 성장해야 할지 고민했다. 그리고 도래하고 있는 인터넷 환경에 어떻게 대처해야 하는가를 화제로 삼았다. 끊임없는 탁상공론에 인터넷의 흐름을 목격하면서도 어찌할 수 없었다고 한다.

나는 그 당시 개인용 컴퓨터 통신업계에 있으면서, 정말 미래를 읽을 줄 아는 사람이 있었다면, 개인용 컴퓨터 통신이 인터넷 시대에 잘 적응해서 살아남지 않았을까? 그랬다면 오늘날의 인터넷 환경이 지금과 같았겠느냐는 질문을 했다. 그 대답들이 놀라웠다. 이구동성으로 아마도 상황이 같았을 것이라 한다. 미래를 예측할 수 있다 하더라도, 이미 개인용 컴퓨터 통신 사업의 성공에 젖어 들은 조직의 관성 때문에 결국은 알면서도 당할 수밖에 없을 것이라는 이야기다.

파괴적 혁신 이론에 RPV 이론(자원Resource, 절차Process, 가치Value가

하나의 사업에 자리 잡으면 그것이 고착화되어서 새로운 사업을 하기가 힘들다는 이론을 말한다. 따라서 파괴적 기술을 기반으로 하는 새로운 사업은 기존 사업 부서에서 수행하기는 어렵고, 별도의 조직이 본사의 영향력에서 벗어나서 파괴적 사업에 적합한 RPV를 확립할 것을 추천했다)이 그대로 적용되는 이야기였다.

당시 개인용 컴퓨터 통신은 너무나도 성공적이었다. 300만이 넘는 사용자를 확보할 만큼 성공했다. 고객들은 오늘날의 인터넷 사용자와 같이 온라인 커뮤니티에 참여했다. 사용자들은 컴퓨터 통신의 경매를 이용했고, 성인콘텐츠를 이용했으며, 유료콘텐츠는 돈을 내고 이용했다. 그 무대와 형식이 바뀌어 오늘날의 인터넷으로 옮겨졌을 뿐이다. 개인용 통신 산업은 당시에 이미 완성된 하나의 가치 네트워크였다. 수많은 콘텐츠 공급자가 개인용 컴퓨터 통신 서비스 회사에 콘텐츠를 공급했다. 개인용 컴퓨터 통신 업계의 입장에서 보기에 인터넷은 유료서비스를 하기에 적합하지 않았다. 콘텐츠의 질도 떨어졌다. 돈이 될지 안 될지, 얼마만큼 확산될지 모르는 미지의 영역이었다. 대부분의 콘텐츠 공급업체의 입장도 마찬가지였다.

하지만, 고객들의 입장에서는 인터넷이 사용하기 편리해지고, 저렴하며, 다양한 정보를 쉽게 멀티미디어적으로 얻을 수 있는 파괴적 기술이었다. 초창기의 보안문제, 인터넷 결제 문제의 취약성들이 점차 해결되었고 개인용 컴퓨터 통신업체가 쌓은 가치보다 훨씬 좋은 방식으로 고객을 만족시킬 수 있게 되면서 폭발적으로 사용자층이 늘었다. 과거에는 개인용 컴퓨터 통신이라는 통합적인 서비스에 묶여 있던 각종 서비스가 별도의 사업으로 구축되었다. 개인용 컴퓨터 통신업체가 통합적으로 제공하던 서비스가 인터넷 기술을 활용하여 모듈식으로 제공되었다. 인터넷 경매, 쇼핑몰, 전문 커뮤니티 등이 만개했다. 과거에 하이텔, 데이콤이 누리던 영화를 지금의 NHN, 다음이 누리고 있다. 기존의 개인용 컴퓨터 통신이 구축한 사업의 관행, 가치네트워크와 동떨어져서 독자적으로 긴 시간을 축척하면서 오늘날의 인터넷 사업이 만개했다.

그럼, 다음 세대의 파괴적 기술은 무엇일까? 현재의 NHN과 다음이 어찌할 바를 모르고 당할 수밖에 없는 다음 세대의 파괴적 기술은 이미 등장했는지도 모른다.

파괴적 혁신이론이 기업 경영자에게 주는 의미

파괴적 혁신이론이 도대체 기업 경영자에게 어떤 의미가 있는가? 이렇게 복잡하고 어려운 개념을 이해해야만 사업을 할 수 있는 건가? 파괴적 혁신이론은 산업의 동태성에 대해 설명해준다. 산업이 변화하는 양상을 시간의 변수를 고려하여 이해할 수 있게 한다. 변화의 소용돌이 속에 있을 때는 기업가들이 상황에 휩쓸리기 마련이다. 아무리 의사 결정을 잘하더라도 어떤 흐름에 휩쓸린다. 이를테면, 인터넷 붐이 시작되던 시절에 누군가 개인용 컴퓨터 통신 사업을 시작하기로 결정했다고 해보자. 과연 잘될 수 있을까? 변화의 거대한 흐름은 마치 폭풍우 속에서 항해를 해야 하는 선장과 같은 입장을 경영자에게 부가한다. 폭풍우가 발생하는 지점을 피해서 항해해야 한다.

산업의 태동에 관련된 역사를 살펴보면 볼수록 크리스텐슨 교수의 파괴적 혁신이론이 뛰어남을 이해할 수 있다. 대부분의 경영이론이 가진 문제와 크리스텐슨 교수의 이론의 차이점을 살펴보자. 대부분의 경영이론은 성공한 기업을 분석해서 어떤 특징을 뽑아내 일반화한 법칙으로 제시한다. 이를테면, 성공하는 기업의 8가지 법칙 같은 이론이 특징에 기반을 둔 이론이다. 특징에 기반을 둔 이론은 방대한 조사를 논리적 근거로 제시하기 때문에 합당해 보인다. 그러나 현실에서는 큰 도움이 되지 않는다. 개별 기업 혹은 기업가들이 처한 상황이 다르기 때문이다. 산업이 다르고, 기업의 규모가 다르고, 각각 처한 상황이 다르다. 따라서 이론이 실제로 현장에 있는 사람에게 도움을 줄 수 있으려면 상황을 고려한 이론이어야 한다. 어떤 상황이 있고, 그에 따른 사례들을 수집하고, 상황을 고려한 일반화한 이론으로 제시되면, 이론의 적용 여부에 대해 상황을 고려해서 판단할 수 있다. 크리스텐슨 교수는 특징 기반 경영 이론의 일반화에 대한 문제점을 지적하고, 상황을 고려한 이론으로 혁신이론을 연구한 점이 뛰어나다.

만약, 자신의 기업 규모가 작고, 사업을 시작하는 단계라면, 파괴적 혁신을 취하는 쪽에 줄을 서라. 기존에 진입한 기업은 이미 확고하게 시장에서 자리를 잡고 있으므로 자신의 프리미엄 고객을 절대로 놓치지 않으려 한다. 하지만 기존 기업은 성능을 중시 여기지 않는 저수익고객 혹은 비고객에 대해서 덜 의욕적이다. 그럴 수밖에 없는 것이 가장 수익성이 낮은 세그먼트이기 때문이다. 작은 기업이 경쟁을 피하고 승리하려면 수익성이 낮은 세그먼트를 노려야 한다. 그것도 아직은 검증되지 않은 새로운 기술을 무기로, 시장을 파고들어서 실력을 쌓아나가야 한다. 작은 신규 기업이 승리하려면 파괴적 기술의 파도를 타야 한다.

새로운 아이템을 찾고, 회사의 성장 위해서 신사업에 진출할 때 파괴적 혁신 이론을 바탕으로 해서 아이템을 찾아라. 기존 제품이나 서비스에서 오버슈팅이 일어나고 있는 영역은 없는가? 그렇다면 로우엔드 파괴가 가능하지 않을까? 생각해라. 기존 시장이 통합된 형태로 존재했었는데, 오버슈팅이 일어나면 경쟁 기반이 변해서 다양성과 사용편의성에 초점을 맞추는 쪽으로 변화한다. 과거에는 통합되어 있어서 부품기업이 접근하기 힘들었다면, 모듈화한 업체의 등장으로 시장이 열린다. 모듈화하면 부품기업에 기회가 열린다. 그리고 현재 모듈화한 제품의 한 부분을 담당하고 있다면, 고객들이 성능에 대한 요구가 여전히 높고, 해결해야 할 문제가 많은 모듈로 수익이 몰릴 것을 예상할 수 있다. 성능에 대한 요구가 여전히 높은 모듈을 선택하라.

그리고 스스로가 존속적 혁신게임을 하고 있고, 성능개선을 충분히 하고 있고 시장에 지배적인 위치를 점유하고 있더라도 언제 어디서 로우엔드파괴가 발생할지 모른다. 스스로 자신의 사업을 파괴할 파괴적 기술을 찾아서 투자하거나, 자회사를 만들어서 사업을 시작하라. 이를테면 종합보험사가 다이렉트보험사를 설립하거나, 자동차 회사가 전기자동차 회사를 만드는 생각을 할 수 있다. 미래에 파괴적 기술로 성장한 외부의 다른 기업이 자신을 공격하게 하는 것보다 낫다. 로우엔드파괴, 신시장 혁신은 신생기업 혹은 작은 규모의 기업이 어떻게 혁신을 바라볼 것인가에 대한 지침을 내려주는 아주 고마운 이론이다.

오픈 이노베이션

최근 오픈 이노베이션이 각광 받고 있는 이유는 무엇일까? 오픈 이노베이션의 거장으로 최근 주목 받고 있는 헨리 체스브로는 저서인 『오픈 이노베이션』에서 과거의 전통적인 연구소 중심의 혁신 방식이 도전을 받는 이유를 제시한다.

닫힌 혁신은 기업 내에 연구소를 두고 외부와 벽을 둘러친 혁신 방법을 말한다. 제록스, IBM 등 성공한 기업은 지속적인 성장을 유지하기 위해 대규모의 연구소를 건립하고 박사급 인재를 모았다. 다시 한 번 성장 엔진에 불을 지필 새로운 기술을 연구하고, 연구의 재료를 회사에 새로운 성장을 가져오는 아이템으로 상용화해 성공하기도 하고 실패하기도 했다. 내부와 외부의 경계가 명확하고 폐쇄적인 형태의 혁신 문화는 몇 가지의 침식요인에 의해서 열린 혁신으로 나아간다. 그 침식요인을 살펴보면 다음과 같다.

숙련된 인력의 가용성과 이동 증가가 첫 번째 침식요인이다. 우수한 연구 개발 인력의 머릿속에 노하우를 집중했는데, 과거보다 노동 유연성이 증가했기 때문에 침식당한다. 우수한 인재에게 새로운 혁신의 아이디어나 연구역량을 축적해놓았는데, 그 인재는 다른 곳으로 이동한다.

회사는 특정한 비즈니스 모델이 눈부시게 성공한 경우 부설 연구소를 만든다. 연구소에서 많은 기술을 개발한다. 연구소에서 새로 개발한 기술도 과거에 성공적이었던 비즈니스 모델의 잣대로 바라본다. 현재의 비즈니스 모델로는 새로운 가치를 창출할 가능성을 보지 못해서 사장된다. 연구 인력이 사장된 기술을 들고 나아가 다른 회사에서 상용화하거나 직접 벤처를 창업하는 일이 생겨났다. 전에는 사장된 기술이었지만, 다른 비즈니스 모델과 결합시키자 매우 성공적이었다.

예를 들면, 제록스의 팔로알토 연구소는 혁신적인 기술을 많이 개발했다. 현재의 개인용 컴퓨터 환경을 지배하고 있는 GUI, 마우스, 인터넷 기술인 이더넷과 같이 제록스 안에서는 사용되지 못한 혁신적인 기술이 많다. 제록스는 혁신적인 기술을 자사의 복사기 사업에 활용하려고 만들었다. 너무나 큰 성공을 한 복사기 사업의 잣대로만 내부의 새로운 기술을 바라보니, 활용할 방법을 찾지 못했다. 그러나 제록스에서 근무하던 연구원들이 업계로 나아가 사장된 기술을 가지고 눈부신 성공을 이끌었다.

이렇게 새로운 기술은 새로운 비즈니스 모델을 만나야 꽃을 피울 수 있는 경우가 많다. 그러나 성공한 사업체는 이미 확립된 비즈니스 모델의 렌즈로 모든 기술을 바라보는 경향이 존재한다. 그런데, 우수한 연구소의 인재들이 이렇게 사장된 기술을 들고 나가서 성공하는 사례들이 늘면서 닫힌 혁신의 패러다임이 도전을 받게 되었다.

두 번째 침식 요인은 벤처 캐피털 시장이 지속적으로 성장하면서, 새로운 기술과 비즈니스 모델에 투자할 수 있는 자본이 항시 대기하고 있다는 점이다. 벤처 캐피털 펀드의 규모는 계속 성장하고 있다. 이미 성공한 비즈니스 모델에서 존속적 혁신을 하는 기술은 마치 체스를 두는 것처럼 수를 읽고 분석하는 역량을 필요로 한다. 그러나 새로운 기술, 새로운 비즈니스 모델로 성공하는 것은 마치 포커를 하는 것과 같이 배팅 기술을 요구한다. 벤처 캐피털은 배팅 기술을 갖추고, 새로운 실험에 자본을 공급한다. 즉, 성공한 기업의 수읽기로는 도저히 투자할 수 없는 혁신 영역에 벤처 자금이 공급되고, 성공 사례가 생겨났다. 벤처 캐피털의 자금은 닫힌 혁신을 침식하면서 열린 혁신 기회를 더 많이 만들어 냈다.

세 번째 침식요인은 오랫동안 기업연구소에서 R&D 활동을 하면서 선반에 많은 상업화하지 않은 연구결과물을 쌓아 놓았고, 그것을 활용하면 많은 상업화 기회를 만들 수 있다는 점이다. 오랜 기간 닫힌 혁신의 패러다임 속에서 축적된 기업 연구소의 선반에는 다양한 형태의 기술이 쌓여 있어서, 적합한 비즈니스 모델과 자금을 만나면 성공적으로 활용할 수 있게 되었다. 성공 사례가 나오면서 기업은 자신의 연구 자산을 활용할 방법을 열린 혁신에서 찾기 시작했다.

네 번째 침식 요인은 외부 공급자의 능력이 좋아졌다는 점이다. 과거에는 외부 공급업자의 수준이 낮아서, 회사가 내부에서 모든 제품의 구성 부분을 직접 개발하고, 고품질을 유지하기 위해 노력한다는 의미로 NIH_{Not invented here} 신드롬(집단 내부의 단결이 공고해지면서 외부의 새로운 시각이나 아이디어를 배척하는 현상을 말한다)이 좋은 의미로 쓰였다. 그러나 산업이 고도화하고, 모듈화하면서 세계적인 수준의 공급업자들이 생겨나고, 그에 따라 NIH 신드롬의 의미도 부정적으로 바뀌었고, 공급자들이 다양한 형태의 혁신을 주도할 수 있게 되었다.

기업이 내부에서 하던 일을 외부로 돌림에 따라, 전에는 기업 내부에 갇혀 있던 고유한 기술이 다양한 비즈니스 모델과 역량을 가진 공급업체와 만났다. 인재와 기술의 이동이 더 빈번해지고, 닫힌 혁신을 침식하고, 열린 혁신의 기회가 증가했다.

네 가지의 침식요인에 따라 과거처럼 서로 벽을 치는 혁신에서 벗어나 열린 혁신을 주도적으로 채택하는 기업들이 증가했다. 기술은 기술 자체로는 아무런 가치가 없다. 사업모델과 결합해서 상용화해야 가치를 가진다. 열린 혁신이 보편화됨에 따라 기업 안에 속박되어 있던 기술이 다양한 사업모델을 만나고, 상용화하면서 사회 전체의 부가 증진된다. 닫힌 혁신에서 열린 혁신으로 패러다임을 전환하면서 기존의 연구소 중심의 혁신을 하던 대기업도 더 적극적으로 열린 혁신 모델을 활용하고 있다.

예를 들면, AG 래플리는 2000년에 글로벌 기업 P&G의 CEO에 취임한 이후 혁신에 의한 성과 중 50퍼센트를 C&D Connect and Development(전 세계의 기술을 가진 사람, 연구 등과 연결하여 문제를 해결하려는 접근법이다. 과거에는 사내 연구소에 의존했었다) 프로그램으로 달성하려는 원대한 목표를 세웠다. 전 세계에 산재한 기술사업가, 공급업자, 심지어는 경쟁자까지 활용해 새로운 제품을 만들어 냈다. 과거와 같은 인수, 직접 개발과 비교해서 R&D의 효율성이 극대화되었다.

P&G는 다양한 혁신 네트워크를 관리하고 있다. 일단 제품과 아이디어를 전 세계에 걸친 네트워크에서 발견하면, P&G는 그것을 내부에서 평가한다. 회사 내부의 기술사업가는 연구원과 머리를 맞대고, 특허를 검색하고, 검토 대상에 올릴 제품을 선택하고, 초기의 평가 작업을 진행한다. 어떤 제품과 기술이 P&G 내에서 사업을 시작하기 위한 기준을 충족하는지 평가한다. P&G내부의 혁신 전문가인 기술사업가가 성공할 만한 제품을 찾아내면 초기 관문은 통과한 셈이다. 초기 평가 작업을 통과하면 P&G의 혁신 목록에 올린다. 이 목록에 올라가면 일반관리자, 브랜드관리자, R&D팀, 그 외의 전 세계의 사원에게 그들의 이해관계에 따라 평가받는다. 그러는 동안 기술사업가는 해당 라인의 담당 관리자에게 해당 제품을 홍보한다. 만약 해당 아이템이 신사업팀 경영진에게 관심을 받으면, 사업의 목표를 조율하고, 실행에 관련된 질문을 받는다. 이를테면, 다음과 같은 질문을 받는다. "P&G에 그 제품을 개발하기 위한 기술적인 기반구조가 있는가?" 신사업팀 경영진은 해당 제품의 사업적인 잠재력을 점검한다. 만약 해당 제품이 성공적으로 보인다면, 해당 제품을 소비자 패널에게 테스트한다. 반응이 긍정적이라면, 회사의 제품개발 포트폴리오로 들어간다. 그 다음 회사는 외부의 제품 개발 그룹을 참여시켜서 제품의 제조업자를 만나게 하고, 라이선스, 제휴 혹은 다른 계약구조에 대한 협상을 한다. 이 시점이 되면 내부에서 개발한 다른 제품들처럼 유사한 제품개발 목록에 들어간다. 결국 발견된 외부의 100개의 아이디어 중 단 하나만 시장에 소개된다.

흔히 개방형 혁신하면 리눅스가 오픈 소스로 만들어진 것과 같이

IT 기업들에서나 시도하고 기존 기업에서는 활용하기 어려운, 지엽적인 혁신 방법으로 인식하기 쉽다. 개방형 혁신은 유능한 인재의 이동이 빈번하고, 벤처 캐피털의 자금이 넘쳐나는 오늘날의 비즈니스 환경에서 반드시 고려해야 할 혁신 방법이다.

혁신 프로젝트의 관리: 단계 혁신의 한계 극복하기

2008년 1월 「하버드 비즈니스 리뷰」에 혁신에 관한 유익한 기사가 실렸다. 파괴적 혁신이론의 주창자인 크리스텐슨 교수가 쓴 '혁신 킬러들: 재무도구들은 당신의 혁신 능력을 어떻게 파괴하는가Innovation Killers: How Financial Tools Destroy Your Capacity to Do New Things'는 기업들이 혁신을 관리하는 절차에 대해 조언하고 있다. 성공한 기업은 많은 혁신 프로젝트에서 단계별로 관문을 두어서 전망이 좋은 혁신 투자를 골라내는 절차를 가지고 있다. 리뷰세션을 통해서 상급경영자는 다음 단계로 진행할지, 프로젝트를 중단할지를 결정한다. 리뷰를 통해 통과를 결정하는 혁신 절차를 단계 혁신이라고 부른다.

많은 엔지니어, 마케터는 단계 혁신을 경멸하는데, 그 이유는 진짜 잠재력이 있는 프로젝트가 중단되기 때문이다. 각 단계에서 대부분의 단계를 통과하기 위한 핵심 기준은 매출과 이익의 크기, 리스크다. 매출은 정량화할 수 있어도, 잠재력을 가진 파괴적 기술, 제품, 비즈니스 모델을 이용한 성장은 숫자로 표현할 수 없다. 존속적 혁신을 하는 프로젝트와 예산 경쟁을 하는 경우 수익이 꾸준히 나는 평범한 프로젝트는 순탄하게 진행되고, 더 위험해 보이나 잠재력이 있는 것은 연기되거나, 중단된다.

위와 같은 단계 혁신에는 두 가지의 결점이 있다.

첫째, 프로젝트팀은 예산을 할당받으려고 가정을 변경하고 숫자를 맞춰서, 관문을 통과하는 방법을 알고 있다. 유능한 관리자가 관문의 심사관이어도 숫자 조작을 식별하기 어렵다. 따라서 실제 제품이 나오고 실적이 나오기 전까지 프로젝트 팀은 숫자를 조정하여, 단계를 통과할 수 있다.

둘째, 단계 혁신은 제안된 각각의 전략이 옳다는 것을 전제로 한다. 일단 새로운 것이 만들어지면 그때부터는 능숙한 실행만이 전부라는 통념이 존재한다. 결국 모든 투자가 완료되고 나서 새로운 제품이 나온 후에 실적이 좋지 않으면 그때서야 프로젝트가 중단된다. 그것이 문제다. 사업을 진행하는 동안 가정을 실험하고, 전략을 현실에 맞게 수정하는 과정을 거치지 않고 결과만 보고 판단한다. 올바른 전략은 미리 알 수가 없다. 그것은 우연히 나타나고, 실험한 후에 현실에 맞게 수정해야 한다.

단계 혁신은 파괴적 기술을 기반으로 새로운 성장을 가져오는 목적의 혁신에는 적합하지 않다. 대부분의 회사는 다른 대안을 찾을 수 없어서 단계 혁신을 사용한다.

미래 성장을 위한 현명한 투자를 지원하도록 설계된 대안적인 혁신 관리 방법이 있다. 발견에 의한 계획 혹은 창발 계획이라고 부른다. 단계 혁신의 순서를 뒤집으면 된다. 논리는 아주 간단하다. 첫째 페이지에는 숫자가 들어간다. 두 번째 페이지에는 핵심적인 이슈와 사업의 가정이 들어간다. "좋아요. 우리는 이 숫자들이 얼마나 좋은지 알고 있어요. 이 숫자들을 현실화하기 위해서 반드시 증명해야 할 전제 혹은 가정의 집합은 무엇일까요?" 프로젝트 팀은 가정 체크리스트를 만들고, 그 리스트에는 프로젝트가 성공하려면 증명되어야 할 질문이 담겨 있다.

이것은 실행을 위한 계획이 아니라, 이것은 학습하기 위한 계획이다. 핵심적인 가정이 유효하지 않다면, 모든 가정이 타당해질 때까지 프로젝트팀은 전략을 다시 만들어야 한다. 가정이 더는 의미 없게 되거나, 현실에 부합하지 않을 때는 지금까지의 투자규모나 이익에 상관없이 프로젝트를 중단해야 한다. 전통적인 단계 혁신은 가정에 대해서는 깊이 논의하지 않고, 재무적 예측과 결과에만 집중하지만 발견에 의한 계획은 가정에 집중한다. 가정에는 신규 사업의 성공 여부에 대한 핵심적인 불확실성이 있다.

두 가지 혁신 관리 절차를 혼합할 수 있다. 혁신 프로젝트가 만들어지면 이 사업을 성공시키기 위한 가정 체크리스트를 만들고, 각 단계에서 심사할 때 숫자도 고려하지만, 가정이 유효한지 검토한다. 만약 재무성과가 좋지 않아도 여전히 사업의 가정이 유효하면, 회사는 이 사업의 성공 가능성을 보고, 회사의 자원이 허락할 때까지 자금을 투여한다.

혁신 프로젝트뿐 아니라 기존 사업도 전략리뷰를 통해 사업의 가정이 변화하는지 검토해야 한다. 재무성과만 봐서는 사업의 가정이 변화하는 전략적 변곡점을 파악하기가 쉽지 않다.

블루오션전략?

『블루오션전략』은 인시아드 MBA의 교수로 재직 중이고 「하버드 비즈니스 리뷰」에 여러 차례 아티클을 게재한 김위찬 교수의 이론으로 유명해졌다. 대한민국에서 경제경영서로서는 드물게 엄청나게 크게 유행했다. 김위찬 교수는 『블루오션전략』에서 기존 시장에서 범용품화되어서 치열하게 경쟁하는 시장을 레드오션이라 명명하고, 새로운 방식으로 고객에게 가치를 제공하는 블루오션을 창출하라는 메시지를 전한다.

『블루오션전략』이 베스트셀러가 되고 유명해지면서, 한때 블루오션전략은 혁신의 대명사로 여겨지기도 했다. 그러나 선무당이 사람 잡는다. 블루오션전략은 전체 혁신이론 중에 한 가닥 실마리를 주었을 뿐이다. 단지 책 한 권 읽었다고 혁신 방법을 마스터했다고 생각하면 안 된다. 블루오션의 가르침에 따라 현장에서 다양한 혁신을 시도를 했던 사람들이 어려움에 봉착했다. 블루오션전략의 교훈에 따라 혁신을 시도하려고 머리를 짜내었지만, 새로운 사업이 잘 만들어지지 않았기 때문이다.

블루오션 전략은 혁신이론에서 만능이 절대로 아니다. 그 이유를 짚어보자. 첫째, 실제로 돈이 되는 것은 레드오션으로 불리는 기존 시장인 경우가 많다. 블루오션전략은 시장에서 경쟁이 치열한 레드오션에서 벗어나서 블루오션을 창출하라고 한다. 그런데 실제로는 레드오션이 돈이 되는 시장이다. 수요가 있기 때문에 많은 기업이 있고, 실제로 돈이 있는 곳에 경쟁이 있다. 블루오션에 눈을 돌리는 것보다 레드오션에서 혁신하는 방법을 배워야 한다. 블루오션전략의 가르침대로 전혀 수요가 없는 시장을 창출하려고 노력하다가는 고생만 하고 실패하기 십상이다.

둘째, 고객가치를 만들어내는 분석 도구는 제시하였지만, 가치를 어떻게 생성하는가는 설명이 부족하고, 가치를 만들어내는 공급자의 역량에 대해서도 설명이 부족하다. 블루오션전략은 고객가치제안을 만드는 방법을 설명한다. 블루오션전략의 전략 캔버스는 기업이 가진 기존 역량을 잘 조합해서 고객이 느끼는 가치의 조합으로 표현하는 방법을 잘 설명하고 있다. 전략 캔버스를 활용해 고객에게 제공되는 제품의 가치 제안을 구성해볼 수 있다. 그러나 가치 제안을 만들려면 해당 산업에 대한 깊은 전문성이 필요하다. 앞에서도 언급했지만, 소비자로서의 전문성과 공급자로서의 전문성을 둘 다 필요로 한다. 해당 산업을 잘 모르는 컨설턴트가 실무진을 인터뷰하고 간단하게 그릴 수 있는 것이 아니다. 즉, 고객가치제안을 만들었더라도 공급자의 시각으로 실제 역량과 연결시킬 수 있어야 한다. 전략 캔버스에서 제시하는 고객가치제안을 현실화할 수 있도록 회사의 자원, 프로세스, 역량을 배치할 수 있어야 한다.

셋째로, 고객에게 좋은 것을 만들었다 하더라도 수익모델을 잘 정립해야 한다. 고객에게 좋은 가치를 제공하는 것을 만들었다 하더라도 수익모델에 대한 전략이 존재해야 돈을 벌면서 지속적으로 사업하는 것이 가능하다. 단지 제품의 가격 요소만 고려한다고 되는 것이 아니라, 다양한 형태의 수익모델을 통해 사업을 할 수 있다. 수익모델을 어떻게 수립할 것인가가 혁신 전략의 중요한 부분이 된다. 블루오션전략 이론에는 수익모델의 중요성에 대한 부분이 빠져 있다.

넷째로, 경쟁우위에 대한 고려가 없다. 블루오션을 창출하더라도, 다른 모든 경쟁자가 순식간에 해당 시장으로 진입하여, 순식간에 레드오션으로 돌변할 수 있다. 고객에게 가치 있는 사업을 새로 만드는 방법만 가지고는 부족하고, 사업을 착수하는 단계부터 경쟁우위를 고려해야 한다.

다섯째로, 시간의 흐름에 따른 고객수요의 변화, 산업의 진화에 대한 고려가 빠져 있다. 이 부분은 파괴적 혁신이론에서 잘 다루고 있다. 기존 산업이 오버슈팅이 되었는지, 아니면 여전히 존속적 혁신의 게임 속에 있는지? 통합된 경쟁자에서 모듈화한 경쟁자로의 흐름이 존재하는지? 산업 전반에 관련된 질문을 간과한 채 나 홀로 블루오션전략만을 부여잡고 있을 경우 기존 시장의 거대한 흐름과는 상관없이 고객이 없는 블루오션 창출에 매달릴 가능성이 크다.

위에서 지적한 한계점에도 불구하고 블루오션전략은 고객가치제안을 혁신의 전면으로 부상시켰다. 고객에게 제공되는 가치를 잘 조합해서 혁신할 수 있음을 보여준다.

기존 사업에서의 혁신 - 고객 혜택에 집중하라

이익과 성장이라는 두 마리 토끼를 잡으려면 고객 혜택에 주목해야 한다. 단순하게 발생한 매출에서 비용을 줄이는 식으로 이익을 생각하면, 단기적으로는 이익이 증가할 수 있어도 점차로 고객은 떠나간다. 고객에게 제공하는 이익을 늘리면 만족한 고객은 구전 효과를 만들어낸다. 그리고 고객은 늘어난 혜택에 대해서 기꺼이 높은 값을 치른다. 높은 고객 이익에 기반을 두면 수익성을 챙기면서 성장하는 것을 가능하게 한다. 그리고 고객 이익을 증진하지 않는 불필요한 비용은 줄여야 한다. 고객 혜택에 집중하면 성장을 저해하지 않으면서 이익을 만들 수 있다. 단지 시장에서 점유율 경쟁을 하는 것은 전체 시장을 키우는 데 도움이 되지 않는다. 그러나 고객에게 돌아갈 혜택을 증가시키는 행위를 하면 시장 자체의 파이가 늘어난다.

스타벅스의 창업주인 하워드 슐츠는 2010년 7월 「하버드 비즈니스 리뷰」와의 인터뷰에서 자신의 은퇴와 복귀에 대해 이야기했다. 그는 2008년에 복귀했는데 복귀 전에는 전문경영인이 스타벅스를 경영했었다. 전문 경영인은 회사의 매출과 이익을 증대시켰지만, 스타벅스는 급속한 확장과 서비스 저하로 위기에 처해 있었다. 숫자만 봤기 때문이다. 하워드 슐츠가 복귀한 이후로 직원의 훈련을 강조하면서 친밀한 고객 서비스의 부활을 위해 노력했다. 하워드 슐츠는 바리스타가 잘 훈련되어 있고, 친밀하게 고객의 이름을 부르고, 고객을 알아보는 서비스를 하길 원했다. 하워드 슐츠는 고객 서비스를 위해 막대한 시간과 자원을 직원을 훈련하는 데 투입했다. 그리고 대규모의 바리스타를 정직원으로 유지하고, 복리후생제도를 유지했다. 하워드 슐츠의 친밀한 서비스 강화를 통한 고객 혜택 증가 계획은 잘 실행되었다. 결과적으로 스타벅스는 시련은 겪었지만 다시 부활하고 있다.

스타벅스의 고객 혜택은 맛있는 고품질의 커피와 함께 제공되는 친밀한 바리스타의 서비스로 정의된다. 만약 당신이 스타벅스와 같은 서비스 업종에 있다면, 당신도 할 수 있다. 고객에게 제공한 서비스는 동일한 가격에 동일한 품질이라 하더라도, 고객에게 친밀하게 대하고, 서비스 수준을 올림으로써 고객에게 제공되는 혜택을 올릴 수 있다. 어떻게 가능할까? 구호만으로 되지 않는다. 서비스 인력을 정직원으로 유지하고, 고객에게 봉사하는 일에 자부심을 가진 인력을 채용하고 훈련해야 한다. 당신이 제조업체에 있다면 고객이 느끼는 혜택이 무엇인지를 잘 정의할 필요가 있다. 고객이 제품을 사용하는 환경을 잘 검토하라. 제품의 구매, 사용, 폐기에 걸쳐서 고객이 경험하는 바를 잘 살펴서 고객에게 제공되는 혜택이 증가하는 방향으로 혁신을 단행하면 만족한 고객은 프리미엄을 지불하거나, 당신의 제품에 대한 강력한 지지와 선호를 보내고, 구전효과를 만들어낸다.

고객 혜택에 집중하는 사고방식은 각 사업 단위에서 구체적인 행동 프로그램과 연결해야 한다. 매일매일 사업 현장에서 하는 의사결정의 중심에 고객 혜택을 놓아라. 단지 매출 증가와 비용 절감에만 초점을 맞출 경우 불만족한 고객이 어느 시점에 갑자기 떠날지도 모른다.

먼저 생산성 향상, 그 다음이 성장

투자 의사 결정에서 경영자들이 늘 하는 고민이 있다. '현재 사업의 성장에 투자해야 할까? 현재 사업에서 문제가 있는 것을 고치는 것이 먼저일까? 아니면 새로운 사업으로 진출해야 할까?'와 같은 고민이다.

기존 사업의 생산성을 높이고 수익을 내는 데는 사장이 할 일이 없다고 생각하기 쉽다. 현재 사업이 구조적으로 돈을 벌기가 어려운 경우도 있다. 이미 투자는 했고, 현재의 사업을 운영은 하지만 수익성이 좋지 않은 경우 사장들은 두 가지 선택의 기로에 놓인다.

① 현재의 사업은 그대로 운영하면서 새로운 사업이나, 성장기회에 집중해서 현재의 기대에 못 미치는 실적을 뛰어 넘는다.
② 현재 사업의 수익성을 높이기 위한 노력을 멈추지 않는다.

무엇을 선택하는 것이 맞을까?

기존 사업이 충분한 궤도에 오를 때까지는 과도하게 다른 일을 벌려서는 안 된다. 즉, 외부에 나가서 전쟁을 수행하려면 내부의 정치를 안정시켜야 한다. 만약 내부에서 모반의 가능성이 있고, 국민의 정서가 불안하다면 외부로 나가서는 안 된다. 즉, 기존 사업의 내실이 갖춰진 다음에 현재 사업의 성장에 불을 지피거나, 아니면 다른 사업으로 눈을 돌려야 한다.

항상 순서는 현재의 사업, 그 다음 현재 사업의 성장을 위한 투자, 그리고 다른 사업 순이다. 이 순서를 바꾸면 상당히 곤란한 상황에 처할 수 있다. 특히, 현금흐름이 막히는 경우가 많다. 경험이 부족한 경영자는 생산성과 성장 중 무엇이 우선인지 잘 분간하지 못한다.

세계적으로 성공한 스타벅스, 월마트 등은 초창기에 사업의 확산 속도가 생각보다 더디었다. 1호 점에서 2호 점, 그리고 몇 개의 매장으로 확대되는 데 많은 시간이 걸렸다. 어느 정도 규모가 되면 그 시점에 해결해야 할 문제가 발생하고, 각각 단계의 문제들을 해결한 이후에나 확장과 성장이 가능했다. 그리고 다각화된 그룹들도 하나의 사업에서 다른 사업으로 확장하면서 규모를 키워나갈 때, 초창기에 더디게 많은 시간을 보낸다. 미래의 폭발적인 성장을 위한 생산성을 갖추는 시기이고, 많은 문제들을 해결하고, 인재를 확보하는 등 겉으로는 보이지 않아도 성장을 위한 도약을 준비하는 시기다.

　급속한 성장과 확장 뒤에 어이없게 제국이 무너져 내리는 경우는 역사적으로도 허다했다. 리더가 생산성과 성장의 선후관계에 대해 명확한 가치관을 가지지 못했기 때문이다. 새로운 사업으로 확장하는 리스크가 너무 커서 기존 사업까지 위태하게 하는 상황을 만들지 마라. 사장이 현금흐름을 직접 관리하면서, 현금흐름으로 감당 가능한 사업을 벌이고, 만약 새로운 사업이 실패하면 언제든 접고, 기반이 되었던 기존 사업으로 돌아갈 수 있도록 원래의 사업을 탄탄하게 운영해야 한다. 하지만 많은 사장들이 현재 사업의 수익이 생각보다 보잘것없고, 현재 사업이 성장하는 데 많은 시간이 걸리거나 더 이상 성장의 잠재력이 없다고 생각한다. 그들은 새로운 사업으로 뛰어들고, 많은 자금을 소진하다가, 모든 사업이 불안해지면서 망한다. 지속적인 수익원과 안정적으로 발생하는 현금흐름이 중요하다. 그리고 그것을 기반으로 일정한 위험 범위 내에서 새로운 기회에 투자하라.

　상식적인 이야기라고 생각하는 사람이 많겠지만 현실에서는 이렇게 의사 결정을 하지 않는 사장들이 많다. 그 이유는 사장이 지나치게 자신의 능력을 과신하기 때문이다. 본인은 능력이 뛰어나다고 생각하고 있는데, 사업의 현실은 만족스럽지 않고, 현재의 사업이 잘 되는 데에는 사장이 할 수 있는 일이 많지 않다고 생각하기 때문이다. 새로운 사업을 하는 결정, 다른 사업을 인수하는 결정은 사장만이 할 수 있고, 그것은 명확하게 사장의 능력으로 추진하는 일이다. 현재의 초라한 사업 실적을 살짝 감추고 무엇인가 하고 있다고 과시하거나 스스로 속일 수 있다. 그러나 무엇보다도 중요한 것은 내실이다. 현재의 사업을 전체적으로 돌아보고, 개선할 점을 찾고, 만약 시장의 여건이 성숙하는 데까지 시간이 필요하다면 필요한 자금을 수혈하고, 아끼고 절약하면서 여건이 성숙하길 기다려야 한다.

물론 인내하고 기다리는 것이 무조건 정답은 아니다. 사업을 시작할 때, 해당 사업이 성공하기 위한 가정들이 있었다. 그 가정들이 여전히 유효하다면 버텨야 한다. 하지만 가정이 틀렸거나, 상황이 변화했다면, 변화한 상황에 맞게 사업 전략을 다시 짜야 한다. 그리고 사업에서 철수해야 할 수도 있다. 중요한 것은 기존 사업에서 해야 할 숙제를 충분히 하고 다른 사업으로 눈을 돌려야 한다는 점이다. 이렇게 제대로 할 것이 아니었으면, 애초에 시작하지 말았어야 한다.

사업 초기에 성장에는 인내하고,
수익성에는 인내하지 않는 투자자로부터 투자를 받아라

세상에는 많은 종류의 투자가가 있다. 사업하는 사람은 새로운 사업으로 확장이나, 신규 사업을 고민할 때 벤처 캐피털로부터 자금을 조달하는 것을 고려한다. 그러나 중요하게 생각할 점은 벤처 캐피털이라는 자금의 성격이다. 대부분의 벤처 캐피털은 일정한 시한이 있는 펀드로 운영한다. 그들은 투자한 자금의 회수를 원한다. 즉, 일정한 시간 내에 사업이 성장하여 주식시장에 상장, 혹은 M&A를 통해 주식을 매각한 다음 자금을 회수하길 원한다. 따라서 벤처 캐피털들은 투자 자금의 회수 시점에 민감할 수밖에 없다. 투자한 돈이 사업에 쓰여서, 그 결과로 매출이 나고, 일정한 시간 내에 투자액을 회수하기를 바라는데, 여기서 문제가 발생한다.

대부분은 신사업, 벤처 사업은 새로운 기술로 시장에 혁신을 가져오고, 그 결과로 돈을 벌길 원한다. 새롭게 만들어지는 시장의 여건이 성숙할 때까지는 생각보다 많은 시간이 걸리는 경우가 많다. 그리고 혁신이 일어나는 공간은 기존 시장에서 가장 수익성이 적은 분야에서 일어난다. 처음에는 시장 규모가 매우 작다. 따라서 돈을 물 쓰듯이 써서는 수익성을 맞추기가 힘들다.

벤처자본은 회사가 돈을 물 쓰듯이 써서 망할 경우 회사를 결코 구제해주지는 않는다. 그들이 투자한 자본의 가치는 없어지겠지만, 그럼에도 불구하고, 투자한 돈을 들고서 천천히 수익성 있는 사업을 하는 것도 원하지 않는다. 벤처 캐피털들은 다소 모순적인 태도를 취할 수밖에 없다. 벤처 자본은 일정한 시간 내에 투자 회수를 할 수 있는 결과를 보기 원한다.

　파괴적인 혁신의 분야에서 사업을 할 경우 수익성과 회사의 지속 가능성을 최우선으로 두고, 자금을 써야 한다. 먼저 생산성을 확보한 이후에 성장에 투자해야 한다. 성장의 공식을 마련해 두지 않고, 이익을 내면서 성장하는 방법도 모르면서 단지 규모만 키우는 식으로 사업에 대한 의사 결정을 할 경우 빨리 망할 뿐이다.

　경영자는 투자자에게 영향을 받을 수밖에 없다. 만약 자신의 사업이 이미 생산성이 충분하고, 돈을 투자하면 더 큰 돈이 생기는 상황이라면, 벤처 캐피털로부터 투자를 받아서 과감하게 투자하는 것이 옳다. 하지만, 여전히 생산성을 높여야 하는 상황이라면 자금을 조달할 때 성장에는 인내하지만 수익에는 인내하지 않는 돈을 받아라. 은행 대출도 수익을 중시 여기는 자금이라고 생각할 수 있다. 그리고 엔젤 투자자(벤처 캐피털리스트가 아니면서 벤처에 투자하는 개인 투자자) 중에도 수익이 중요하다는 통찰력을 가지고 있는 투자자가 있다. 그 통찰력은 다음과 같다.

　"이 분야의 이 회사가 가진 기술과 사업모델은 앞으로 충분히 성공할 가능성이 있다. 그리고 시장도 존재한다. 하지만 그 존재하는 시장이 현재는 매우 규모가 작고, 회사를 수익을 내면서 운영하려면 엄청나게 절약해야 하고, 많은 실험을 통해 기술과 모델을 가다듬어야 한다. 시장 여건이 좋아지면 이 회사가 가진 파괴적 혁신 능력 덕분에 어마어마한 성장 기회를 잡을 수 있다. 그때까지는 인내하면서 회사가 생존할 수 있는 투자 의사 결정을 해야 한다."

새로운 사업분야에서 성공하기는 생각보다 훨씬 어렵다

사업가가 가장 경계해야 할 것 중의 하나는 자만심이다. 이전에 사업에서 큰 성공을 했기 때문에 자신을 과신해서 상황이 달라졌음에도 불구하고, 밀어붙이면 크게 실패하기 쉽다. 어떤 상황에서 유효했던 판단이 상황이 달라지면 유효하지 않을 수 있기 때문이며, 경영에 절대의 법칙 같은 것은 존재하지 않고, 상황마다 다르기 때문이다. 크리스 블레이크의 『결정의 기술』에서는 과거의 성공을 바탕으로 새로운 사업에 진출하여 주도면밀하게 준비한 이후에도 크게 망하는 이유를 설명한다.

아무리 경험이 많고 뛰어난 판단력을 가진 경영자라도 자기 자신을 있는 그대로의 모습 이상으로 과신하고, 전문가의 역량을 잘 활용하지 못하면 사업이 큰 실패로 이어질 수 있다. 사업에서 성공하기 위해선 위험을 잘 판단하고 관리해야 한다.

역사상 거대한 전략계획을 수립하고, 어마어마한 돈을 투자했던 많은 사업이 실패로 돌아갔다. 정말로 큰돈을 벌었던 많은 사업이 우연하게 만들어진 경우가 많다. 새로운 시장에서 기회를 잡고, 돈을 버는 데, 생각보다 운의 요소가 많이 개입됨을 인정해야 한다.

거대한 실패 사례로 많이 소개되는 것이 이리듐 프로젝트다. 휴대전화 로밍도 잘 안 되던 시절, 전 세계에 위성전화를 보급하고, 단일 번호로 전 세계인이 통화할 수 있도록 하자는 거대한 계획을 세웠다. 전 세계 14개국 17개사가 모두 42억 달러를 투자, 1998년 11월부터 우리나라를 비롯한 전 세계 121개국에서 상용서비스를 시작했다. 1997년 5월 5일 5기의 위성을 발사한 것을 시작으로 1998년 상반기까지 모두 66기의 위성을 발사해 위성망을 구축할 계획이었으나 1999년 3월말 가입자가 1만294명으로 감소, 1/4분기에 무려 5억500만 달러의 손실을 보는 등 고전을 면치 못했다. 이리듐은 미국 델라웨어주 법원에 채무조정 협의를 위한 자발적 파산을 신청했으며 2000년 3월 17일 서비스를 중단했다.

이미 크게 성공한 사람은 다른 분야에서 사업 성공을 쉽게 생각하는 경향이 있다. 그러나 사업마다 핵심성공요인이 다르고 처한 상황도 다르다. 과거의 사업에서 성공할 때 자신이 가지고 있었던 역량은 새로운 사업 분야에는 대부분 효과적이지 않다.

물론 기존 시장에서 성장한 전문가의 역할을 무시해서는 안 된다. 독특한 사업 아이디어가 있을 때, 만약 경험이 없는 직원, 파트너와 사업을 시작하면 대개 해당 영역에서 과거에 다른 사람들이 겪었던 모든 시행착오를 경험하고 사업이 위기에 처한다. 독특한 아이디어로 사업을 시작하려면 기존의 어떤 시장과 관련되는지 먼저 찾아라. 새로운 사업 아이디어를 실행할 때 기존 시장에 존재하던 전문가들과 함께하라. 전문가는 많은 문제점에 대한 해결책을 사전에 제시하여, 당신의 사업이 필요 없는 시행착오를 겪지 않도록 해준다.

많은 창업자가 사업 모델의 독특함을 생각보다 과대평가하여 기존 산업에서 훈련된 경험이 많은 인재들과 같이 일할 기회를 버리고, 해당 분야에 경험이 없는 사람하고 일한다.

"내 사업은 여행사 비즈니스를 근본적으로 바꿀 것이기 때문에 고정관념을 가진 여행사 비즈니스 경력이 있는 사람은 안 뽑는다"라고 말한다. 이 경우 그 분야에서 초심자가 겪어야 할 모든 시행착오를 경험하면서 사업이 어려움에 빠진다. 독특한 사업모델을 가진 온라인 여행사를 설립하려 한다면, 기존의 오프라인 여행사에서 일하던 사람을 채용하여 전문가의 현실적인 도움을 받아라. 차별화된 사업 아이디어는 적용하되 해당 업종에서 일반화된 관행과 전문성은 확보하고 일을 하라. 당신이 인도 레스토랑을 차린다면, 다른 분야의 레스토랑에서 일하던 관리자를 구하라. 레스토랑 경영의 일반적인 노하우를 확보할 수 있다. 거기에 당신이 차별적으로 생각해낸 사업 아이디어를 결합하면 된다. 새롭고 재미있는 아이디어가 있어서 온라인 게임을 만들고 싶다면, 해당시장에서 잔뼈가 굵은 게임 제작자를 먼저 확보하라.

전문가들을 어디서 찾으면 될까? 가장 손쉽게는 구인구직 사이트 등의 채용시장에서 찾으면 된다. 소개를 받을 수도 있다. 전문가들이 관심을 가지는 네트워크를 찾아서 가입하고, 관계를 쌓는다. 해당 시장의 전문가들이 받는 교육을 이수하면서 관계를 쌓아도 좋다. 당신이 만난 전문가가 다른 전문가를 소개해 주기도 한다.

5

투자·재무·회계

사업의 자금 마련 … 157

벤처 캐피털로부터의 자금 유치 … 158

좋은 부채 나쁜 부채 … 163

현금흐름 관리가 중요한 이유 … 166

현금흐름 관리 … 167

투자자의 관점으로 자신의 사업 돌아보기 … 176

사업의 자금 마련

사업 초기의 사업 자금은 자신의 지인과 가족에게서 융통하는 것이 기본이다. 벤처 붐이 일었던 1999년에는 사람이 모이고, 사업계획서만 있으면 투자가들에게 투자를 받을 수 있었다. 하지만 정상적인 환경하에서는 아무리 아이템이 좋아도, 사업계획만 가지고는 투자가들이 돈을 넣지 않는다. 창업을 위한 초기 자금은 친척, 친구, 파트너들로부터 마련하고, 당신이 그동안 모았던 돈을 보태라.

만약 모아둔 돈이 적고, 돈을 융통하기가 어렵다면 어떻게 하나? 그렇다면 필요한 자금 규모가 작은 아이템을 선정하여, 사업을 하면 된다. 사장이 돈이 충분히 있더라도, 사업계획이 보유 자금을 상당히 초과하면 일을 추진하는 과정에서 외부에 지분을 많이 주거나, 과도한 차입을 해야 한다. 투자자로부터 간섭을 받게 된다. 충분한 자금을 마련하지 못한 채 사업을 시작했는데 돈을 구하지 못하면 심각한 현금흐름 문제를 겪는다. 상황이 안 좋아지면 사업의 경영 지배권을 빼앗긴다. 자신의 역량에 비추어서 충분히 마련 가능한 범위 내에서 사업을 시작하고, 사업을 잘 성공시켜서 자본을 축적하면서 이후에 다른 사업으로 확장하라.

대한민국에서는 각종 벤처 및 중소기업 지원제도가 있다. 소상공인 창업자금 지원, 기술신용보증의 벤처 자금 지원 등이다. 일정한 자격요건을 충족하면 기술보증기금이 보증을 서서 돈을 은행에서 빌릴 수 있다. 문상원의 『초보사장 난생 처음 세무서 가다』는 각종 지원 제도와 세무 지식을 다루었다.

개인들의 주머니에서 나온 쌈짓돈이든, 은행에서 빌린 돈이든 모두 차입한 자금이라는 점에서는 큰 차이가 없으므로, 앞으로 사업이 잘 풀리지 않을 경우 큰 굴레가 되리라 생각하고 차입하라. 지인들에게서 빌린 돈은 그간 쌓았던 신용과 인간관계를 담보로 만든 돈이다. 갚을 수 없으면 인간관계에 금이 간다. 금융기관에서 빌린 돈은 사장 개인이 보증을 서므로 사업이 안 풀리면 사장이 파산할 때까지 쫓아 다닌다.

벤처 캐피털로부터의 자금 유치

사업이 어느 정도 궤도에 오르고, 이제부터는 적절하게 자금 유치만

하면 큰 규모로 성장할 수 있겠다 싶은 상황이면 벤처 캐피털로부터 투자받을 수 있다. 실리콘밸리의 벤처투자자 가이 가와사키의 『리얼리티 체크』는 벤처 캐피털의 생리를 잘 다루고 있다.

벤처 캐피털로부터 투자 유치를 받기 위해서 전제되는 것은 무엇일까?

① 아이디어만 가지고는 안 된다,
초기 사업에 벤처 캐피털은 좀처럼 투자하지 않는다

사실 이 이야기는 맞기도 하고 틀리기도 하는데, 대부분은 그렇다는 이야기이다. 만약 사업을 시작한 멤버가 성공 경험을 반복해서 가지고 있고, 사람이 중요한 사업에서는 사람만 보고 투자하기도 한다. 국내의 게임 업계에도 사람만 보고 투자한 일이 있었다. 만약 5억 달러 이상의 흥행을 경험한 세계적인 영화감독이 있다면, 그가 어떤 아이디어를 가지고 있어도 투자자는 모여든다. 그러나 대개의 경우 아이디어만 가지고는 안 된다. 아이디어를 입증해야 한다. 벤처 캐피털이 지금 돈을 투자한다면 이후에 큰돈을 벌 수 있음을 입증할 수 있는 사실적인 증거를 제시해야 한다.

이를테면, 온라인 게임 개발사업에서는 게임을 퍼블리셔(게임을 서비스하는 회사를 말한다)와 좋은 조건으로 계약했을 경우에 투자 유치가 가능하다. 휴대폰 부품 사업을 하고 있다면, 해당 부품을 대기업과 납품 계약을 해서 다음 모델부터 해당 부품이 들어가기로 했을 때 가능하다. 닷컴 사업의 경우 좋은 아이디어가 있고, 사이트 초기 버전을 제작했고, 고객이 급속히 불어나고 있는 상황이며, 투자자를 충분히 설득할 수 있는 수익모델이 존재하는 경우에 가능하다.

② 투자를 받아서 사장과 직원들이 잘 먹고 사는 정도로는 곤란하다

벤처 캐피털은 투자를 하는 시점부터 회수를 꿈꾼다. 즉, 해당 사업이 큰 규모로 성장하여, 투자한 돈을 몇 배 혹은 몇 십 배 이상으로 회수를 할 수 있는 사업에 투자하고자 한다. 단지 안정적이라서 원금이 보장되는 것만 가지고는 투자하기가 쉽지 않다. 이후에 주식시장에 상장할 수 있는 규모 이상으로 성장할 수 있어야 투자 유치가 가능하다.

예를 들면, 목 좋은 곳에 괜찮은 식당을 차리고자 하면 벤처 캐피털 투자 유치가 어렵고, 전국적인 혹은 전 세계적인 프랜차이즈 식당을 만들려고 하면 투자 유치가 가능하다는 말이다.

③ 벤처 캐피털리스트, 즉 투자 심사역이 이해할 수 있는 사업이어야 한다

투자 심사역은 이해할 수 없는 사업에는 투자할 수 없다. 그리고 투자 사유에 대해서 논리적으로 설명 가능해야 한다. 벤처 캐피털 사업은 다른 사람의 돈을 펀드로 만들어서 벤처 기업에 투자한다. 남의 돈으로 투자를 하는 경우 투자 의사 결정을 논리적으로 설명할 수 있어야 한다. 펀드는 주기적으로 펀드 운용에 대한 감사를 받기 때문이다. 물론 투자 의사 결정 시점에는 투자 심사역의 직관 등에 의해서 투자를 결정할 수는 있다. 직관적으로 결정했더라도, 보고서 등은 논리적으로 작성해서 감사에 대비해야 한다.

이렇게 벤처 캐피털이 투자 유치를 할 수 있는 전제조건이 충족되더라도, 투자 심사역과 커뮤니케이션을 하고, 신뢰를 쌓고, 절차를 밟아서 투자 유치를 받는 데까지 시간이 걸린다. 따라서 자신이 상당한 규모의 자금을 필요로 하고, 벤처 캐피털로부터 투자받는 데 관심이 있다면, 돈이 필요한 시점보다 앞서 투자 심사역들과 관계를 형성하라.

사업 초창기부터 벤처 캐피털 심사역에게 접촉해서 자신의 사업을 소개하고, 벤처 캐피털리스트의 동향을 미리 파악해놓는 것이 좋다. 대부분의 벤처 캐피털리스트들은 시대 상황과 펀드의 결성 목적 등에 맞춘 관심 분야가 있다. 자신이 벌이고 있는 사업에 관심을 가질 만한 투자 심사역을 미리 만나 정보를 주고받음으로써 관계를 만들어라. 이 과정을 초보 사업가들은 잘하지 못한다. 좋은 사업 아이템만 있으면 투자는 가능할 것이라고 생각하는 경향이 있다. 하지만, 벤처 캐피털리스트 입장에서는 무척 많은 투자 기회를 놓고, 그 안에서 저울질하면서 투자 절차에 따라 투자를 하는 경향이 있다. 따라서 벤처 캐피털리스트의 투자 고려 리스트에 미리 들어가 있도록 사전에 관계를 형성하라.

투자 유치를 할 때, 투자 심사역은 사업계획, 사업계획상의 세부 목표 등을 사업가가 생각하는 것보다 상세하게 살펴본다. 투자 유치 과정에서 신뢰를 쌓아야 한다. 거짓말을 해서는 안 된다. 이를테면, 당신이 다음 달에 계약만 체결되면 회사는 큰돈을 벌 수 있다고 이야기했다. 그럴 경우 벤처 캐피털리스트는 다음달에 계약을 체결하고 나서 투자를 하겠다고 말한다.

투자 심사역들은 투자 심사 절차 과정 중에 발견한 주요한 사업 상의 목표를 사장이 말한 대로 잘 지키는지 살피면서 사장이 신뢰할 수 있는 사람인가를 본다. 만약, 불확실성이 있다면 불확실성이 있다고 솔직하게 말하라. 수많은 벤처 기업의 사장을 만났고, 그들의 약속이 지켜지지 않는 것을 봐왔기 때문에 벤처 캐피털리스트들은 의심이 많고, 기업가의 약속을 반드시 확인한다.

벤처 캐피털리스트는 사업계획서를 꼼꼼하게 볼 것이고, 여러 가지 숫자상의 오류와 주요한 가정에 대해서 질문한다. 너무 방어적인 자세를 취하지 말고, 벤처 캐피털리스트의 의견을 잘 숙고하고, 대답하라. 만약 오류가 있었다면 인정하고, 수정하라. 만약 오류가 너무 많아도 신뢰를 잃겠지만, 너무 경직되게 반응하면, 벤처 캐피털리스트는 이 회사에 투자를 하더라도, 사후 관리가 어렵겠다는 생각을 한다. 투자 유치 과정 자체를 신뢰를 쌓는 수단으로 생각하면 좋다.

투자 이후에도 투자 심사역은 사후관리 차원에서 종종 만나길 원하고, 회사의 주요 진척사항을 점검하길 원한다. 귀찮다고 생각하면 아예 처음부터 투자를 받지 마라. 회사 내에 벤처 캐피털리스트에게 진척상황을 공유하고, 관계를 유지하는 담당 임원을 두는 방법도 있다. 그러나 벤처 캐피털리스트는 대개 사장이 직접 설명하기 원한다. 이렇게 투자를 받으면 투자자 관계 관리라는 업무가 발생한다고 미리 알고 있어라.

그리고 대한민국에서는 벤처 캐피털의 돈은 사장의 연대보증을 조건으로 하는 경우가 많다. 만약의 경우 사장에게 개인적인 책임을 물릴 수 있도록 전환우선주, 전환사채 등의 채권자로서의 지위를 확보한 상태로 투자하는 경우가 많다. 물론, 회사가 잘되면 채권자의 지위를 버리고, 보통주로 전환하여 회사의 성장에 따른 과실을 얻길 희망할 것이지만 말이다. 대한민국에서는 사업이 안 되었을 때 벤처 캐피털로부터 받은 돈은 사장이 파산할 때까지 부채로 남을 것이라는 생각을 하고 돈을 받아야 한다. 그게 싫다면 벤처 캐피털로부터는 투자를 받기 어렵다.

좋은 부채 나쁜 부채

사업을 운영하다 보면 긴급하게 자금을 빌리는 경우가 발생한다. 그럴 경우 지인들에게 몇 백에서 몇 천씩 사장이 급한 대로 단기로 돈을 빌린다. 나 역시 사업초창기에 돈을 많이 빌렸다. 하지만, 급한 불 끄기 방식의 돈 빌리기가 자금 운용을 어렵게 한다.

운영 부분에서 말했지만, 예산을 세우고, 자금운영을 계획적으로 할 필요가 있다. 현금흐름의 관리는 너무나 중요해서, 심지어는 대기업도 현금흐름이 막힐 경우 기업의 지배권이 넘어가는 경우가 허다하다. 급한 불끄기식의 자금 빌리기는 사장의 능력 부족 때문이다. 하지만, 아무리 대비하고, 평소에 준비를 하더라도, 급한 상황이 반드시 온다.

그럴 때, 단기와 장기 자금 운영에 대한 계획이 있어야 한다. 만약 단기로 자금을 빌리면, 만기 시점에 빌린 금액만큼 돈이 유출된다. 영업현금흐름으로 그만큼의 여윳돈이 생겼으면 몰라도, 또 단기로 돈을 빌려야 함을 말한다. 같은 부채라도 단기자금에 의존하면, 사장은 계속 돈을 구하러 다녀야 하는 상황이 발생한다.

따라서 지인들에게 자금을 빌릴 때도, 단기로 빌리기보다는 상환할 수 있는 충분한 시간적인 여유를 생각하여 상환 기일을 장기로 약속하여 돈을 빌리고, 예산계획을 잘 세워서 만기에 상환하도록 한다. 단기 부채 상환에 몰리기 시작하면, 영업을 뛰거나, 전략을 고민하거나, 비용을 줄이는 등에 들여야 할 사장의 노력이 온통 돈을 구하러 다니는 데 쓰이게 되므로 이점을 명심하자. 서두칠 사장이 한국전기초자에 부임했을 때 회사의 부채비율이 1,000퍼센트가 넘었고, 단기자금이 끝없이 만기가 돌아오는 상황이었다. 회사의 경영을 정상화하려면 재무상태의 구조조정이 절실했다. 서두칠 사장은 서울에 자금팀을 상주시키면서, 단기 부채를 장기 부채로 전환하는 작업을 진행했다. 쉽지 않은 일이었지만, 경영을 정상화하기 위한 시간을 벌려면 단기자금을 장기자금으로 전환하는 것이 무척 중요했다. 대부분 자금난에 빠진 회사들은 비슷한 상황에 처해 있다.

그리고 자금이 부족하다고 해서 무조건 돈을 빌려야 할지는 생각해 볼 필요가 있다. 직원의 급여를 줄 돈이 없다면, 매출은 적고, 인력은 많은 상황일 수 있다. 인력을 줄일 생각을 해야 할 수도 있다. 그리고 공급처에 나갈 돈이 부족하다면, 이것 역시 외부 공급업체에 감당할 수 있는 능력 이상으로 돈을 많이 쓴 것은 아닌지 다시 생각해봐야 한다. 기업이 부채를 지지 않으려고 노력하면, 자연스럽게 구조조정이 된다. 즉, 경제적인 가치를 생산하는 자산과 사람만 회사에 남으면서 생산적으로 변한다.

부채를 지는 것이 좋을 때는 자금이 들어가면 돈이 되는 것이 분명할 때다. 회사는 돈을 버는 공식을 찾아냈고, 자금만 투입하면 돈을 더 벌 수 있는 상황이라면, 이때는 과감하게 은행 돈이든, 지인 돈이든 빌리는 것이 맞다. 이때 지는 부채가 좋은 부채다. 그러나 단지 사업운영상 돈이 부족하고, 매출이 줄 때 빚을 지면, 적자규모가 늘어나고, 앞으로 더 빚을 늘려야 하는 경우를 맞을 수 있다. 이때 지는 부채가 나쁜 부채다. 이럴 경우에는 오히려 구조조정과 회사의 비용구조 전반을 검토하는 기회로 삼아야 한다. 비용을 줄이는 데에는 정말 뼈를 깎는 노력이 필요하다. 상황에 몰려서 급하게 구조조정하고 싶지 않으면, 철저한 예산계획을 수립해, 사전에 자금규모를 예측하고, 매출에 대해서 보수적으로 계획을 세워라.

가장 흔한 경우가 인력을 많이 뽑아 놓고, 매출에 대한 예상을 높게 목표로 잡은 경우다. 매출은 예상만큼 나오지 않고, 인력은 이미 많이 채용해서 전반적인 비용 구조가 높다. 자금을 차입하는 식으로 문제를 해결할 경우에 부채규모만 늘어난다. 처음부터 매출을 보수적으로 예측하고, 철저하게 계획했으면, 직원을 많이 채용하지 않았을 것이다. 직원을 많이 채용하지 않았다면, 자금 부족에 시달리지 않았을 것이다. 매출이 보수적인 예측을 상회하여 낙관적인 상황으로 갈 때 직원 채용을 늘려라.

현금흐름 관리가 중요한 이유

사업을 하면서 부딪치는 많은 문제 중 사장이 현금흐름을 잘 관리하지 못해서 발생하는 문제만큼 심각한 것은 없다. 대개 경험이 부족한 경영자가 매출채권의 회수, 직원들의 급여 지급, 공급업체에 대한 대금 지급처럼 일상적인 문제에서 대해서는 관심을 끄고, 새로운 사업에만 정신을 집중하는 경향이 있다. 사업을 벌이기만 하고, 현금흐름에 영향을 주는 일상적인 운영업무를 게을리하면 심각한 유동성 부족 사태가 온다.

매일매일 지급해야 하는 대금을 외상 매출 채권으로 지급할 수는 없다. 현금을 보유하고 있어야만 지급할 수 있다. 회사가 성장하면서 매출은 늘어났지만, 외상 매출이 늘어났고, 거래처에 지급하는 대금은 현금으로 지급해야 하는 경우가 많다. 그리고 직원들의 급여는 매월 현금으로 지급해야 한다. 직원들의 급여를 제때 지급하지 못하면 형사 고발될 수도 있다. 또 각종 세금도 제때 지급해야 한다.

현금 부족사태는 회사의 지배권을 빼앗기는 중대한 문제를 발생시키는 경우가 많다. 다른 것들은 위임하더라도, 현금흐름에 대한 관리는 반드시 사장이 직접 주시하고 있어야 한다.

특히, 회사가 빠른 속도로 성장해서 끊임없이 자금을 투자해야하는 경우이거나, 새로운 사업을 추진하면서 자금이 들어가는 경우에 운영 현금흐름이 충분해야 한다. 그러려면 회사가 산출하는 현금흐름을 다양한 방법으로 파악하고 의사 결정을 도울 수 있는 시스템을 마련해야 하고, 경영자가 직접 주시하고 있어야 한다.

그리고 매일매일 운영 현실을 잊는 '타조증후군'(어려운 일이 닥치면 모래에 얼굴을 파묻는 타조의 생리를 빗댄 용어로 경영자들이 운영의 현실에는 관심 없고 새로운 사업에만 관심을 갖는 것을 말한다)에 걸리지 않도록 조심해야 한다. 경영자는 실무를 하고 있지 않으므로 비용을 고려치 않고 새로운 사업을 벌이기 쉽다. 특히, 새로운 사업을 중독처럼 벌이면서 조직을 망하게 하는 초보 경영자의 함정에 절대 빠지지 않도록 조심해야 한다.

경영자의 의사 결정은 조직에 장기간에 걸쳐 영향을 준다. 오직 사장만이 회사의 인력 규모를 불필요하게 크게 유지하거나, 오랜 기간 많은 자금을 소요하는 사업을 착수하거나 하는 의사 결정을 할 수 있다. 현장에서는 돈을 벌고 있어도 의사 결정을 잘못하면 회사는 자금부족에 시달린다.

현금흐름 관리

현금흐름에 영향을 주는 각종 사항을 고려해보자. 운전자본을 산더미처럼 쌓아놓고 있으면 모를까, 대부분의 회사는 자금이 항상 빠듯하므로, 현금흐름에 영향을 주는 변수들을 잘 고려해서 늘 현금이 부족상태에 빠지지 않도록 지혜를 발휘한다.

항목별로 현금흐름 관리 방법을 살펴보자.

① 영업 현금흐름 관련

현금흐름에 영향을 주는 각종 지출처와 매출 변동을 고려해야 한다.

발생주의 회계(발생주의는 현금주의와 상반된 개념으로, 현금의 수수와는 관계없이 수익은 실현되었을 때 인식되고, 비용은 발생되었을 때 인식되는 개념이다. 현대의 회계 시스템에서 기본적으로 채택하고 있는 개념이다)이기 때문에 현금흐름이 회계상의 숫자와 다르게 움직인다. 우선 매출이 나면, 세금계산서를 발행한다. 그러면 회계상에는 매출이 있지만, 매출채권의 대금을 회수해야만 회사로 현금이 들어온다. 매출채권은 외상매출일 뿐이다. 당기순이익은 세금계산서를 기준으로 계산하므로, 이익이 나도 수금이 안 되면 회사에는 현금이 없다.

조선업, IT솔루션 등 수주형 산업에서는 계약하고 나서 앞으로 일을 하고 돈을 받아야 한다. 고객에게 제품 및 서비스를 제공하고 받을 돈이 수주잔고의 형태로 파악되는 사업이 있다. 세금계산서를 발행하기 전에는 계약상의 수주잔고 형태로 남아 있다가, 그 다음에 세금계산서 발행을 하고, 그 다음 수금을 한다. 수주잔고가 향후의 현금흐름을 예상하는 지표가 되므로, 수주잔고를 관리해야 한다. 그리고 수주잔고에서 수금까지의 걸리는 시간을 고려해서 미래의 현금흐름을 예측해야 한다.

현금흐름에 아주 안 좋은 영향을 미치는 경우는 매출은 외상으로 발생해서 돈을 받는 데 시간은 걸리는데, 공급업자에게 줄 대금은 현금으로 주어야 할 때다. 게다가 성장속도가 빠른 경우에 회사가 자금 부족 현상을 겪을 수 있다. 회사가 성장하면 그에 따라 직원의 숫자가 늘고, 인건비와 각종 판매와 일반관리비가 증가한다. 증가한 고정비는 매월 꼬박꼬박 나가야 할 돈이다. 그리고 매출이 증가하더라도, 수금 속도는 빠르지 않고, 공급업자에게 현금으로 지급해야 할 돈은 증가한다. 이럴 경우 회사는 자본을 확충하거나, 부채를 조달해야 한다. 현금흐름을 관리하려면 성장 속도를 관리해야 한다. 매출을 수금하고, 수금한 돈을 공급업자에게 대금지급을 하는 체계로 현금흐름을 관리할 필요가 있다. 속된 말로 받을 돈은 빨리 받고, 줄 돈은 천천히 준다. 영업 현금흐름이 좋아지도록 관리를 잘하면 운전자본의 요구량이 줄어든다. 그만큼 자본을 주주에게 배당으로 돌려주거나, 다른 사업에 투자할 여력이 생긴다.

사업 모델 자체를 현금흐름이 좋도록 설계할 수도 있다. 예를 들면, 델은 고객으로부터 주문시점에 결제를 받고, 공급업자에게는 대금 지급 시기까지 여유가 있으므로 운전자본이 거의 필요 없다. 고객으로부터 현금이나 신용카드로 주문 시점에 돈을 받고, 공급업자로부터 부품을 즉시 공급받아서 컴퓨터를 조립하여 판매한다. 재고를 보유하고 있지 않고, 공급업자로부터 외상으로 물건을 받기 때문에 운전자본에 대한 필요량이 마이너스다. 성장을 한다고 현금흐름이 부족해지지 않는다. 보험업도 고객으로부터 보험료를 먼저 받는다. 그리고 후일 사고가 났을 때 지출을 하므로 회사에는 항상 현금이 있다. 보험사는 보험료로 받은 현금을 잘 투자하여 자산을 늘려서 후일 있을 지출에 대비하는 사업구조를 가지고 있다.

많은 사업이 연초에 매출이 부진하다. 연초에 각종 소프트웨어 구매의 만기가 도래해서 대금을 지급하고 있었다면, 대금 지급 시점을 자금이 풍부한 시점으로 옮기거나, 자신의 고정 고객으로부터의 연간 계약 갱신과 수금일을 연초로 변경하여 자금 부족 문제를 해결한다. 급여 일이 25일인데, 매월 말일에 고객 결제가 몰리면, 급여일을 5일로 변경하여, 전월에 수금을 완료한 이후에 급여를 지급한다.

② 각종 자산 투자

회사가 보유한 자금을 각종 자산에 투자하는 경우가 있다. 이를테면 사무실의 임차 보증금을 넣는 경우 해당 금액만큼 돈이 묶인다. 회사가 성장을 거듭해서 사무실 규모가 커진다면 임차 보증금의 규모도 커질 수 있다. 해당 자금의 지출은 회계 손익계산상의 비용으로 잡히지는 않지만 현금의 유출이 발생해서 현금흐름에 안 좋은 영향을 끼친다.

그리고 그 밖의 각종 자산 투자도 마찬가지인데, 사무실 집기, 각종 소프트웨어 구매 등은 자산으로 분류되어서 손익에 바로 반영되지 않고, 이후에 감가상각을 통해 사용 가능 횟수에 따라 매년 비용으로 처리된다. 하지만, 자산 구입 시점에는 대량의 현금 유출이 발생한다. 손익 계산서에는 감가상각만 비용으로 반영되어서 자산 구매시점에는 이익이 더 많이 난다. 따라서 법인세에 대한 부담도 커진다. 또한 손익 계산서상의 지출보다 실제 현금이 더 많이 지출된다. 각종 자산 투자도 지속적으로 성장하고 있을 때에 문제가 된다. 자산 투자의 규모가 늘어나고 있는 동안에는 항상 현금이 부족한 상황이 발생한다.

현금흐름 중시 경영을 할 경우 감가상각이 존재하는 모든 투자를 일시에 비용으로 생각해서 관리회계를 하면 된다. 예를 들면, 컴퓨터를 구매하면 회계장부와 세무회계용 재무제표에는 비유동자산으로 분류하고, 손익 계산서상에는 비용으로 들어가지 않고, 감가상각으로만 비용에 반영한다. 그러나 관리회계상에서는 실제로 컴퓨터를 구매한 손익팀에서 바로 비용으로 지출했다고 계산한다. 이와 같이 현금흐름을 보수적으로 고려한다.

자산투자 시에 재무제표상의 손익 계산서와 실제의 현금흐름이 일치하지 않는 현상을 방지하는 방법이 있다. 자산을 구매하지 않고, 렌트, 서비스 등으로 대체하는 것이다. 사무실도 보증금 없이 사무실 관리서비스를 제공하는 르호봇(사무실 임대서비스 브랜드 중 하나) 같은 임대형 사무실 관리 서비스를 사용한다. 그리고 각종 소프트웨어도 요즘 유행하고 있는 SaaSSoftware as a service를 이용하여 소프트웨어를 자산으로 구매하지 않고, 공급업체로부터 필요할 때마다 서비스로 공급 받는다. 37 시그널스37 signals는 베이스캠프라는 프로젝트 관리 툴을 SAAS로 공급하여 유명해졌다. 아마존은 하드웨어와 인터넷 회선까지도 서비스로 제공하는 서비스를 선보였다. 이를테면, 보안 솔루션을 자산으로 수천만 원어치 구매하기보다 보안관제 서비스를 매월 백만 원씩 내고 쓸 수 있다. 회사의 전자결제 시스템은 솔루션을 구매하지 않고 임대형 버전을 사용한다. 자산구매가 아니라 비용으로 처리할 수 있도록 하면 현금흐름과 손익의 차이가 줄어들고, 일시에 자산을 구매하면서 현금이 빠져나가는 것을 막을 수 있다. 또, 이익이 많이 나는 회사는 자산을 구매하는 것보다 절세 효과가 더 클 수도 있다. 바로 비용처리가 가능하기 때문이다.

그러나 사업의 경쟁력 강화를 위해 적절한 시점에 자산구매를 해야 할 때도 있다. 전체적인 현금흐름을 고려하여, 자산구매 금액의 규모를 결정하고, 자산을 구매할 때는 공급업자와 대금 조건을 협상해서, 현금흐름을 고려해 분할로 대금을 지급한다. 현금흐름과 사업의 전반적인 상황을 고려해 통합적으로 의사 결정을 해야 한다.

③ 부채 상환 및 조달과 관련하여 고려할 사항

이익이 많이 나고, 수금이 원활해도 현금 부족에 처할 수 있는데, 과거에 빌린 돈이 많아서 원금을 상환하는 경우다. 앞에서 이야기했듯이 단기 부채 위주로 자금을 조달하는 경우 단기 부채가 상환될 때마다 자금의 부족분이 생겨서 현금흐름이 어려워진다. 단기 부채가 과다할 경우 부채를 장기 부채로 구조 조정해서 시간을 벌 필요가 있다.

회사의 영업현금흐름을 초과하는 부채상환은 자금의 압박으로 이어질 수 있다. 다른 부채를 차입하면서, 부채총량을 줄인다. 능력을 초과하는 부채상환이 되지 않도록 고려해야 한다.

④ 세금 관련

세금은 주기성이 있다. 법인세는 연간단위로 납부하고, 반기에 중간 예납을 한다. 세금 지급 일정을 고려하지 못하면 갑작스럽게 자금유출이 생겨서 예상치 못한 자금부족에 직면한다. 또 직원 급여의 소득세도 매월 납부하는 것이 아니라, 회사가 보관하고 있다가 6

개월 단위로 납부한다. 그리고 부가세는 매출의 10퍼센트를 가산해서 고객으로부터 돈을 받았다가 분기 단위로 부가세 신고를 하고 과세 당국에 세금을 내야 한다. 그런데 부가세는 현금 수금 기준이 아니라 발생 기준이니 조심하라. 수금이 될 것으로 생각해서 세금계산서를 발행했다면, 수금을 못 했더라도 부가세를 내야 한다. 세금계산서 발행을 반드시 수금 직전에 하도록 영업부서와 회사의 관리부서를 교육하라. 그러나 세금계산서 청구 후에 일정한 시점이 지난 후 대금을 지급하는 절차를 가진 고객들이 있다. 세금계산서 발행 후 수금을 철저하게 관리한다.

회사가 돈을 잘 벌어서, 버는 만큼 회사의 부채를 상환했다. 그런데 번 돈으로 부채를 상환해도 자금 부족에 빠질 수 있다. 왜 그럴까? 연초가 되면, 법인세를 납부해야 하기 때문이다. 벌어들인 돈을 부채상환에 전부 사용하면, 법인세를 낼 돈이 부족한 경우가 있다. 법인세는 반기에 중간 예납을 하고, 연초에 세무조정을 거쳐서 납부 세액을 결정한다.

현금흐름에 대한 계획을 세울 때 세금의 납부 주기, 납부 규모에 대해서 사전에 예측하고, 그것을 고려해서 현금흐름, 예산 계획을 세울 필요가 있다.

⑤ 고정비 줄이기

매출과 상관없이 지출해야 하는 인건비, 임대료 등이 고정비로 분류되고, 매출에 따라 가변적인, 공급업자에게 주는 대금 등이 변동비다. 현금흐름을 잘 관리하는 것은 영업으로부터 발생하는 현금흐름에 유연하게 대처할 수 있느냐에 달려 있다. 사업을 하면서 고정비가 자꾸 늘어나면, 회사는 환경 변화에 취약해진다. 고정비를 줄이는 데 신경 쓰자. 요시자와 마사루의 『사장의 관리력』, 오카모토 시로의 『회사에 돈이 모이지 않는 이유』, 티모시 페라스의 『4시간』 등에 고정비를 줄이고, 변동비화 하는 방법이 잘 나와 있다.

사람이 필요하다고, 자꾸 뽑으면 고정비가 늘어난다. 어떤 일은 계약직으로 뽑아서 임시로 해결하거나, 전문 업체를 고용해서 서비스를 받는 게 나은 일들이 많다. 모든 일을 정직원을 뽑아서 해결하려 해서는 안 된다. 정직원은 인건비 외에도 많은 비용을 발생시킨다. 정직원이 많아지면, 그 직원들을 관리하는 관리직 정직원이 필요하다. 그리고 직원 한 명 한 명에게 동기부여하는 데에는 생각보다 더 많은 자원이 투여된다. 각종 복리후생제도, 성과급제도 운영에 비용이 든다. 사람이 많아지면 커뮤니케이션 비용도 들고, 사무실 공간, 개인 업무용 컴퓨터, 소프트웨어도 더 필요해진다. 자산투자도 자꾸 증가하게 되고, 각종 비용이 증가한다. 거의 실질적으로 회사에서 직원이 받는 급여액만큼 추가비용이 고정비로 들어간다. 일반적으로 특별한 자산투자가 필요 없는 소프트웨어 업종에서 인건비가 월 2,000만 원이라면, 실제 회사의 일반 경비는 인건비 포함해서 4,000만 원이 들어간다.

티모시 페라스는 『4시간』에서 자신의 사업은 정직원 하나 없이 계약관계로 100명이 넘는 각 분야의 전문가들이 움직여서 돌아간다고 밝혔다. 정직원을 자꾸 뽑아서 고정비를 증가시키지 말고 외부의 아웃소싱 업체, 계약직을 활용하여 고정비를 줄인다. 이와 같이 고정비를 변동비로 만들어 놓았다면 영업상황이 좋지 않아서 지출을 줄여야 할 때 손쉽게 비용을 줄이는 게 가능하다. 계약직은 계약관계를 끝내고, 공급업자와 서비스 계약은 해지하면 된다.

⑥ 현금흐름 관리 시스템

회사가 벌이고 있는 사업별로 매출, 비용, 현금흐름을 파악할 수 있는 시스템을 만든다. 예산안을 통해서 월간, 분기, 연간 예산 시스템과 결산 시스템을 갖춘다. 현금흐름은 매일 단위로 추적하도록 한다. 월간/분기 운영리뷰를 통해서 예산안과 결산을 검토하고, 그에 따라 회사의 현금흐름을 유지하면서 각종 투자나 지출이 가능하도록 변화하는 사업 환경에 맞춰 예산을 수정한다.

중소기업 대부분은 구글 스프레드시트나 마이크로소프트 엑셀 등으로 가볍게 만들 수 있다. 현장의 사업팀장이 매일 영업 현금흐름을 정리하게 하고, 경리직원이 지출, 은행잔고 등을 입력해서 매일 현금잔고를 파악한다.

그리고 한 달 단위의 지출 예상 금액을 정리해서 스프레드시트로 관리한다. 그리고 월간 예상수입액을 월초에 영업을 책임지고 있는 사업팀장이 보수적으로 잡도록 한다. 현금흐름을 관리하는 시스템은 사장이 직접 손을 보고 신경을 써서 매일매일 현금흐름을 관리하고, 부족이 발생하지 않도록 지출을 통제하도록 한다.

현금흐름을 개선할 방법은 정말 다양하고, 궁리할 여지가 많다. 경영자가 매일 현금흐름을 직접 주시하고, 개선에 신경 써야 한다. 실제로 운영을 책임지는 사업팀장 입장에서는 현금흐름을 고려하는 의사 결정을 하기 어렵다. 사업팀장은 영업에 힘을 쓰고, 수금에 노력하고, 자신이 맡은 사업의 손익 관리에는 민감하지만, 세금, 급여, 공급업체 대금 지급, 매출의 주기성 등을 고려하여 현금흐름을 관리하는 관점으로 사업을 바라보지 않기 때문이다.

투자자의 관점으로 자신의 사업 돌아보기

투자자의 관점으로 자신의 사업을 돌아보면 균형 잡힌 생각을 할 수 있다. 성장성 있는 기업에 대한 이해를 바탕으로 전설적인 성과를 올린 필립 피셔가 직접 쓴 『위대한 기업에 투자하라』의 초판은 1958년에 나왔다. 하지만, 이 책은 낡지 않았다. 지금의 투자환경에서도 적용이 가능하고, 가장 본질적인 주식투자기술에 대해 언급하고 있다. '잘 경영되는 회사에 투자하라.'

필립 피셔는 경영이 잘되는 회사를 판단할 수 있는 원칙을 제시했다 필립 피셔의 투자기업을 찾는 15가지 포인트를 그대로 자신의 기업경영에 적용하라.

◆ 투자 대상 기업을 찾는 15가지 포인트
1. 적어도 향후 몇 년간 매출액이 상당히 늘어날 수 있는 충분한 시장 잠재력을 가진 제품이나 서비스를 갖고 있는가?
2. 최고 경영진은 현재의 매력적인 성장 잠재력을 가진 제품 생산라인을 더는

확대하기 어려워졌을 때에도 회사의 전체 매출액을 추가로 늘릴 수 있는 신제품이나 신기술을 개발하고자 하는 결의를 갖고 있는가?

3. 기업의 연구개발 노력은 회사 규모를 감안할 때 얼마나 생산적인가?

4. 평균 수준 이상의 영업 조직을 가지고 있는가?

5. 영업이익률은 충분히 거두고 있는가?

6. 영업이익률 개선을 위해 무엇을 하고 있는가?

7. 돋보이는 노사 관계를 갖고 있는가?

8. 임원 간에 훌륭한 관계가 유지되고 있는가?

9. 두터운 기업 경영진을 갖고 있는가?

10. 원가 분석과 회계 관리 능력은 얼마나 우수한가?

11. 해당 업종에서 아주 특별한 의미를 지니는 별도의 사업 부문을 갖고 있으며, 이는 경쟁업체에 비해 얼마나 뛰어난 기업인가를 알려주는 중요한 단서를 제공하는가?

12. 이익을 바라보는 시각이 단기적인가 아니면 장기적인가?

13. 성장에 필요한 자금 조달을 위해 가까운 장래에 증자를 할 계획이 있으며, 이로 인해 현재의 주주가 누리는 이익이 상당 부분 희석될 가능성은 없는가?

14. 경영진은 모든 것이 순조로울 때는 투자자들과 자유롭게 대화하지만 문제가 발생하거나 실망스러운 일이 벌어졌을 때는 '입을 꾹 다물어버리지'않는가?

15. 의문의 여지가 없을 정도로 진실한 최고 경영진을 갖고 있는가?

필립 피셔는 과거의 PER(주가수익비율) 수준은 무의미하며, 현재 실재로 15가지 기준에 비추어 경영상태를 호전시킬 수 있는 강력한 경영진이 운영하는 사업인가를 보라고 지속적으로 강조했다. 필립 피셔는 워렌 버핏에 영향을 주었고, 워렌 버핏의 서재에 꽂혀 있던 두 권의 책이 벤자민 그레이엄의 『현명한 투자자』와 필립 피셔의 『위대한 기업에 투자하라』였다. 특히, 워렌 버핏의 집중투자론은 명백히 피셔로부터 영향 받았다. 기술의 변화와 발전, 새롭게 등장하는 수많은 산업분야들, 하지만 변하지 않는 것이 있다면 피셔의 투자론이 아닐까?

6

직원채용과 관리

인재 채용의 성공 확률이

생각보다 낮음을 받아들여라 ⋯ 181

직원은 능력과 급여의

등가 교환 대상이 아니다 ⋯ 187

직원을 일단 고용했으면 믿고,

최고의 대우를 해주어라 ⋯ 189

직원은 선하지도 악하지도 않고

발전을 원하는 존재다 ⋯ 193

문제가 있는 직원은 어떻게 하는 것이 좋을까? ⋯ 194

상위 1%의 유능한 인재

어떻게 관리해야 할까? ⋯ 196

직원들에게 요구할 기본기는 무엇일까? ⋯ 199

교육은 직원들에게 자신감을 갖도록 해준다 ⋯ 201

인재 관리에서 평등주의 사고에서 벗어나라 ⋯ 203

직원에게 동기부여 하는 방법은? ⋯ 205

잘 만들어진 성과 평가 시스템을 구축하라 ⋯ 208

리더십 파이프라인 ⋯ 208

위임이 좋은 이유 ⋯ 212

인재 채용의 성공 확률이 생각보다 낮음을 받아들여라

열 길 물속은 알아도 한 길 사람 속은 모른다고 했던가? 10년에 걸쳐서 수백 수천 번 면접을 보고, 실무자부터 경영자까지 채용을 해보았지만, 성공확률은 높지 않았다. 인재 채용에 관해서도 성공확률이 높은 직원들이 있다. 잭 웰치도 스스로 인재를 채용하는 성공확률이 높지 않아서 사람 보는 눈이 제법 정확한 임원과 함께 면접을 봤다고 한다. 스스로의 능력을 너무 과신하지 말고, 채용시점에 직원, 파트너와 함께 면접을 보고, 다양한 각도에서 살펴봐야 한다.

면밀하게 체크하고 채용했어도, 채용 후에 실패할 수 있다는 것을 인정하고, 같이 일을 하다가도 문제가 있으면 다른 사람으로 다시 채용을 할 수 있다고 생각해야 한다. 몇 가지 좋은 인재를 찾아내는 노하우는 존재한다.

① 우선 경력을 면밀히 체크하는 것이 중요하다

면접 시에 간단한 대화를 나눠봤는데 말을 잘한다거나, 좋은 대학을 나왔다고 해서 채용다가 실패하는 경우가 꽤 있다. 경력을 면밀히 검토하고, 그 경력 과정을 면밀히 검증해야 한다. 어떤 사람에게 회사에 필요한 직무 경력이 있다고 해서 그 사람이 그 일을 잘하리라는 법은 없다. 해당 경력을 거치면서 실패만 하고, 특별히 배운 것도 없는 사람이 있다. 어떤 사람은 해당 분야의 경력을 거치면서 눈부신 성과를 만들었고, 많은 것을 배웠을 수도 있다. 경력 과정을 세심하게 살피면서 무슨 일을 했는지, 구체적으로 무엇을 배웠는지를 물어보고, 해당 분야의 전문가가 직접 그 경력을 확인한다.

나는 임원을 채용한 적이 있다. 그 임원은 과거에 사업의 소유주였다. 그런데 사업이 어려워져서 사업을 동업자에게 넘기고 회사에서 나온 경험이 있었다. 나는 그 임원의 소유주로서의 경험이 우리의 사업을 맡아서 경영하는 데 큰 도움이 될 것이라고 생각했다. 게다가 그 임원은 채용시점에 말도 유창하게 잘하고, 무척 적극적이었다. 하지만, 그 임원이 과거의 경험에서 배운 게 별로 없었다는 것을 채용을 한 후에 뒤늦게 알았다. 채용과정에서 경력을 면밀히 체크하고, 자신의 경력 과정에서 무엇을 배웠고, 무엇을 했는지를 면밀히 확인했다면 채용하지 않았을 것이다.

명문대를 나왔고, 아주 좋은 경력이 있고, 말을 기가 막히게 잘한다고 해서 당신의 회사에 필요한 인재는 아니다. 채용하고자 하는 직무에 맞는 경험을 한 경력이 있나 확인하라. 그리고 그 경력을 거치는 동안 성공과 실패 경험에서 무엇을 배웠는지 면밀히 확인하라.

② 면접관이 말하기보다는 면접을 보는 사람이 자신의 생각을 말하게 하라

채용이 어렵고, 입사 후에 자꾸 회사를 나가는 경우가 많다 보니, 경영자는 면접 시에 회사와 직무에 대해 최대한 상세하고, 정확하게 설명하려는 경향이 있다. 우리 회사는 야근이 많은데 괜찮을까요? 우리 회사에 입사하면 무슨 직무를 맡을 텐데 그 직무는 이러저러한 것인데 알고 지원했습니까? 회사에 입사한 전임자들이 적응을 잘 못하고 나갔던 사례를 요약하여, 마치 보험 약관 보여주듯 한다. 면접 때 확인하고, 다짐을 받는다. 입사 후에 이러저러한 이유로 마음을 바꾸면 안 된다고 이야기하면서 말이다. 하지만 내가 경험한 바로는 별로 효과가 없다.

왜냐하면, 채용면접 자리는 서로의 이해관계가 다르기 때문이다. 구직자는 일단 채용되고 싶기 때문에 자신의 약점을 가리고, 회사가 제시하는 질문을 통과하려고만 한다. 무조건 열심히 하겠다고 하고, 자신은 회사가 제시하는 것을 다 받아들일 수 있다고 일단은 말한다. 그리고 입사가 확정되면 계속 다닐지를 고민한다. 입사가 확정된 이후에 못 오겠다고 해도 무방하기 때문이다. 심지어는 출근을 시작하고 1개월 정도 회사의 실제 모습을 탐색하고 계속 출근 여부를 검토하기도 한다.

회사 입장에서는 입사했다가 잠깐 근무하고 나가면 손해다. 따라서 회사가 어떤 회사인지 자세히 설명하는 접근보다 다른 방법이 필요하다. 면접 본래의 취지대로 구직자가 어떤 사람인지 파악하는 데 시간을 써라.

예를 들면, 고객지원 직원을 채용하려고 한다. 과거에 고객지원 직원이 회사에 오래 다니질 못했다. 대부분의 고객지원 직원이 개발자로서 경력 개발 목표를 가지고 있어서 회사를 오래 다니지 않기 때문이다. 회사를 다니면서 개발자가 될 준비를 한 후에 일정한 시점이 오면 경력만 채우고 회사를 나갔다. 고객은 고객지원 직원이 바뀌는 것을 좋아하지 않았다. 경영자는 고객지원 업무를 오랫동안 할 구직자를 찾고 있다. 이럴 때 경영자는 면접을 보며 개발자로서 경력을 전환할 계획이 있는지 물어봐야 한다. 고객지원 업무의 비전에 대해 어떻게 생각하는지 물어 봐야 한다. 오래 근무할 의향이 있느냐는 질문은 적절치 않다.

야근이 많은 회사라서 과거에 직원들이 많이 회사를 나갔다. 그러면 경영자는 야근도 불사하고, 오래 근무할 사람을 원한다. 이럴 때, 야근해도 괜찮겠냐고 물어봐서는 안 된다. 지원자가 야근에 대해 어떤 생각을 가지고 있는지, 전에 회사에서 어땠는지? 야근에 대한 생각을 물어봐라. 지원자가 야근에 부정적이면, 채용된 후 또 야근 때문에 회사를 나간다.

회사에 적합한 사람을 뽑기 위해 회사가 어떤 사람을 뽑으려 하는지 자세하게 설명하는 것은 실제로 면접에는 의미가 없다. 차라리 채용공고를 자세하게 작성하는 것이 의미가 있을 수 있다. 일단 면접에서는 구직자가 어떤 사람인지 파악하는 데 주력하고, 과거에 해당 직무에서 있었던 퇴직사유에 해당하는 것에 구직자가 어떤 생각을 가지고 있는지 질문으로 탐색하고, 판단하라.

내가 가장 좋아하는 질문 중 하나는 "본인이 가장 이상적으로 생각하는 회사는 어떤 회사인지 설명해보라. 회사에 취직에서 어떤 일을 하길 원하고, 회사는 어떤 회사였으면 좋겠는가?"다

이 질문에 구직자는 최소한 자신이 생각하기에 이상적인 회사와 업무를 답변한다. 답변을 참고해서 당신의 회사에 적합한 사람인지 판단하라.

③ 장점 약점만 고려하지 말고, 좋아하는 것과 싫어하는 것도 확인해라

SWOT 분석(강점, 약점, 기회, 위협을 분석하는 분석방법)이 너무 보편화되어 있기 때문일까? 면접 시에 구직자의 장점과 약점을 말하라는 질문을 많이 한다. 강점과 약점에 대해 질문하면 구직자는 취직하려고 장점은 극대화하고, 약점은 소소한 것을 말한다. 즉, 별로 좋은 답변이 나오질 않는다. 그것보다는 좋아하는 것과 싫어하는 것을 파악해라. 과거 회사에서 어떤 점이 좋았고, 어떤 점이 싫었나 물어라. 퇴사 사유와 어떻게 관련되는지 질문하라.

영업직을 뽑는데, 회사는 외근이 많고, 고객 미팅을 많이 해야 하고, 기술적인 제품 지식이 필요하다고 해보자. 구직하는 직원이 기술 용어를 이해하는 것을 좋아하는지 싫어하는지, 고객을 만나서 어떤 이야기를 하는 것을 좋아하는지? 사람 만나는 것을 좋아하는지? 등을 물어보는 것이 강점과 약점을 물어보는 것보다 훨씬 많은 정보가 나온다. 그리고 싫어하는 것을 어느 정도 감당할 수 있는지도 구체적으로 물어보라. 야근이 싫다고 하면, 싫어하는 야근이 7시까지

인지, 9시인지, 새벽 2시인지를 물어보라. 한 달 내내 야근하는 것이 싫은 것인지? 좋고, 싫다는 게 어느 정도인지? 회사를 나갈 정도인지 물어보라. 좋아하고 싫어하는 것을 탐색하다 보면 구직자가 추후에 회사에 잘 적응할지 못할지 파악할 수 있다.

④ 재능을 보고 직원을 채용한다

재능은 어떤 행위를 반복적으로 함으로써 체득된다. 직원을 채용할 때 재능을 직무 성과와 연결하면 효과적이다. 채용하는 직무에서 필요한 재능을 정의하고, 그런 재능을 소유한 사람을 판별할 수 있는 질문을 만들어라.

예를 들면, 고객 서비스 분야에서 일하는 사람은 고객의 말을 경청하고, 고객에게 신뢰감을 줄 수 있는 목소리로 말해야 한다. 구직자는 평소에도 말을 신뢰감 있게 하고, 다른 사람의 의견을 진지하게 잘 듣는 행위를 반복하던 사람이어야 한다. 이런 사람은 고객 서비스 분야에 어울리는 재능을 가지고 있다. 이런 재능이 없는 사람을 채용해서 가르치려면 너무 많은 시간이 든다. 재능이 있는 사람에게 재능을 발휘할 수 있는 업무를 주면 적응이 빠르다.

소프트웨어 개발에는 추상화 능력이 필요하다. 주어진 문제를 깊게 생각해서 가상의 구조물을 만들고 실제 소프트웨어 코드를 작성하고 실제 구조물을 만들어서 눈으로 결과를 확인한다. 이런 작업을 반복해야 하는데, 이런 일은 주어진 사물을 추상화하는 사고를 반복적으로 해본 사람이 잘한다. 이런 경험이 있는지를 찾아 봐야 한다. 오랜 시간을 투자해서 퍼즐을 맞추거나, 반복적으로 많은 시간을 투자해서 결과를 만든 경험이 있는지, 직접 소프트웨어 코드로 만든 게 있는지 확인하라.

회사의 일반 사무 업무를 잘 하려면, 우선순위를 정하고, 시간 내에 분석과 실행을 해야 한다. 이럴 때는 일을 조직화하고, 시간의 개념을 가지고 일을 할 수 있는 능력이 필요하다. 동시에 여러 일이 주어져도 정리 정돈을 하면서 일을 해결하는 재능이 필요하다. 다이어리를 써 본 경험이 있는 사람인가? 할 일 리스트를 관리하면서 많은 일을 신속하고, 효율적으로 처리하는 행동을 반복한 사람인지를 질문해보면 적합한 재능을 가졌는지 알 수 있다.

직원은 능력과 급여의 등가 교환 대상이 아니다

사업을 하면서 문제 있는 직원 때문에 골치 안 아파 본 사장은 거의 없다. 그런데, 사장들에게 이 질문을 먼저 해보고 싶다. 직원들의 급여는 직원들의 가치와 맞춰서 등가교환 해야 하는가? 아니면 더 조금 지급해야 하는가? 스스로 다니는 회사의 사장님에게 질문을 해보기 바란다.

정답은 "직원들의 급여와 직원의 가치는 등가교환이 아니고, 회사가 직원의 시장가치보다 더 지급해야 한다"다. 왜 그럴까? 직원은 자신의 감정과 가치관을 가진 독립적인 개체다. 철저하게 이기적으로 직원의 입장에서 생각해보자. 고용하기 전까지는 등가교환이 맞을지도 모른다. 직원은 자신의 노동시간과 급여를 교환하기 위해 일자리를 찾는다. 고용주는 일자리를 제공하고, 필요한 일을 직원이 하도록 하고, 급여를 지급한다. 채용하고 나면 직원 입장에서 잘리기 전까지는 급여를 확보했다. 해고되지만 않는다면 열심히 하지 않아도 무방하다. 물론 업계의 평판, 경력 관리 등은 잠시 제쳐 놓고 생각해 보자.

직원이 동기를 부여 받은 상태에서 열심히 일하기를 원한다면 직원의 시장가치와 회사가 지불하는 급여의 등가교환만으로는 부족하다. 성과급이나 다른 형태로 이점을 제공해서 직원에게 동기를 부여해야 한다. 실제로 이러한 논리로 자본주의 사회에서 실업이 항구적으로 존재한다고 주장하는 경제학자들이 있다. 회사는 직원을 채용하고 나서 직원들이 동기 부여된 상태로 일하길 원하기 때문에 시장가치보다 더 지급해야 하고, 그렇기 때문에 수요공급의 원칙에 따라 노동시장이 움직이지 않고, 자연상태에서 항구적으로 실업이 존재한다는 것이다. 직원은 시장가치보다 항상 더 받아야만 하는 존재임을 받아들이자. 보통의 경영자에게 코페르니쿠스적인 인식의 전환이 될 수 있는 생각이다. 일단 급여는 정해져 있으니, 직원이 야근을 하기를 바라는 생각도 사실상 등가교환에서 이득을 보겠다는 생각이 근저에 깔려 있다. 하지만 순진한 생각이다. 직원은 생각대로 움직이지 않는다.

많은 회사의 경영자가 도덕과 훈계로 직원을 열심히 일하게 만들 수 있다고 믿는다. 결코 이뤄질 수 없는 일이다. 이런 믿음 때문에 경영자만 스트레스를 받는다. 철저한 규율로 움직이는 병사조차 자신에게 특별한 이득이 없는 전쟁에 참여하기를 원하지 않는다. 군인들을 사지로 몰아넣으려면 최소한 병사의 가족을 챙겨주어야 한다. 혹은 무엇인가 반대급부가 있어야 한다. 시오노 나나미의『로마인 이야기』에서는 병사들의 사기와 관련된 이야기가 많이 나온다. 숱한 전투가 지나고, 병사들이 이민족을 정복하고 나면 이민족에 대한 약탈을 허용해 주었다. 당근의 존재로 인해 병사들은 고된 행군과 굶주림과 피비린내 나는 전투를 받아들인다. 그리고 오랜 기간 복역하면 막대한 퇴직금이 나오므로 고향에서 편하게 먹고 살 수 있다는 믿음으로 전쟁을 치른다.

직원 입장에서 동기를 부여하는 다양한 장치를 이해하고, 규율과 더불어 직원들이 일에 몰입해 열심히 일할 수 있는 환경을 만드는 것이 직원 관리의 핵심이다. 직원에게 매월 꼬박꼬박 월급 주는 것을 즐거움으로 알고, 회사의 번성으로 직원의 삶이 윤택해지고 그것으로 회사에 대한 충성심이 커지는 것을 행복으로 아는 경영자가 돼라. 역사상 악명 높았던 많은 독점기업이나 엄청나게 많은 돈을 번 기업가들이 오히려 직원 복지의 개념을 바꾸고 당대에 평균 이상의 급여와 복지 혜택을 준 경우가 정말 많다.

직원을 일단 고용했으면 믿고, 최고의 대우를 해주어라

『제프리 페퍼 교수의 지혜경영』에서는 유능하고 똑똑한 경영자들이 잘못 생각하기 쉬운 것에 대해 말한다. 많은 경영자가 경력을 쌓아가면서 유능했기에 그 자리에 올랐고, 예전에 자신의 경영진에 대해서 느꼈던 답답함을 나중에 경영자가 되어서는 답습하지 않겠다고 결심했다. 그러나 그들이 경영자가 되면 자신이 답답하게 느꼈던 경영진의 모습을 그대로 닮는다. 이 책은 경영자에게 효율성과 성과를 추구하기 위해서라도 지금하고 있는 행동을 다시 한 번 생각해보라고 조언한다.

기업에 속한 직원들은 공동체의 일원이며, 단지 노동력을 돈으로 바꾸기 위해서만 회사에 다니고 있는 것이 아니다. 직원들은 일을 하면서 자존감을 느끼길 원한다. 공동체에 속해서 의미 있는 일을 하기를 원한다. 그리고 경력 개발을 통해 미래에 자신이 더 가치 있는 사람이 되기를 원한다. 그들은 회사의 일원이기도 하지만, 가족과 지역사회의 일원이기도 하다. 직원의 자발성에 기대지 않고, 강압적인 방법으로 무엇인가를 얻으려고 한다면, 직원들이 당장 그 압력(!)에 굴복하더라도, 그 폐해는 그대로 돌아온다.

회사에서 업무시간에 인터넷 서핑을 하는 등의 개인적인 시간을 쓰는 것을 차단하려고 회사가 다양한 형태의 인터넷 접속 차단장치를 도입하고, 이메일을 감시하는 툴을 쓰는 등 노력하는 것을 보았는데 과연 그게 생산적일까? 회사에서 개인 용무를 볼 수 없다면, 맞벌이를 하거나, 갈수록 핵가족화된 개인의 입장에서는 근무시간을 줄일 수밖에 없고, 회사의 차단막을 피해 자신의 목적을 달성하고자 더욱 노력한다. 차라리 "직원들이 업무시간에 포르노 사이트를 보려 한다면, 포르노 사이트를 찾는 데 걸리는 시간을 단축하기 위해 그 사이트 주소를 정리해서 알려주는 게 어떻겠냐"는 SAS(비즈니스 인텔리전스 분야의 세계적인 회사, 직원 복지가 잘되어 있어서 항상 일하고 싶은 회사에 뽑히는 회사임) 경영자의 말을 상기하라.

회사는 직원을 믿어야 하고, 업무 성과와 결과에 대해서만 요구해야지, 과정에 대한 과도한 통제는 오히려 반감을 사고, 생산성을 떨어뜨린다. 자기실현적인 예언 혹은 피그말리온 이론(타인의 기대나 관심으로 인하여 능률이 오르거나 결과가 좋아지는 현상을 말한다. 교사가 학생에게 긍정적인 기대를 하면 학생은 긍정적인 결과를 만들고, 부정적으로 보면 부정적인 결과를 만들어 낸다)이 적용된다. 직원들은 자신이 기대받는 대로 움직인다. 직원을 믿지 못하고, 감시하면 할수록 직원들은 기대(!)에 부응하는 방향으로 행동한다. 즉, 회사가 직원을 의심했는데, 그 의심을 직원이 알게 되었을 때의 분노는 직접적으로 표출되지는 않는다. 대신 분노한 직원은 회사의 모든 규율, 규칙을 활용하여 일을 게을리 하고 회사를 이용하려 한다.

많은 경영자가 직원들에게는 규율이 필요하고, 업무시간에 다른 용무를 보지 못하게 통제하거나, 각종 감시 장치를 두어야 한다고 생각한다. 과연 근본적인 처방이 될 수 있을까? 오히려 직원을 믿지 못한다는 생각을 직원들에게 전달하는 것은 아닌가?

생각을 바꿔보자. 만약 현재의 직원을 신뢰하지 못한다면 다른 직원을 뽑고, 신뢰한다면 그에 걸맞은 대우를 해주자. 직원을 믿고 좋은 대우를 해주어라. 그리고 기계를 고용한 것이 아니라, 사람을 고용했다면, 업무시간에 개인 용무를 보도록 허용하자. 의심과 통제에 포인트를 두지 말고, 만들어내려는 성과와 결과에 초점을 두라. 업무시간에 개인적인 용무를 보는 것이 과다해서 성과에 지장을 줄 정도이고, 직원을 믿지 못하겠다면 문제점을 개인에게 직접 전달하고,

행동 변화를 요구하라. 직원들에게 충분히 생각하고 변화할 시간을 주라. 이후 지켜져야 할 것이 안 지켜진다면 해고해야 한다. 단지 직원을 믿지 못하기에 감시시스템을 만들고 거기에 안주한다면, 직원들은 회사에서 늘 감시당한다고 느끼고 편안하게 일에 몰입하지 못한다. 자신이 느낀 분노를 생산성을 떨어지게 함으로써 표현한다. 만약 신뢰가 깨지는 행동을 했을 때는 그에 대해 합당한 조치를 취하고, 개선이 안 될 경우 회사를 나가게 해야지, 믿지 못하는 상태로 계속 괴롭히면서 데리고 있지는 마라.

제프리 페퍼 교수는 장시간 하는 시간외근무가 일의 성과에 좋지 않다고 말한다. 미국 역시 한국과 마찬가지로 직원의 충성도를 장시간 근무로 따지는 경향이 있다. 유럽은 장기간 여름휴가를 가지만, 미국은 상대적으로 휴가일수가 적다. 그러나 미국기업의 생산성은 유럽과 비슷하거나, 오히려 떨어진다. 장시간의 시간외근무는 생산성에 도움이 되지 않는다. 근무시간이 부족하다면, 회사는 업무를 조직하는 면에서 최대한 효율을 내려 노력하고, 쓸데없는 회의는 줄이고, 업무 처리에 '어떻게'와 '무엇'을 많이 고민해서 생산성을 높일 수 있다. 충분한 휴식은 직원의 에너지를 충전하도록 해서 창의적이고, 적극적인 기업문화를 만들 수 있다.

경영은 사람에 관한 이론이고, 실천에 대한 이론이다. 사람은 시스템과 논리로만 움직이지 않는다. 경영자는 사람에 대한 고민을 해야 하고, 그러면서도 성과를 내야 한다는 절대적인 철칙 속에서 하루하루 살아가는 사람이다. 스스로 견고한 생각의 틀을 말랑말랑하게 만들고 다시 사람에 대해서 생각하자.

직원은 선하지도 악하지도 않고 발전을 원하는 존재다

X이론이니 Y이론이니 사람은 이기적인 존재여서 관리를 필요로 한다거나, 아니면 반대라는 등의 이론이 있지만, 그것이 중요치는 않다. 악하든 선하든, 사람은 발전하고자 하는 욕망을 가진 존재다. 직원들은 자신의 감정과 동기를 가지고 있다. 더 발전하고 싶어 한다. 더 높은 급여, 회사에서 인정, 일에 대한 더 넓은 통제력, 자신의 업무에서의 진전 등, 어제보다 나은 오늘을 원한다. 이 점을 명심하고 직원들에게 점차 나아지는 환경을 제공하라.

2010년 1월 「하버드 비즈니스 리뷰」 아티클 중 '2010년의 혁신적인 생각들Break-through Ideas for 2010'에서 제목처럼 2010년의 새로운 혁신적인 생각을 소개했는데 첫 번째로 소개된 아이디어가 '직원에게 진짜로 동기를 부여하는 것이 무엇인가?'에 관한 내용이다. 직원들에게 진짜로 동기를 부여하는 것은 금전이 아니라, 발전과 향상이다. 직원들이 직업에서 진전, 향상되고 있다는 느낌을 받을 때, 혹은 장애물을 극복할 수 있도록 도움을 받았을 때, 그들의 감정은 가장 긍정적이 된다. 그럴 때 가장 크게 동기가 부여된다고 느낀다. 일하면서 정체하고 있다고 느끼거나, 장애물과 마주쳐서 해결하기 힘들다고 느꼈을 때, 그들의 기분과 동기부여 상태는 가장 좋지 않다. 예를 들면 사업실적을 책임지고 있는 관리자는 고정 급여를 받더라도, 매출 실적이 저조해지면 스트레스를 받고 회사를 나갈 정도로 힘들어 한다. 일이 잘되서 매출이 증가하고 있으면 실제로 어떤 보상이 없는 경우라도 관리자는 기분이 좋아진다.

정교한 인센티브 시스템만으로 직원에게 동기를 부여할 수 없다. 리더의 의미 부여가 더 중요하다. 리더에게는 일을 진보, 향상 혹은 손상하는 것 이상의 커다란 영향력이 있다. 리더는 직원들이 하는 일에 의미를 부여해서 전진의 느낌을 주거나, 후퇴의 느낌을 줄 수 있다. 그리고 불필요한 방해물을 제거하는 데 도움을 줄 수 있다. 만약 리더가 자주 목표를 변경하여 직원들이 진전을 경험하지 못하도록 하면 직원들의 사기는 저하된다. 자원을 강탈함으로써 직원들의 전진에 장애를 만들면 직원들의 동기는 저하된다. 부정적인 사건, 즉 후퇴는 생각보다 훨씬 강하게 의욕을 감퇴시킨다.

리더가 직원의 노력을 지원해야 한다. 작은 문제를 위기로 인식시켜서 직원을 압박하기보다, 실수하고 배움으로써 전진하는 느낌을 받을 수 있도록 해야 한다. 사업을 하다 보면 문제가 발생한다. 이때 사장이 '회사는 학교가 아니다 문제를 해결하라'고 다그치기보다는 직원들이 문제로부터 배웠고 발전하고 있는지 물어보고, 격려해야 한다. 직원 스스로 누구보다도 일의 진전을 원하고, 여러 문제 때문에 스트레스를 받고 있다. 진전에 도움을 주는 문화를 양성해라. 진전의 경험은 근로자의 동기를 유발하고, 그들의 기분을 끌어올린다.

문제가 있는 직원은 어떻게 하는 것이 좋을까?

문제 직원 때문에 사장이 고민할 때가 있다. 사장이 편하게 집에서 쉴 때조차도 떠올라서 골치가 아픈 사람이 있다면 간단한 문제는 아니다. 사장은 문제 직원에게 명확한 시정을 요구했고, 어떻게 하면 더 나아질 수 있는지 설명했다. 문제 직원이 충분히 자신의 문제를 이해하고, 어떻게 하면 개선할 수 있는지 이해했는데도, 개선되지 않는 경우인가를 먼저 살펴야 한다. 사장 입장에서도 어떻게 하면 더 나아질 수 있는지 구체적으로 알려줄 수 없으면서 문제가 있는 직원이라고 생각해서는 안 된다.

영업사원이 있다. 매출을 더 만들기를 원하지만, 사장도 어떻게 하면 더 매출을 만들 수 있는지 모른다. 그렇다면 같이 머리를 맞대고 고민할 문제이지, 직원을 나무랄 문제는 아니다. 하지만 사장이 매출 증대를 위해 직원과 합의해서 몇 가지 행동계획을 마련했고, 직원은 그 계획을 충분히 이해하고, 그에 따라 실행계획을 직접 만들었음에도 불구하고 실행하지 않았다면 문제이다.

이럴 때 동기를 점검해보자. 이 직원이 열심히 일할 만한 동기를 충분히 부여했는가? 이를테면 더 열심히 세일즈하면 본인에게 이득이 돌아가는가? 이득이 된다고 생각하고 있는가? 성과급제도가 있는가? 아니면, 인사평가 시스템이 존재해서 열심히 일한 것이 평가되고, 승진이나 다른 기회를 제공하는가? 기회가 제공돼도 너무 먼 훗날의 일이라 당장에 동기부여가 안 되고 있지는 않은가?

회사가 해당 직무에 적합하지 않은 사람을 채용하고서 직원의 직무 수행이 잘 안 된다고 고민하는 경우가 많다. 직무에 적합하지 않은 인재를 뽑고서 해당 직무에 맞추려 해서는 안 된다. 해당 직원의 문제가 아니라 회사 채용 절차의 문제이므로 채용 절차를 개선해야 한다.

직원이 성과를 내고 있어도 일부 단점을 부각시켜서 문제라고 생각하는 경우도 있다. 사람은 모두 단점을 가지고 있다. 회사의 직무 자체도 개인의 장점을 활용할 수 있도록 조정할 수 있다. 장점을 가지고 일할 수 있도록 단점을 다른 직원을 통해 지원하거나, 회사가 보완해주어야 한다. 하지만, 일부 단점 때문에 업무를 수행하는 데 치명적인 문제가 있고, 개선의 기회를 주었음에도 불구하고 개선되지 않을 수 있다. 문제 직원이 하는 일의 성격을 바꾸어 주거나, 회사 내에서 다른 기회를 찾도록 해주고, 직원을 개선할 다른 방법이 더 이상 없을 때는 해고해야 한다. 해고할 때는 명확한 사유를 바탕으로 너무 감정을 소모하지 않은 시점에 신속하게 하는 것이 서로에게 좋다. 당신이 직원 입장으로 돌아가서 생각한다면 1년 내내 스트레스를 받다가 회사를 나가는 것과 1개월 정도 스트레스를 받다가 나가는 것 중 어떤 것이 상사와의 관계나 이후 자신의 경력개발에 좋겠는가?

단점이 있더라도 회사가 필요해서 같이 일하는 동안에는 회사에 대한 충성심과 자부심을 가지고 일할 수 있도록 하라. 너무 과도한 질책으로 충성심과 자부심이 없는 상태를 지속하도록 놔두지 마라.

상위 1%의 유능한 인재 어떻게 관리해야 할까?

많은 경영자가 우수하고 뛰어난 인재를 채용해서 일을 하고 싶어 한다. 중소기업이든, 대기업이든 소수의 뛰어난 인재가 정말 많은 일을 하고, 회사에서 중요한 역할을 하는 경우가 많다. 80:20 법칙은 인재에 있어서도 통용되는 법칙이다. 소수의 우수한 인재가 평범한 인재에 비해 회사에 막대한 기여를 한다.

소수의 뛰어난 인재를 잘 관리하면, 회사에 대한 충성심을 가지고, 성심성의껏 일을 하며 회사에 막대한 이익을 가져온다. 하지만, 많은 경영자가 우수한 인재를 관리하는 데 실패하고, 우수한 인재는 회사를 떠나 아예 회사를 차려버리거나, 경쟁업체로 가버리거나, 회사에 크게 공헌할 기회가 오기 전에 회사를 나가버린다.

많은 경영자가 우수한 인재들이 원하는 바를 몰라서 우수한 인재들을 관리하는 데 실패한다. 경영자들은 우수한 인재들을 유치하는 데만 초점을 둔다. 낚시질에 초점을 두는 것이다. 즉, 높은 연봉 수준, 좋은 근무환경, 회사의 비전을 가지고 인재를 설득하고, 모셔오는 데 집중한다. 그러나 모셔온 인재들에게 끊임없이 관심을 기울이고, 신경을 쓰는 게 더 중요하다.

높은 대우로 회사에서 기회를 주었으니, 인재들은 이제 열심히 일만 할 것이라고 생각한다. 하지만, 우수한 인재들은 언제든지 좋은 대우를 해주는 회사로 옮길 수 있고, 스스로 창업할 수도 있다. 좋은 대우와 경쟁력 있는 회사의 환경에 연연하고, 그에 만족하는 것은 대부분 평범한 직원들이다.

그렇다면 낚시질 외에 무엇을 해야 할까? 우수한 인재들은 인정을 갈망한다. 그리고 보스의 관심을 갈망한다. 회사에 대한 로열티라는 추상적인 것이 아니라, 보스와 상사에 대한 충성심으로 일을 한다. 제갈량은 뛰어난 능력을 가졌고, 어디든 갈 수 있었지만, 유비가 자신을 인정해주고 알아주었기 때문에 유비를 위해 일했다. 유비는 제갈량을 모시기 위해 삼고초려를 했고, 같이 일을 시작한 이후에도 거의 모든 권한을 주고, 제갈량을 인정해주었다. 당대의 인재 중 인재였기 때문에 삼국 어디든 가서 최고의 대우를 받을 수 있었지만, 제갈량이 왜 유비와 함께 계속 일했을지 상상해보라. 제갈량처럼 정말 뛰어난 인재, 특히 리더보다 뛰어난 인재들과 같이 일하려면, 리더가 인정하고 관심을 주어야 한다. 지속적인 대화와 관심만이 그들에게 동기를 부여할 수 있다. 많은 경영자가 인재의 욕구와 동기에 관심을 가지고, 직원과 자주 대화하면 직원이 사장을 만만하게 볼지도 모른다고 생각한다.

많은 경영자가 어렵게 모셔온 인재들을 방치한다. 인재를 조직 내에 풀어놓고 관심을 갖지 않는다. 게다가, 최고 인재를 데려와 놓고, 그들의 사소한 단점을 못마땅해 하며, 끊임없이 문제만 지적하고, 그들이 잘한 점을 인정해주지 않는다. 사람은 누구나 단점과 장점이 있다. 뛰어난 인재는 단점에도 불구하고 뛰어나게 잘하는 부분이 있다. 팀을 이뤄서 일을 하고 서로 보완해주면 될 문제다. 뛰어난 인재를 어렵게 데려와서 끊임없이 단점만 찾고 있다면, 유능한 인재는 의욕을 잃고 조직을 떠날 생각을 한다.

더 최악의 리더는 최고의 인재를 데리고도, 신뢰하지 못하고, 끊임없이 테스트하고 충분히 맡기지 못하는 사람이다. 리더들이 왜 인재를 충분히 믿지 못할까? 경영자는 이해관계가 걸린 사업적인 인간관계를 많이 맺는다. 보통 사람보다는 이해관계에서 더 긴장한다. 많은 사람을 만나기에 어떤 사람은 실망스러운 행동을 하고, 일부는 관계를 악용한다. 경영자가 과거에 개인적인 상처를 입었을 수도 있다. 상처의 기억은 오래 남고 좋았던 기억은 쉽게 잊힌다. 일부의 행동을 확대하여 모두를 의심할 필요는 없다. 사람은 대부분 신뢰를 가지고 있다. 사람을 쉽게 믿지 못하는 경영자는 많은 사업적 인간관계를 맺을 수밖에 없는 사장이라는 위치에 대해 성찰할 필요가 있다.

직원들은 생각보다 현명하다. 문제가 있으면 직접 대화하고, 리더의 기대치와 문제의식을 듣고, 마음을 열기를 원한다. 시스템과 절차를 만들어내서 직원들을 감시하고, 절차 속에서 대화를 회피하면 리더의 본심을 의심하고, 자기를 믿어주고 알아주는 보스를 찾아 이동한다.

지금까지 만난 많은 뛰어난 사람들은 정말로 회사라는 체계에 압도되지 않았다. 리더가 회사의 체계 속에 자신을 숨기고, 스스로 목소리를 내지 않는다면, 유능한 직원이 리더를 위해 오래 충성하기 정말 어렵다. 유능한 직원에게 근무 조건, 높은 보상 등도 중요하겠지만, 정말 중요한 것은 리더의 인정이다. 뛰어난 인재일수록 리더의 인정과 격려에 목말라 한다. 진심으로 부하직원을 아끼는 리더가 될 수 없다면, 자신보다 뛰어난 인재와 일하는 것은 불가능하다.

직원들에게 요구할 기본기는 무엇일까?

세계적인 수준의 스포츠 팀을 이끄는 훌륭한 감독들의 공통점을 살펴보면, 하나같이 기초 체력, 기본기를 중시 여긴다. 할리우드에서 만든 감동적인 스포츠 영화들은 거의 비슷한 스토리를 가지고 있다. 『리멤버 타이탄』, 『미라클』과 같은 영화를 보라.

문제가 있는 팀이 있다. 서로 갈등하고, 좋은 성과를 내지 못했고, 팀원들 제 각각은 팀에서의 성과가 안 나온다. 그 구성원들은 여러 가지로 개인적인 문제들을 가지고 있다. 이때, 새로운 감독이 부임한다. 이 감독은 팀을 강하게 훈련시키고, 가장 기본적인 기초 체력 훈련, 기본기를 다져가면서 팀에 새로운 정신을 부여하고, 팀원들과 감독 모두 개인적인 문제로 아픔을 겪고 있음을 보여주고, 결국 팀은 좋은 성과를 내고, 팀원과 감독은 스포츠로부터 자신의 개인적인 문제를 풀어낼 희망을 발견한다는 전형적인 스토리이다.

비즈니스 세계에서 기초 체력에 해당하는 것이 무엇일까? 업무에 대한 약속을 하고, 그 약속을 지키는 역량이 비즈니스 세계에서의 기초 체력에 해당한다. 문제 있는 직원은 약속하는 방법을 모르고 잘 지키지도 못한다. 맡은 일에 대한 기초 체력이 부족한 직원은 자신의 업무에 대해서 쉽게 약속하지 못한다. 즉, 어느 선까지 책임을 지고, 업무를 어떤 일정에, 어떤 품질로 완수하겠다고 장담하지 못한다.

"열심히 해보겠지만 잘될지, 언제 완료할지 장담할 수 없습니다."

문제가 있는 조직도 마찬가지다. 만약 당신이 문제가 있는 조직의 경영자로 부임했다면, 직원들은 쉽게 성과에 대해 약속하지 않고, 약속을 했더라도 약속이 잘 지켜지지 않는 상황에 직면한다. 다음과 같이 해보자. 직원들에게 일정한 주기로 보고를 하도록 한다. 작은 일부터 시작해도 좋다. 단지 어떤 일을 했다는 보고만 해서는 안 된다. 스스로 업무에 대한 계획을 세우고, 그 계획을 애초에 계획한 대로 잘 달성하고 있는가를 설명하도록 한다. 스스로 약속하게 하고, 달성에 대한 책임감을 가지고 업무가 요구하는 도전에 대해서 판단할 수 있도록 한다. 스스로 계획을 세우고 약속한 바를 달성하는 연습을 작은 업무부터 점차로 큰 업무로 적용하게 하면, 직원은 자신이 말한 것을 달성하는 과정에서 자신감을 찾을 수 있다. 이것이 조직 전체의 성과로도 이어진다.

교육은 직원들에게 자신감을 갖도록 해준다

많은 사장들이 직원들이 의견을 제시하지 않아서 답답하다고 말한다. 그런데 자세히 살펴보면 사실상 리더의 문제 때문에 직원들이 의견을 제시하지 않는다. 리더가 들을 자세가 되어 있어야 한다. 직원들이 조금 어이없는 의견을 말할 수 있다. 그럴 때 의견을 묵살하거나, 아이디어를 비판해버리고, 실없는 아이디어를 낸 직원의 사고방식 전체를 재단해버리면, 상처 입은 직원은 다시는 어떤 의견도 내지 않는다.

의견과 사람을 분리해서 들어라. 편안하게 이야기하는 가운데 좋은 아이디어가 튀어나온다. 출처를 가리지 않고 아이디어를 듣다가 좋으면 채택하면 그만이다. 어떤 아이디어를 냈다고 해서 사람에게 불이익을 주어서는 안 된다. 잘 듣고, 좋은 이야기를 해주어서 고맙다고 말하라. 그리고 아이디어에 대한 평가를 할 필요는 없다.

리더가 들을 자세가 되어 있더라도, 직원들이 좋은 아이디어를 말하기 어려운 경우가 있다. 즉, 사장은 수없이 많은 이해관계자를 만나고, 다양한 직군의 사람을 만나면서 사람들과 이야기하는 데 학습이 되어서 능숙하다. 그러나 기능직 직원은 대화 자체를 힘들어하기도 한다. 자신의 생각을 표현할 언어가 부족하기 때문이다. 직원들에게 대화의 무기를 주어야 한다. 토론이나 대화도 연습이 필요하다. 전략, 제품, 기술 등 회사의 주요한 사업영역과 전략, 마케팅 등 직원과 나누고 싶은 주제를 직원에게 미리 입력해두어야 새로운 게 튀어나올 수 있다. 다양한 형태로 직원의 능력개발 교육을 해야 한다. 독서토론 같은 토론을 통해 직원들이 어떤 주제에 대해서 말하고 토론하는 데 익숙해지도록 하라. 그리고 비즈니스 용어에 익숙해지도록 하라. 이렇게 하면 회사의 분위기가 적극적으로 바뀐다.

대화하려면 연습이 필요하다. 평소에 대화를 해야지 필요할 때 중요한 이야기도 나눌 수 있다. 자주 티타임을 갖고, 직원들과 여러 가지 일상 신변잡기부터 시작해서 자주 이야기하다 보면 자연스럽게 사업을 개선할 이야기도 할 수 있다. 담배를 피우지 않는 사장이라도 직원들이 모여서 담배를 피우는 자리에 따라가서 이야기를 나누어라. 그리고 직원들과 점심 식사자리를 만들어서 돌아가면서 이야기하는 것도 자연스럽게 대화를 트는 좋은 방법이다.

직원들이 적극성을 가지고, 회사의 사업에 대한 아이디어를 내고, 자신의 업무를 개선하길 원한다면, 직원들이 직무교육이나 다양한 독서를 통해 배우고 있는지 점검하고, 회사 차원에서 다양한 지원을 해야 한다. 그리고 리더 스스로 태도에 대한 피드백을 받아보라. 당신은 회사에서 대화하기 좋은 상대인가?

인재 관리에서 평등주의 사고에서 벗어나라

마커스 버킹엄은 전 세계의 수많은 뛰어난 관리자들을 인터뷰하고 방대한 조사를 통해, 유능한 관리자가 어떻게 직원을 관리하는가에 대한 통찰력을 담은 책 『유능한 관리자』를 펴냈다. 저자는 인재 관리에서 평등주의 사고방식에서 벗어나라고 말한다. 원칙을 강조하다 보니, 사람들을 똑같이 대우해야 한다고 고집하는 리더들이 있다. 리더가 평등주의에 집착하면, 구성원은 다른 개성과 에너지를 조직 내에 쏟아붓기 어렵다. 유능한 인재도 결점을 가지고 있다. 개인마다 동기가 부여되는 방식도 다르고, 일하는 스타일도 다르다. 성과를 내려면 인재 관리에서 고정관념과 규칙을 깨야 한다.

개구리와 전갈의 우화가 있다. 개구리가 강을 건너려고 준비하고 있는데, 전갈이 부탁한다. "나도 업어서 강을 같이 건너게 해주면 안 돼?" 그러나 개구리는 전갈에게 찔리면 죽겠다고 생각했다. 그래서 업어줄 수 없다고 말했는데, 전갈이 답변했다. "만약 강을 건너는 중에 너를 찌르면 우리 둘 다 물에 빠져 죽는데 내가 그러겠어?" 개구리는 그럴듯하다고 생각했다. 전갈은 개구리 등에 올라탔고, 둘은 연못을 건너기 시작했다. 그런데 연못 한가운데를 지날 무렵 전갈이 개구리의 등을 찌르는 게 아닌가?

"왜 날 찌른 거야? 너한테도 좋을 게 없는데, 내가 죽으면 너도 물에 빠져 죽을 걸 뻔히 알면서……."

물에 가라앉으면서 전갈이 대답했다 "나도 알아 하지만 난 전갈이야. 너를 찌를 수밖에 없어 그게 본능이야."

유능한 관리자는 개구리처럼 행동하지 않는다. 공통의 이해관계, 잘 정립된 인센티브, 설득할 만한 비전이 있으면 직원이 단점을 고칠 것이라고 믿는 사람이 평범한 관리자들이다. 개구리는 전갈이 변할 수 있을 것이라 생각했기 때문에 죽었다. 그러나 유능한 관리자는 전갈을 이해한다. 즉, 직원들은 각기 다른 동기부여 방식과 사고방식을 가지며, 동료들과의 관계에서도 나름의 스타일이 있다는 점을 알고 있다. 직원들을 바꾸고, 개조하는 데 노력하기보다는 '개인이 이미 보유하고 있는 특성'을 활용하여 성과를 내고자 한다. 수많은 뛰어난 관리자들은 다음과 같은 생각을 하고 있다.

사람들은 별로 변하지 않는다.
사람에게 없는 것을 있게 하려고 시간을 낭비하지 마라.
있는 것을 밖으로 끌어내면 된다.
그것조차도 쉽지 않다.

지금까지 관리자들의 통념과 달리 혁명적이라 할 수 있다. 아마도 많은 경영자가 문제가 있는 직원을 어떻게 고칠까 전전긍긍할 것이다. 유능한 관리자는 문제의 직원을 고치려 하지 않는다. 통제의 유혹을 뿌리치고 직원의 본성을 이해하여 장점을 활용하도록 한다. 유능한 관리자는 직원의 잠재력이 무한하다고 생각하지 않기 때문에 취약점을 고치도록 직원들을 도와주지 않는다. 유능한 관리자는 직원을 쉽게 가르칠 수 있다고 스스로를 과신하지 않고, 직원이 가진 능력을 끌어내는 데 집중하려 한다. 유능한 관리자는 모든 직원들이 각각 다른 재능을 가지고 있다고 생각하기 때문에 모든 직원을 다르게 대우한다. 못하는 일을 보완하기보다, 가장 잘할 수 있는 일을 선택하게 한다.

사람이 다르다는 것을 인정하면, 직원들을 평등주의적으로 대하지 않고 각각 다르게 대한다는 의미도 더 잘 이해할 수 있다. 만약 가정을 가진 직원이 있다면 업무시간에 개인적인 배려를 더할 수 있다. 그럴 경우 처녀, 총각 사원은 부당하다고 느낄지도 모른다. 그러나 총각이나 처녀의 입장을 배려하여 또 다른 대우를 해줄 수 있고, 각각 사람들을 배려하는 이유에 대해서 설명해주면 사람들은 수긍할 수 있다. 중요한 것은 유능한 직원을 유지하면서 좋은 성과를 낼 수 있느냐이다. 단지 무난한 성격에 성과가 보통인 사람보다는 다소 까다로운 성격이라도 높은 성과를 내는 사람과 일하면서 관리자가 어려움을 해결하는 것이 더 올바르다.

직원에게 동기부여 하는 방법은?

직원에게 동기부여 하는 방법은 생각보다 다양하고 많다.

1. 시장 평균보다 높은 급여 수준

2. 성과급제도

3. 느슨한 근태관리: 출근 시간을 좀 여유 있게 승인해준다.

4. 자유롭게 쓸 수 있는 휴가

5. 오버타임이 없는 근무환경

6. 업무에 대한 재량권: 업무에 대해서 상사의 승인을 좀 덜 받고 재량권을 가지고 할 수 있도록 해준다.

7. 재무성과, 고객 반응 등 정확하게 성과를 측정할 수 있는 환경

8. 일을 할수록 직원에게 지적 자본이 축적되는 일: 일을 하면 할수록 직원의 가치가 올라가는 일을 준다.

9. 다양한 업무를 스스로 통제하면서 할 수 있는 환경

10. 상사의 인정과 관심: 성과를 인정해준다. 인정과 칭찬은 구분되는데, 칭찬은 윗사람이 아랫사람에게 어떤 것을 잘했다고 표현하는 것이라 상하관계의 느낌이 강하다. 인정은 상사가 당신을 필요로 하고, 당신의 성과가 상사 본인에게도 큰 도움이 되었음을 알게 하는 느낌이다. 당신은 칭찬받고 싶은가 인정받고 싶은가?

11. 명확한 직무 설계, 명확한 책임 소재

12. 너무 빈번하지 않은 보고

13. 독립적인 사무 공간

14. 회사에서 제공되는 아침 식사(도넛), 회사에서 제공하는 무료 음료

15. 퇴직 연금 가입을 통한 퇴직금 걱정 없는 환경

16. 상사가 근사한 식당에서 사주는 점심식사

17. 본인이 원하는 일

18. 직원이 낸 아이디어 채택: 단, 아이디어의 채택이 단지 아이디어를 발현한 사람에게 업무를 주는 식으로 되어서는 안 되고, 조직적으로 채택해야 한다. 좋은 아이디어를 내었는데, 결국 개인의 업무만 늘어나는 식이라면 아이디어를 낸 것에 상을 주는 것이 아니라, 벌을 주는 것으로 오해해, 아무도 아이디어를 내지 않을 수도 있다.

고용계약에 의거해서 주는 기본적인 보상과 추가적으로 회사가 줄 수 있는 혜택을 명확히 구분해야 한다. 단지 채용을 목적으로 고용 계약 시점에 부가적인 혜택들을 언급하면, 직원은 해당 사항을 근로계약의 일부로 오인할 수 있다. 경험이 부족한 많은 회사에서 부가적인 혜택들 고용 계약에 포함시켰다가 나중에 곤란한 상황에 빠진다.

회사 내에서 훌륭한 관리자는 기본적으로 회사가 주는 고용계약 상의 복리 혜택 외에 다양한 재량권을 가지고 성과를 내는 직원에게 보상한다. 회사는 중간관리자의 인재 관리에게 재량권을 보장할 필요가 있다. 위에서 제시한 다양한 직원 동기부여 정책을 중간 관리자가 부하 직원에게 사용할 수 있도록 제도적으로 지원한다.

이처럼 다양한 방식으로 보상할 수 있다는 점을 이해하라. 관리자 교육에서 우수인재에 대한 보상 방법을 교육하고, 적극 활용하도록 하라.

잘 만들어진 성과 평가 시스템을 구축하라

딕 그로테는 『성과평가란 무엇인가』에서 성과평가란 무엇이고 어떻게 성과평가 시스템을 기업에 구축할 수 있는지 근본부터 잘 설명하고 있다. 아무리 작은 기업이라도, 잘 정립된 직원의 성과평가 시스템이 필요하다.

직장인이 직장생활을 하면서 느끼는 불만 중에 가장 치명적인 것이 인사 평가의 문제다. 국내의 많은 대기업에서도 인사 고과를 매길 시점이 오면 승진연한이 찬 사람에게 점수를 몰아줘서 공정한 평가를 할 수 없는 경우도 많다. 젊은 직원이 아주 일을 잘했어도 팀장은 승진연한이 찬 나이 많은 다른 직원에게 좋은 평가를 몰아주고 일을 잘한 젊은 직원에게 양해를 구한다. 아직도 우리나라의 대기업에는 연공서열이 뿌리 깊다. 많은 직장인들이 성과 평가를 하는 관리자를 신뢰하지 못하고, 회사의 공정성에 대해 회의적이다. 공정하게 성과평가를 받지 못했다는 것이 퇴사의 주요한 사유가 된다.

성과 평가를 실행할 때 발생하는 문제를 고려하여, 시스템을 구축하라. 기업의 목표와 전략, 가치에 잘 정렬된 성과 평가 시스템을 만들어라.

리더십 파이프라인

램 차란의 『리더십 파이프라인』은 조직 내의 각 단계별 리더 양성에 관한 이야기를 다룬다. 구체적으로 어떤 리더가 필요하며, 리더가 어떤 단계를 거쳐서 성장하는지, 단계별로 성장과 전환은 어떻게 만들어내는지 설명했다

직장에 다니는 실무자는 스스로를 관리하다가 1단계 전환점을 거치면서 초급 관리자로서 타인을 관리하며, 2단계 전환점을 거치면서 초급 관리자의 관리자가 되고, 3단계 전환점을 거치면서 영역전담 관리자가 되고, 4단계 전환점을 거치면서 사업총괄 관리자가 되며, 5단계 전환점을 거쳐서 그룹 관리자가 되고, 6단계 전환점을 거쳐서 기업 관리자가 된다.

각 단계의 전환점에서 요구하는 것, 그리고, 구체적인 사례를 가지고 어떻게 하면 각 단계 리더십에 적응하고, 어떻게 하면 실패하는지 설명한다. GE 같은 회사는 사장이나 임원이 회사를 나가면, 24시간 안에 후임을 인선하고 연쇄적으로 승진 등 인사발령이 일사천리로 날 만큼 인재 풀과 더불어 승계 계획을 잘 갖추고 있다고 한다.

승계 계획이란 기업의 각 리더십 단계마다 업무 성취도가 높은 사람들로 충분히 채워 전체 리더십 파이프라인이 원활히 흐르고 현재나 미래에 필요가 발생할 때마다 인재를 손쉽게 활용함으로써 기업을 영속시키는 행위를 말한다.

직원 입장에서는 회사에 다니면서 경력 개발을 할 수 있기를 원한다. 시간이 흘러가면서 직무 깊이가 깊어지거나, 넓어져야 한다. 그리고 혼자서 내던 성과를 자신의 부하를 데리고 이룰 기회가 생기길 원한다. 회사 입장에서는 각 단계별로 회사의 책임을 맡아서 관리할 관리자를 충원해야 한다. 내부에서 성장하든지, 외부에서 충원해야

한다. 특히, 빠르게 성장하는 회사는 더욱 그렇다.

　단계별 리더육성의 문제를 개인 차원으로 남겨두지 말고, 회사차
원에서 프로그램을 준비해야 한다. 각 단계별 리더의 후보군을 미리
정해 놓고, 사전 교육을 하는 것도 좋다. 새로운 관리자 위치로 올
라섰을 때 적합한 관리자 교육이 제공되면, 전체적인 조직의 역량은
배가된다. 세계 최고 수준의 글로벌 기업은 단계별 리더육성을 상당
히 잘하고 있다.

리더십 파이프라인의 가장 중요한 첫 단계 전환:
자신 관리에서 타인 관리로

첫 단계의 전환인 자기 관리에서 타인 관리로 넘어 갈 때가 특히 중
요하다. 지금까지는 성과를 자신의 능력과 노력으로 만들었지만, 관
리자가 되면, 자신이 아닌 부하 직원의 노력으로 만들어야 한다. 이
지점에서 동기부여에 대한 깊은 깨달음이 없으면, 추후에 매우 높은
고위직에 올라서까지 많은 문제를 드러낸다.

　　초급 관리자가 무엇보다 시급히 해야 할 일은 관리자
　　로서 필요한 업무 능력을 갈고 닦는 것이다. 관리자로
　　서의 능력에 숙달되었을 때 비로소 시간을 효율적으로
　　분배해서 쓸 줄도 알게 되고, 실무자일 때와는 다른 가
　　치관을 갖는 일이 왜 중요한지도 깨닫게 된다.
　　초급 관리자가 부하직원에게 일을 맡기거나 적절한 조
　　언을 하는 능력이 부족할 경우, 그런 일에는 상대적으

로 적은 시간을 할애하고 자신이 뛰어난 일에는 많은 시간을 할애한다. 분석을 하거나, 제품 설계를 하거나 소프트웨어를 개발하는 등 말단 실무자의 일을 하려고 하는 것이다. 전에는 동료였지만 이제 부하 직원이 된 사람들 앞에서 기죽기 싫은 까닭에 자신의 실력을 과시하려고 한다. 또 관리자의 일인 생산성, 성과, 개인의 업무 능력 증대 같은 중요한 일들에 대해 책임의식을 느끼지 않는다.

— 리더십 파이프라인, 램 차란

초급관리자는 자신의 실무능력으로 성과를 낸다는 생각에서 자기의 팀원을 잘 관리함으로써 성과를 낸다는 생각으로 마인드를 바꿔야 한다. 관리자에게 필요한 중요한 능력 중 하나는 시간관리 능력이다. 조직 내에서 시간이라는 자원이 가장 부족한 자원임을 깨닫고 한정된 자원을 잘 사용해야 한다.

나 역시 벤처 기업에서 처음 엔지니어링 팀장이 되고, 이사가 되었을 때도 마찬가지였다. 실무자일 때 내가 성공한 방식은 새로운 기술적인 진보를 회사 내에 소개하고 그로부터 성과를 내는 것이었다. 관리자가 된 이후에도 오랫동안 엔지니어링 관련 최신 기사를 읽고, 새로운 기술을 습득하는 데 많은 시간을 할애 했다. 그리고 개발자들이 해결 못하는 일을 대신 해결해주면서 쾌감을 느꼈다. 당시에는 내가 능력 있는 관리자인 줄 알았다. 그러나 관리자로서 중요한 일인 팀원의 동기부여에 시간을 할애하지 못했다. 팀원과의 대화를 통한 문제해결과 경영진과의 깊은 대화도 부족했다. 그때는 관리자 업무의 본질을 알지 못했고 회사도 나를 교육시키지 않았다.

많은 경영자조차 뛰어난 실무자를 초급 관리자로 인식 전환시키는 데 어려움을 겪고 있다. 자신도 그런지 질문해보자.

위임이 좋은 이유

재능 있는 직원을 찾아서 업무를 맡기고 책임과 권한을 주는 것은 생각만큼 쉽지 않다. 위임하는 사람의 역량이 필요하다. 남성 잡지 「맥심」의 창업자인 펠릭스 데니스는 자신이 위임을 진정으로 배우기 전에는 마치 직원과 누가 체력이 센가를 경쟁하듯이 일을 했다고 한다. 위임이란 쉬운 일이 아니다. 여러 가지 이유로 직원들에게 일을 온전히 맡길 수 없고 자신만큼 의욕이 있는 직원은 드물다고 생각한다. 위임을 하지 못할 경우에 사장은 그저 평범한 직원보다 두 배 정도 일하는 유능한 직원에 불과하다. 이렇게 하는 데에는 자신이 이렇게 솔선수범을 하니 다른 사람도 자신처럼 열심히 일했으면 좋겠다는 소박한 동기가 숨어 있다.

하지만 사람들은 리더가 솔선수범하는 것만으로 동기를 부여받지 않는다. 오히려, 진정 일을 맡기고 책임을 부과하면 사람들은 그 일이 자신의 소유라고 느끼고, 열심히 한다. 펠릭스 데니스는 1개월간 계획하지 않았던 휴가를 가게 되었고, 휴가 이후에 돌아와 보니 회사가 큰 문제없이 핵심 인재들에 의해 잘 돌아가고 있음을 보았다.

그때부터 위임을 적극적으로 활용했다

사장이 위임을 하지 못한다면, '전략'에서 소개한 필수 불확실성의 원리가 돌아가지 않는다. 즉, 사장이 해야 할 일과 사업본부장이 해야 할 일이 다른데, 일들이 뒤섞여서 리스크 관리가 안 되거나, 회사가 여유가 없이 돌아간다. 위임을 잘하면 각 단계에서 위험을 관리하며, 조직이 효율적이면서 효과적으로 돌아간다. 직원의 동기부여 측면에서도 일을 확실하게 맡길 경우 직원에게 일에 대한 소유의식이 생겨서 해당 일을 자신의 일로 생각하고 애착을 갖는다.

위임에도 몇 가지 패턴이 존재한다. 딕 그로테의 『성과평가란 무엇인가』에서 그 유형을 소개한다.

① 계획, 승인, 실행
② 실행, 보고
③ 실행

①은 무엇을 하겠다고 보고하고, 승인받고 실행을 하는 것으로 재량권을 상당 수준 제약한 형태의 위임이다. ②는 일단 실행할 수 있는 재량권은 주고, 사후에 보고하도록 하는 것을 말한다. ③은 자유재량으로 스스로의 판단 속에서 실행하면 되는 것을 말한다.

3가지 유형의 재량권을 잘 설계해서 가급적 ①보다는 ③쪽으로 설계하라. 즉, 보고는 적게 하고, 직원의 판단과 역량을 믿고 맡길 수 있도록 업무를 맡긴다. 그러나 일의 성격에 따라서는 위임이 어려운 것들이 있다. 이것을 잘 구분해서 위임하면 되면 혼선이 적다.

사장이 절대로 위임하지 말고, 직접 해야 할 일은 무엇일까? 일상 업무 중에서는 현금흐름 관리는 위임하더라도 반드시 보고받고 확인할 필요가 있다. 자산규모 대비 일정 비율 이상의 자산 구매와 매각, 신사업 진출 결정, 핵심 리더의 채용 및 승진 등 전체 사업에 영향을 미치면서 사업에 장기간에 걸쳐서 영향을 주는 것은 반드시 사장이 결정해야 한다. 사장이 직접 해야만 하는 일이 있다.

그러면 반드시 위임해야 할 것은 무엇인가? 대부분의 일을 위임하겠다는 생각을 하라. 심지어는 사장이 사무실에 없더라도 사업은 원활히 돌아가야 한다. 사장이 회사 업무나 사소한 것에 일일이 개입하는 것은 좋지 않다. 어떤 사장은 사무실 인테리어에 너무 신경을 쓰고, 심지어는 직원의 옷차림까지 지적한다. 사업을 하면서 사장의 개인적인 취향을 끝없이 고려해야 하는 경우, 성과를 내려는 노력보다는 사장의 기분을 맞추는 데에 직원들이 신경을 쓴다. 성과와 무관한 일에 신경 쓸 시간에 새로운 사업 기회를 찾는 데 시간을 써라. 혹은 좋은 아이디어를 얻기 위해서 독서하거나, 회사 내의 유능한 인재들을 만나서 격려하고, 에너지를 주는 대화를 하는 데에 자신의 귀중한 시간을 사용하라.

7

자동화와 시스템

자동화를 위해 수입 감소를 감수하라 ··· 217

업무 매뉴얼을 만들어서

사장의 투입시간을 줄이다 ···219

IT시스템을 활용하자 ···220

사장이 개입하는 미팅을 없애고 줄인다 ···222

아웃소싱을 효과적으로 활용한다 ··· 223

자동화를 위해 수입 감소를 감수하라

기업 경영에서 자동화와 시스템이라는 것은 사업 전략이기도 하고, 사장의 철학과 신조이기도 하다. 자동화와 시스템은 생산성 향상과 깊은 관련이 있다. 이렇게 중요한 자동화와 시스템에 대해 살펴보자.

만약 당신이 어떤 사업을 시작했는데, 하루에 8시간을 꼬박 앉아서 일해야 하고, 500만 원의 월수입이 생겼다고 해보자. 그런데 당신이 고작 일주일에 4시간만 일해도 매월 100만 원의 수입을 매월 벌 수 있다고 해보자. 과연 어떤 것이 당신에게 좋은 걸까? 주 5일 근무에 8시간씩 근무하고, 한 달에 4주를 일해야 한다. 160시간당 500만 원의 수입이 있는 것이므로, 시간당 수입은 3만 원 정도, 일주일에 4시간 근무의 경우 16시간당 100만 원의 수입이 생기는 것이므로, 시간당 수입이 6만 원 정도다. 당연히 시간당 효율로 따지면 적은 시간 일하고, 100만 원을 버는 게 낫다. 그러나 대부분의 사장은 생활인 이고, 생계를 꾸려야 하므로, 자신의 노동시간을 투입해서 매월 500만 원을 버는 것을 택한다. 대개는 시간당 효율을 잘 생각해보지 않는다.

주 4시간 근무에서 꾸준히 매월 100만 원씩 버는 게 낫다. 남는 여가 시간에 꾸준히 수익을 만들어낼 수 있는 다른 일을 찾을 수 있기 때문이다. 먹고살기 위해 자신의 노동시간을 투입해야만 하는 상황에서 벗어나야 한다. 자신의 모든 사업 포트폴리오를 자동화 가능한 수익으로 채울 수 있도록 노력해야, 사업이 스스로 수익을 만들어가게 된다. 이 분야에서 최고의 책인 티모시 페라스의 『4시간』을 읽어보라. 적게 일하고도 많이 벌 수 있다는 것은 많은 여가와 자기발전을 위한 시간투자, 사랑하는 사람과 보낼 수 있는 가치 있는 시간 등 삶의 질을 대폭 향상시켜 준다. 이것은 돈을 버는 데도 도움이 되는 금과옥조다. 자신의 사업을 자동화하고 시스템화 해야 한다.

『4시간』에서 티모시 페라스는 다양한 아이디어로 사장의 업무시간을 줄이면서 수입을 극대화할 수 있는 방법을 제시한다. 비서 아웃소싱, 각종 IT 소프트웨어 활용 등 아이디어를 제시하고 있다. 사업에서 단순히 규모를 추구하기보다는 단순화하고 자동화하면서 꾸준한 이익이 발생하도록 해야 한다. 복잡한 사업은 사장의 개입을 필요로 하기 때문이다. 복잡성은 숨은 비용을 유발한다. 자동화는 여가 시간을 만들어 낸다.

티모시 페라스는 정규직원 없이 여러 계약관계로 100여 명의 전문가가 일을 해서 수익을 창출하도록 사업을 구조화했다고 설명한다. 티모시 페라스는 전 세계를 돌면서 여행하고, 심지어는 북극에서 위성전화로 고객 상담 전화를 받기도 한다. 그는 재치 있게 자신의 경험을 바탕으로 자동화의 관점에서, 사업을 근본적으로 재고하도록 조언하고 있다.

업무 매뉴얼을 만들어서 사장의 투입시간을 줄이다

고객의 상담전화를 받는 직원을 채용했다고 해보자. 만약 사장이 늘 자리를 지키고 있다면 새로운 직원이 들어오면 궁금한 사항을 교육하고, 어떤 상황이 발생할 때마다 알고 있는 내용을 설명해주면 된다. 하지만, 시간이 흘러서 해당 직원이 퇴사하는 경우 또 사람을 다시 뽑고, 또 처음부터 다시 설명해야 한다.

처음 상담직원을 채용하면 업무를 가르쳐주면서 해당 직원에게 업무매뉴얼을 만들도록 한다. 이 업무매뉴얼은 목표가 명확하다. 해당직원이 퇴사하는 시점이 오면 업무 인수인계 교육에 쓰여야 한다. 처음 버전은 지속적으로 인수인계 시점마다 수정해야 한다. 즉, 가장 현실적인 내용을 담도록 계속 수정해야 한다.

사장을 통하지 않고, 새로 채용된 직원과 나갈 직원 간의 업무 교육이 가능해야 한다. 물론 사장은 해당 매뉴얼을 검토하고, 확인하고 수정을 요구할 수 있다. 매뉴얼을 통한 직원 채용 절차는 서비스업에서 서비스의 수준을 일정하게 유지하고 정책적인 문제로 직원이 고민하는 시간을 줄인다. 매뉴얼을 만들면서 회사의 정책에 대해서 고민하고, 사전에 결정해 놓는다. 물론 모든 것을 사전에 다 고려하려면, 마치 법전처럼 되어서 현실에 적용할 수 없다. 가장 중요한 부분, 문제가 되었던 정책을 매뉴얼화하고, 사실상 다른 대부분은 상식에 의거해서, 담당한 직원이 의사 결정하도록 한다.

그 다음 매뉴얼을 바탕으로 고객 응대를 하면서 발생하는 문제가 있을 때마다 해당 케이스를 별도의 문서로 정리하거나, 매뉴얼에 포함시켜서 업데이트한다. 매뉴얼을 살펴보면 웬만해서 해당직원이 사장을 찾을 필요가 없다.

자동화를 신경 쓰면 각 근로자의 시간당 임금에 대해서 민감해진다. 팀장급 인력이 자잘한 실무를 하느라 시간을 쓰면 해당 팀장이 반드시 해야 할 사업상의 중요 결정이나 고민을 하지 못해 생산성이 떨어진다. 시급이 낮은 인턴이나 계약직 사원을 채용해서 일상 업무를 수행할 수 있도록 하라. 물론 여기서도 팀장이 하던 업무 중 위임이 가능한 업무를 계약직 사원이 할 수 있도록 매뉴얼화하는 과정을 사장이 지도하라.

IT시스템을 활용하자

요즘은 매뉴얼을 파일로 보관할 필요조차 없다. 구글독스나 다양한 온라인 문서시스템이 있다. 매뉴얼을 여러 사람이 동시에 수정하면서 버전관리가 가능하고, 검색을 지원하므로 생각보다 어렵지 않게 시스템을 구축할 수 있다.

사업상 필요한 각종 숫자에 관련된 업무를 기존에 어떻게 수행했나 살펴보자. 매출과 고객분석 등 업무 문서를 마이크로소프트 엑셀 같은 스프레드시트로 작성한다. 그리고 이메일로 전달, 수정 피드백, 재작성 등을 하며 문서가 오고 간다. 여러 버전의 파일이 만들어진다. 지식근로자 대부분의 업무 시간은 문서의 작성, 전달, 피드백, 수정, 재전달에 소요된다. 업무 시간을 급속하게 단축할 수 있는 방법이 있다. 모바일 오피스를 활용하는 것이다. 이를테면, 구글독스를 활용하면 단 하나의 문서를 많은 사람이 공유해서 문서의 전달과 수정, 버전 관리 문제를 한방에 해결하므로 생산성을 개선할 수 있다. 즉, 김 대리가 영업 수금표를 정리해서 구글독스에 수정하면, 해당 문서를 공유하고 있는 박 사장이 바로 수금 상황을 확인할 수 있다. 의문이 나는 점은 이메일로 물어보면 되고, 곧바로 실제 데이터를 수정하고, 해당 문서는 관련된 사람이 다 공유해서 본다. 즉, 원본은 한 개만 존재하고, 여러 버전으로 복사할 필요가 없으니, 문서의 전달과 수정 속도가 획기적으로 단축된다. 게다가 최근에는 초고속 인터넷과 스마트폰의 발전으로 문서를 이동 중에, 전 세계에서 확인 가능한 상황이다. 국경을 넘어서 많은 사람들이 협업하기가 점점 쉬워지고 있다.

나는 현금흐름을 관리하는 단 하나의 표를 가지고 사업팀장, 수금을 하는 직원, 사장이 동일한 관점으로 사업에 대한 의사 결정을 할 수 있는 시스템을 구글독스에 만들어 놓고 사업을 관리하고 있다. 꼭 활용해보길 추천한다.

사장이 개입하는 미팅을 없애고 줄인다

회사에서 형식적으로 하는 업무 미팅을 줄이는 것도 좋다. 매일 조례를 하라고 조언하는 경영학 관련 책들이 많다. 조례가 실질적으로 주는 가치가 무엇일까? 출근해서 앉아 있다는 눈도장 역할뿐이라면 재고하라. 단지 직원들에게 스트레스만 줄 뿐이다. 게다가 사장도 조례에 대한 의무감 때문에 참석하고 있다면 문제다.

지식근로자는 주로 정보를 다루는 업무를 수행한다. 지식근로자의 업무는 회의와 보고를 위해 처리하는 일이 대부분을 차지한다. 회사에 만약 회의가 없다면 생각보다 많은 일이 줄어든다. 정말로 성과나 사업상의 의사 결정에 관련된 회의 빼고는 미팅을 줄이고, 의사 결정권을 직원에게 위임한다. 의사 결정권의 범위를 잘 정하고, 책임소재를 명확하게 해서 최대한 재량권을 주고, 사장에게 보고 없이 일을 처리할 수 있도록 해준다.

물론 통제가 필요한 일은 사전에 명확하게 결정해야 하겠지만, 별의미 없이 습관적으로 보고하거나, 너무 주기가 잦은 각종 미팅을 없앤다. 그러면 시간이 남고, 그 남는 시간에 직원은 더욱 생산적으로 업무 성과를 내는 데 몰입할 수 있다. 사장은 역시 확보된 시간을 생산적으로 쓸 수 있다.

아웃소싱을 효과적으로 활용한다

비용을 아끼고자 모든 잡무를 직접 하는 사장이야말로 우둔한 사장이다. 왜냐하면 스스로 여유 시간을 만들어서 수입을 더 증대시키길 포기하고, 스스로 저임금 인력이 되길 자초한 것이기 때문이다. 물론 일을 파악하고자 의도적으로 선택한 것은 제외하고 말이다.

특히, 외부 전문업체는 세무나 급여처럼 매년 법 개정에 따라 회사가 정보를 계속 취득하면서 대응해야 하는 경우에 필요하다. 혹은 핵심 업무가 아닌데 기술변화를 계속 쫓아가야 하는 경우도 있다. 급여 계산이야 회사 내의 회계팀 직원이 하면 되지 않나 생각할 수도 있다. 하지만 외부에 맡기면 내부 직원이 처리하는 것보다는 다양한 상황에 대한 대비가 된다. 헬로인사와 같은 급여 아웃소싱 회사들은 규모의 경제를 갖추고 노무사, 변호사 등을 지원해준다. 월 몇십만 원의 지출로 평소에 급여 계산 서비스를 이용하면서, 의외의 상황에 현명하게 조언을 해줄 전문가 그룹을 채용하고 있는 것과 마찬가지다. 아웃소싱 업체의 조언을 잘 활용하면 사장이나 팀장의 시간을 아낄 수 있다.

예를 들면, 회사가 전에는 가입하지 않았던 퇴직연금에 가입해서, 급여 계산 방법을 고민할 수도 있다. 또는 직원이 출퇴근 하다가 다쳤는데 이걸 산재 적용해야 하는지 전문적인 의견을 들을 수 있다.

아웃소싱을 할 경우 전문 업체의 도움을 받으면서 일하기 때문에 급여가 높지 않은 직원을 채용할 수 있어서 비용절감을 하는 경우도 있다. 회사의 인원이 증가하더라도 경영관리 인력은 최소한으로 유지하는 것이 가능해진다.

회사입장에서는 산발적으로 발생하는 일을 처리하고자 고정인력을 채용하는 것보다는 외부에 아웃소싱을 맡기는 것이 현명하다. 정사원 채용은 고정비라 쉽게 줄일 수 없다. 변동비는 언제든 상황이 변하면 줄여나갈 수 있어서 사업운영에 좋다.

특히 사업을 처음 시작하는 경우에는 사무실 임대도 공용공간과 사무실, 비서업무를 제공해주는 업체를 이용하는 것도 좋다. 임대보증금 형태로 목돈이 사무실에 잠기지 않고, 직원을 두지 않고도 임대 업체에서 제공하는 총무, 비서업무 서비스를 받을 수 있다. 프린터 용지가 떨어지면 용지를 채워준다. 사람이 늘어나면 전화기를 놓아주고 인터넷도 연결해 준다. 사무실에 물을 공급하고, 우편물이 오면 수령해서 전달해주고, 손님이 오면 사무실 입구에서 맞이하여 안내해준다. 모든 업무에 대해서 월정액으로 요금을 내고 이용할 수 있다. 아마도 사람이 해야 하는 인건비 요소를 고려하지 않으면 처음에는 비싸다고 생각할 수도 있다. 총소요비용TCO 관점에서 곰곰이 따져보라. 전문적인 공급업체를 잘 이용하는 것이 수지맞는 장사다.

컴퓨터 서버를 사용하는 사업을 하는 경우 IDC 업체(인터넷 데이터 센터, 서버를 대규모 넣을 수 있는 공간과 안정적인 전원 공급, 습기 관리 등 서버 관리를 전문적으로 하는 업체를 말함)에 아웃소싱을 한다. IDC는 서버를 물리적으로 보관하고, 인터넷을 연결하고, 정전, 서버임대, 바이러스방지, 각종 소프트웨어 임대 등 각종 서비스를 제공한다. 서버 관리 전문 역량을 가진 업체를 활용하라. 만약 IDC가 없다면 서버와 소프트웨어라는 물리적 자산을 구매하여 감가상각으로 비용을 떨어내야 하는 등, 법인세 측면에서도 불리하다. 그리고 해당 자산을 관리할 인력을 정직원으로 채용하고, 유지하는 데 비용도 든다.

극단적으로 말하면 가급적 자산을 구매하지 말고, 회사에 필요한 역량을 서비스로 구매하여 자신의 고객에게 서비스하는 형태로 사업을 구상하면 회사의 현금흐름이 좋아지고 최고 수준의 역량을 갖춘 공급업자의 역량을 자신의 것으로 활용하여 자신의 고객에게 봉사할 수 있다.

그리고 계약직 전문가 풀을 만들 필요가 있다. 만약 간헐적으로 소프트웨어 엔지니어가 필요한 일이 있다고 해보자. 만약 정사원 한 명이 필요할 정도로 일이 꾸준하다면 채용해야겠지만, 일의 성격이 특별히 정사원이 필요 없는 경우가 있다. 일이 발생할 때마다 각종 구인구직 사이트를 활용해서 계약직으로 일할 직원을 찾는다. 그러나 정작 급할 때 인력을 찾다 보면 상당히 어려운 경우가 많다. 따라서 계약 관계로 일하는 프리랜서들을 평소에 발굴해서 일을 같이 한 이후에 지속적으로 관계를 맺는다. 프리랜서들도 꾸준한 일과 인간관계에 대한 욕구가 있으므로, 한 번 인연이 생기면 프리랜서들을 지속적으로 관리한다. 이를테면, 회사 회식에 초대해서 같이 식사하고, 친분을 쌓는다. 당신이 계약직 전문가와 좋은 관계를 맺으면 고정비는 거의 들지 않으면서 회사 주변에 든든한 우군을 확보할 수 있다. 당신은 언제든 우수한 인력에게 자문을 구하고, 일을 맡길 수 있다.

자동화가 효과적으로 된 회사에는 정사원의 수가 무척 적다. 그리고 많은 공급업체와 일을 하고, 수많은 계약직 직원들과 관계를 맺는다. 자동화가 잘된 회사는 환경 변화에 유연하다. 고객이 많은 일을 원하면 빠른 속도록 주변 네트워크를 통해 고객의 문제를 해결할 능력을 갖춘 사람과 접속한다. 일이 적어지면 변동비를 줄여서 여전히 이익을 내면서 힘을 비축할 수 있다.

8

사업과 리더십

북자지걸

과연 사업에 적성이란 것이 존재할까? … 229

장점이 단점이 되고,

단점이 장점이 되는 리더십 스타일 … 233

성격과 상관없이 가져야 할 리더의 자질은? … 234

관심과 주의력 총량 보존 법칙 … 238

책임감 중독에서 벗어나라 … 240

사람을 바꾸는 것이 가능할까? … 244

직원들을 움직이게 만들기 위한

핵심 키워드 3E … 246

성공한 사업가로부터 배우자 … 249

사업을 하면 독해진다 … 250

동업을 어떻게 볼 것인가? … 252

아는 사람을 직원으로 두는 것 … 255

사업을 하면서 빠져나갈 구멍을 가진다는 것 … 260

관성에서 빠져 나오기 문제를

본질적으로 해결하기 … 262

반복 가능해야 성장할 수 있다 … 268

개인 능력의 한계 바로 알기 … 269

과연 사업에 적성이란 것이 존재할까?

많은 사장들이 적성에 대한 고민을 하고 있다. '나에게 사업은 적성에 맞지 않는 것 같다'는 고민이다. 과연 사업과 적성은 어떤 관련성이 있을까? 사업과 사장의 성격은 어떤 연관성이 있을까? 내가 지금까지 만난 많은 사장들은 성격이 다 가지각색이었다. 창업가의 전기를 여럿 읽어봐도 개성이 제각기라, 공통점을 찾기가 힘들다. 사장이라고 해서 다 활동적이고, 적극적인 것은 아니다. 극도로 내성적인 성격인 사장들도 분명 존재한다. 그리고 낙천적인 사람도 있고, 비관적인 사람도 있다. 사장이라는 직무에 맞는 성격 혹은 적성이란 것이 있을까?

고금의 리더들은 다들 자신의 개성을 활용한 리더십을 보여주었다. 일본의 전국시대를 다룬 야마오카 소하치의 『대망』에는 전국시대를 통일하는 과정에 세 명의 영웅이 등장한다. 오다 노부나가는 신흥 가문의 부잣집 도련님 출신이다. 머리가 탁월하게 좋고, 기존의 관습에 얽매이지 않은 적극적인 사고방식을 가지고 있다. 그리고 무척이나 대담한 성격의 소유자다. 그를 따르는 중신조차 오다 노부나가의 머릿속에 어떤 생각이 오가는지 파악하기 어려울 정도로 매사에 판단이 빨랐다. 그를 따르는 장수들은 오다 노부나가를 경외했다. 오다 노부나가는 장수들에게 잘해주다가도, 가차 없이 주었던 것을 빼앗고, 내치기도 했다. 그리고 유능한 인재들이 하는 말은 잘 새겨듣고, 과감하게 새로운 시도를 했다. 관습에 얽매이지 않았고, 아마도 근대적인 사고방식을 가진 일본 최초의 사람이었을 것이다. 그러나 산속에 있는 절은 물론 어린아이까지 포함해서 통째로 수천 명, 수만 명을 학살하기도 하고, 미래에 화근이 될 것 같다고 생각하면 가차 없이 불씨를 제거하는 등 성격이 잔인했다

오다 노부나가의 거침없는 지략과 힘은 누구도 그에게 함부로 대적할 수 없을 만큼 막강했고 초기의 전국시대를 통일해 나가는데 결정적인 역할을 한다. 그러나 어이없게도 자신의 중신인 아케치 미쓰히데가 반란을 일으켜서 죽는다. 오다 노부나가는 무척 뛰어난 사람이었지만, 자신을 따르는 중신들에게 면박을 주고, 경외감으로 이끌었다. 술자리에서 말 한 번의 실수로 면박을 당한 아케치 미쓰히데는 원한을 품은 상태에서 자신의 거취가 불안해지자, 오다 노부나가가 버린 다른 중신들을 떠올렸다. 결국 살아남기 위해 반란을 일으켰다. 당시의 오다 노부나가의 막강한 권세와 주변에 많은 인재들을

감안했을 때는 어이없는 사건이었지만, 오다 노부나가의 성격과 리더십 스타일을 보았을 때 언제든지 일어날 수 있는 일이었다.

도요토미 히데요시는 천민 출신 상인으로서 오다 노부나가에게 발탁된 인재였다. 그는 워낙 지혜가 좋고, 사람이 근본적으로 선하여, 만나는 사람마다 도움을 주면서 자신의 입지를 다져나갔다. 꾀가 너무 좋다 보니, 당하는 사람도 알면서도 어찌할 수 없다고 느낄 정도였다. 전쟁을 수행하면서도 실제 군사를 움직여서 싸움으로 이기기보다 다양한 모략을 활용하여 싸움을 승리로 이끌어 냈다. 심지어 적까지도 이해관계를 고려하여 자신을 따를 수밖에 없게 만드는 능수능란한 사람이었다. 도요토미 히데요시는 오다 노부나가 사후에 일본을 통일하지만, 통일 이후 일본 무사들의 불만을 잠재우고자 조선을 침공하는 꾀를 내었다가 그 때문에 고생한다. 그러나 자신의 천수를 다하고 평안하게 죽는다.

도쿠가와 이에야스는 충성스러운 가신 집단을 가진, 오와리를 근거지로 한 영주의 아들이었다. 어린 시절 오다 노부나가 집안에서 볼모생활을 하고 이마가와 요시모토 집안에서도 볼모생활을 하는 등의 고통을 겪었다. 자신이 볼모로 잡혀 있는 터라, 자신에게 충성을 다하는 가신들이 싸움터에서 선봉 역할을 하며 목숨을 걸고 남의 전쟁에서 싸워야 했다. 볼모로 잡혀 있는 동안 막대한 공출 때문에 가신은 물론 자신의 백성들도 고통에 빠지는 경험을 하며 인내를 배운다. 마침내 독립했지만 강호들 틈새에서 불안한 자리를 지키다가 오다 노부나가와 동맹관계를 유지하면서 일본 전국의 통일에 기여한다. 자립을 위해서 오로지 인내하고, 실력을 키워야 한다는 것을 유년 시절의 경험을 통해 뼈에 새긴다.

도쿠가와 이에야스는 자신의 라이벌로부터 배웠다. 전쟁의 달인인 다케타 신겐으로부터 전투를 배웠다. 가장 강력한 경쟁자이자 협력자인 노부나가로부터 총을 이용한 새로운 전쟁기술을 습득하고, 히데요시 천하에서도 히데요시로부터 정치력, 회유 등을 이용한 싸움 이외의 싸움을 배운다. 오사카의 상인들로부터 새로운 일본을 건설하기 위한 세계무역과 상인이 쌓은 부의 가치에 대해 눈뜬다. 가장 막강한 라이벌에게 하나씩 배우고, 자신의 약점을 보완해간 도쿠가와 이에야스는 결국 도요토미 히데요시 사후에 일본을 천하통일하고, 도쿠가와 막부를 수립한 이후 250년간 지속되는 일본 평화의 기틀을 다진다.

흔히 이 세 명의 리더들을 힘의 오다 노부나가, 지혜의 도요토미 히데요시, 인내의 도쿠가와 이에야스라고 스테레오 타입화해서 말하곤 한다. 실제로는 각각 성장 배경, 원래 성격, 개인의 노력, 주어진 상황 등이 어울려서 형성된 리더십 스타일을 가지고 있었던 것뿐이다. 어떤 전형이 있었다기보다 개성이 다른 사람이었을 뿐이다. 각각 주어진 환경에서 리더로서 자신에게 주어진 일을 개성을 활용할 수 있는 방식으로 갈고 닦아 나아갔던 것일 뿐이다. 리더로서 어울리는 성격이 있다기보다 주어진 상황에서 자신의 장점을 잘 활용하고, 부족한 부분은 보완하는 등 리더로서의 경험을 쌓으면서 자신의 리더십 스타일을 만들어 간다.

장점이 단점이 되고, 단점이 장점이 되는 리더십 스타일

사람은 장점과 단점을 가지고 있다. 다름이 사람의 개성이다. 만약, 말하기를 좋아하고 활발한 성격이 장점이라고 해보자. 사실상 단점은 말하는 데서 실수하기가 쉽고, 활발한 성격 때문에 경솔하기가 쉬운 것일 수 있다. 스스로 행동이 느리고, 매사의 판단이 오래 걸리는 것을 단점으로 생각해왔다면, 사실상 단점은 장점이 된다. 신중하고, 조심스러운 성격 덕분에 크게 실수하지 않는다. 열정적인 성격을 스스로의 장점으로 생각했는데, 너무 이것저것 일을 벌이기를 좋아해서 무엇 하나 제대로 추진되지 않고, 직원들에게 혼란만 주는 사장이 될 수 있다.

사장은 자신의 성격을 잘 알아야 한다. 장점이 단점이 되고, 단점이 장점이 될 수 있음을 이해하자. 사업은 고려해야 할 요소 전체에서 한두 가지만 잘못되어도 결과가 안 좋게 나타난다.

만약 자신의 성격이 적극적이고, 결단력이 있다면, 그 때문에 신중하게 검토해야 할 사안까지 너무 급하게 처리하지 않는지 살펴볼 필요가 있다. 적극적이고 결단력 있는 성격이 단점으로 작용하는 경우다. 자신의 성격이 꼼꼼하고 비판적이라 좋지 않다고 생각한다면, 자신의 성격을 꼼꼼하게 사업전반을 살피고, 문제점을 지적하는 데 활용한다. 즉, 꼼꼼한 성격을 장점으로 활용한다. 많은 사람들이 매사에 너무 쉽게 생각해서, 일을 망치는 경우가 많음을 생각하면 꼼꼼한 성격은 큰 장점이다. 그런데 꼼꼼함이 단점으로 작용할 수도 있다. 꼼꼼하고, 비판적인 성격 때문에 반드시 위험을 감수해야 할 상황에서조차 머뭇거려서 손해를 볼 수 있다.

장단점을 단선적으로 파악하지 않고, 많은 경우의 수를 고려해서, 자신을 잘 인식해서, 의사 결정과 사업상의 주요 인간관계에 활용하면 좋다. 자신이 신중하면, 자신의 파트너나 직원 중에 적극적이고, 진취적인 사람을 채용해서 보완하고, 자신이 적극적이고 열정이 넘치면 신중한 사람을 채용해서 보완하라.

성격과 상관없이 가져야 할 리더의 자질은?

사업에 있어서 특별한 적성이란 것도 존재하지 않고, 장점 단점이란 것도 평면적으로 받아들여서는 안 된다면, 과연 리더가 반드시 가지거나, 지켜야 할 것은 무엇일까? 개인의 개성과는 상관없이 사업을 하면서 반드시 리더가 가져야 할 자질은 무엇인지 살펴보자.

잭 웰치가 훌륭한 리더의 자질로 강조했던 4E + 1P가 있다.

에너지: 리더는 에너지를 가진 사람이다
Energy

무엇인가를 책임지고 있고, 결과를 만들려면 개인적 차원에서 에너지를 가진 사람이어야 한다. 개인조차 관리할 수 없을 정도로 유약하다면 성격에 관계없이 조직을 이끄는 것은 사실상 불가능하다. 조용하고, 내성적인 사람도 개인 에너지의 수준이 높을 수 있고, 활발하고 외향적인 사람도 에너지의 수준이 낮을 수 있다. 에너지를 가진 사람은 개인 차원에서 삶의 목표가 명확하고, 인생에서 이루려는 꿈이 있다. 그 꿈을 개인 차원에서 조직으로 확대시킬 수 있는 사람이 리더가 된다.

『대망』에서 도쿠가와 이에야스의 아버지는 유약했다. 자신에 대한 관리를 하지 못하는 사람은 다른 사람을 쉽게 의심하고, 신뢰를 쌓지 못하고 자멸한다. 사업을 하면서 맺어야 할 수많은 인간관계, 이해관계를 감당할 수 없다. 누구나 에너지를 가지고 있다. 그런데 그 에너지가 긍정적인 방향으로 향하도록 스스로를 관리하는 것이 중요하다. 누구는 도둑질에 자신의 에너지를 쓰고, 누구는 도박에 쓰지만, 누구는 자신의 에너지를 인류의 구원에 사용한다.

개인적인 차원에서 에너지 개발이 가능하다. 무엇보다도 건강하지 않다면 에너지가 넘치기 힘들다. 매일 규칙적인 운동과 균형 잡힌 식사를 통해 육체적인 건강을 관리하는 것이 중요하다. 능력 있는 CEO들은 운동을 상당히 중요하게 생각한다.

삶에 영적, 육체적, 경력 상의 목표를 정하고, 그것에 따라 사는 훈련을 해서 자신의 삶에 대한 에너지의 레벨을 스스로 관리할 필요가 있다. 이 분야에서는 엔서니 라빈스의 『네 안에 잠든 거인을 깨워라』가 역작이다.

에너자이저: 리더는 다른 사람에게 에너지를 줄 수 있는 사람이다

경외감을 일으켜서 사람들을 움직이든, 따뜻한 격려로 움직이든, 다른 사람을 이해관계로 움직이든 간에 리더는 다른 사람에게 영향력을 미치고, 다른 사람들이 리더로부터 영감을 받아 움직이게 만든다. 단지 통제와 지시 관계로는 움직일 수 있는 범위가 크지 않다. 리더는 주변의 팔로워들을 적극적으로 움직이게 만드는 역량을 갖추고 있다. 여기에 리더의 대인 관계 기술, 다른 사람의 입장에서 생각할 수 있는 감정 이입 능력 등이 필요하다. 자신을 따르는 사람에게 동기를 부여하고, 적극적으로 일하게 만드는 능력을 가지고 있다. 사람들을 몰아붙여서 에너지를 소모시켜며 결과만 만들어내는 것을 말하지 않는다.

리더는 자신을 따르는 사람의 의견을 잘 경청할 줄 안다. 잘 경청하고, 성과에 도움이 되는 아이디어를 받아들일 줄 안다. 출처로 아이디어를 평가하기보다는 아이디어가 가진 효과와 의미를 깊게 생각한다. 좋은 아이디어라면 출처를 가리지 않고 적극적으로 채택한다. 아무리 카리스마적인 리더라도 부하직원의 말을 귀담아 듣지 않는다면 크게 실패한다. 현장 직원의 의견을 경청함으로써 조직의 성과를 높일 보석을 발굴할 줄 알아야 한다.

결단력: 리더는 실행이냐 중단이냐, YES냐 NO냐의 결단이 명확해야 한다

사업상의 의사 결정은 명쾌한 답변을 요구한다. 많은 것이 불확실한 상황에서도 명쾌한 분석력과 더불어 주변사람들의 의견을 종합해서, 결단력 있게 의사 결정을 하고 적극적으로 추진할 수 있어야 한다. 의사 결정을 하고 나서 번복하고 뒤집는 건 좋지 않다. 의사 결정 번복을 몇 번 반복하면 당신이 어떤 결정을 내리더라도, 직원들은 적극적으로 추진하지 않는다. 언제든 번복될 수 있을 것이라 생각하기 때문이다.

사업에서 투자를 결정하고, 무엇인가를 하겠다는 결정도 중요하지만, 투자를 유보하거나, 다른 무엇인가를 안 하겠다는 결정 또한 중요하다. 오다 노부나가가 전투력이 무척 강했던 다케타 신겐과의 일전을 앞두고, 군세가 몇 배나 되었음에도 불구하고, 전략적인 상황이 좋지 않아서 신속하게 퇴각을 결정한 사례가 있다. 자존심이나 체면을 생각했다면 퇴각하기 힘들었다. 퇴각 결정으로 다케타 신겐은 물론 당대의 영웅들에게 오다 노부나가가 만만치 않은 상대라는 것을 각인시켰다. 카리스마 리더인 오다 노부나가는 자신이 처한 상황을 잘 파악하고, 신속하게 퇴각을 결정했다. 오다 노부나가와 같이 자존심과 체면을 생각하지 않고 상황에 맞게 과감한 결단을 내리는 능력이 리더에게 필요하다.

Execution
실행: 훌륭한 리더는 약속한 바를 달성한다

리더는 많은 것들이 불확실하고, 제약 조건이 있는 상황에서도 결과를 만들어낸다. 리더가 실행 능력을 가졌다는 것은 발생한 현장의 문제에 세세하게 관심을 가지고 있고, 직원들을 질문으로 독려할 줄 안다는 것이다. 일이 되게 하는 방법을 안다. 그리고 리더가 책임지고 있는 분야에 대해 잘 알고 준비가 되어 있다는 것을 말한다. 실행력이 뛰어난 리더는 함부로 약속하지 않는다. 대신 자신이 약속한 것에 대해서는 철저하게 실행하여 약속을 지킨다.

Passion
열정: 열정은 전염된다

열정을 가진 리더는 주변 사람들을 열정을 가지고 일을 하게 만든다. 열정을 가진 사람은 발전하고자 하는 끝없는 욕구를 가지고, 스스로 분발한다. 열정은 주변을 감염시켜서 감동을 만들어낸다. 사실 열정을 가진 사람은 무엇을 하더라도 열정적인 모습을 보인다. 친구들과 놀 때도 그렇고, 가족과 같이 시간을 보낼 때도 그렇다.

관심과 주의력 총량 보존 법칙

사람들의 주의력의 총량은 보존된다. 사람들은 고민거리가 없어도 고민거리를 만들어서 고민하는 존재다. 이것이 관심과 주의력 총량 보존 법칙이다. 만약 어떤 사람이 신용상태가 좋지 않고, 과거의 발생한 빚의 상환 때문에 고통 받고 있다고 해보자. 이 사람의 고민은 온통 경제적인 문제에 관련되어 있다. 그런데 이 사람이 암에 걸려서 시한부 인생이 되었다면 어떨 것인가? 경제적 고통은 더는 이 사람에게 문제가 아니다. 죽음을 앞둔 사람은 삶의 의미와 죽음에 관한 생각으로 모든 신경을 집중한다. 삶에 별 걱정이 없는 사람은 저녁 식사로 무얼 먹는 것이 좋을지 깊은 고민에 빠진다. 골프 샷이 잘 안 맞아서 스트레스를 받을 수도 있다. 그리고 여자친구의 마음을 얻지 못해서 깊은 괴로움에 빠진 젊은이도 있다. 대기업 과장과 중소기업 사장이 만났다고 해보자. 중소기업 사장은 어떻게든 수금을 해서 직원들 급여를 주고 싶어 하고, 대기업 과장은 자신의 휴가 계획에 대한 고민에 빠져 있다.

사람들은 주어진 상황에서 무엇인가에 대해 생각한다. 자신의 주의력을 어딘가에 사용하고, 고민한다. 이런 사람의 속성을 염두에

두고, 리더가 하는 어떤 행동이 직원의 한정된 주의력을 소모시키고 있는지 생각해 볼 일이다. 회사의 상하관계가 너무 철저하고, 상사를 응대하는 데 직원들이 많은 신경을 써야 한다면, 고객에게 써야 할 신경이 분산된다. 회사가 여러 가지 이니셔티브를 진행할 경우 자신의 업무 외에 이니셔티브에 신경을 써야 하므로, 직원들이 신경 써야 하는 필수 업무로부터 분산된다. 어떤 회사는 상사가 직원의 머리모양이 마음에 안 든다고 지적한다. 어떤 사장은 사업의 본질과 상관없는 사무실 인테리어에 신경을 쓰면서 직원들에게 요구하기도 한다. 사장이 이렇게 행동하면, 실제 사업 성과와 상관없이 사장의 취향을 고려하는 데 직원의 주의력이 분산된다.

직원이 일에 전념하면서 성과에 집중하길 원한다면 직원의 주의력을 뺏지 말아야 한다. 주의력을 분산하는 일들을 없애 주어야 한다. 회사의 복지정책도 주의력 분산을 막는 관점에서 살펴보라. 비즈니스 인텔리전스 분야에서 세계적인 회사인 SAS는 세계에서 가장 일하기 좋다는 평판을 듣고 있다. 이 회사의 복지정책을 살펴보자. 직원들이 주의력을 분산하지 않고, 업무에 초점을 두는 환경을 만들기 위해서 다른 회사에서는 생각지도 못한 일을 하고 있다. 이를테면 총각사원이 가사 때문에 주의력이 분산될 것을 염려해서 가사 서비스를 회사에서 지원한다. 캠퍼스와 같은 회사 건물에 운동할 수 있는 시설이 잘 갖춰져 있고, 직원들은 선탠을 즐기면서 일을 할 수 있다. 은퇴 대비를 지원하는 프로그램이나, 직원들의 가족을 배려하는 다양한 프로그램을 가지고 있다. 회사에서 직원들의 건강을 고려한 서비스를 제공한다. 이 회사는 직원들이 그야말로 장기적으로 다른 걱정 없이 업무에 몰입할 수 있도록 하는 데에 복지프로그램의 초점을 맞췄다.

수익성이 좋지 않고, 여전히 생존이 문제인 회사들에게는 SAS의 사례가 부담스럽다. 생존이 문제인 회사에서는 직원의 주의력을 다음과 같이 관리할 수 있다. 직원들이 쓸데없는 리포트를 만들지 않도록 할 수 있다. 상사의 눈치를 보느라 퇴근을 못하는 상황을 개선할 수 있다. 핵심 업무 외에 부가가치를 만들지 않는 일들을 없애도록 워크아웃 프로그램을 도입해보자. 직원의 의견을 경청해서 실제의 부가가치를 만들지 않고 관행적으로 해왔던 일들을 제거하자. 그리고 간소화할 수 있는 일은 간소화한다. 무엇인가 새로운 것을 도입하거나, 새로운 일을 직원에게 부과할 때는 스스로에게 질문하라. 이 일이 지금 꼭 필요한 것인가? 새롭게 주의력을 기울이고, 직원들의 관심과 에너지를 사용할 만큼 의미 있는 일인지 자문하라.

책임감 중독에서 벗어나라

성공하려면 세부사항에 강해야 하고, 모든 면에서 꼼꼼하고 완벽해야 한다는 생각이 일반적이다. 한편으로는 리더가 마이크로 매니지먼트(직원을 관리할 때 아주 세세한 부분까지 상사가 관리하는 것을 말한다. 직원의 동기를 해치는 의미로 부정적으로 사용된다)하는 것은 좋지 않다는 생각도 일반적이다. 그런데 실제로 성공을 향해 달려가고 있는 많은 사람들을 보면 상당히 꼼꼼하다. 이를테면, 히딩크의 자서전

『마이웨이』를 읽어보면, 히딩크 감독은 경기 당일 잔디 상태까지 체크해서 전략에 반영할 정도로 꼼꼼했다. 심지어는 스페인전이 승부차기로 갈 것을 예상하고 경기 전날 압박감에 익숙해지도록 야유속에서 승부차기를 하도록 사전 연습 시켰다. 다음날 실제 경기에서 그대로 적중하여 선수들이 부담감을 이겨내고, 승부차기로 경기에서 이겼다. 꼼꼼함으로 대한민국 축구를 4강에 올리는 신화를 만들어냈다.

하지만, 리더가 세부사항에 강한 것과 마이크로 매니지먼트 하는 것의 차이를 구별하기는 쉽지 않다. 꼼꼼한 리더의 눈에는 여러 가지 전반적인 문제가 한눈에 싹 보인다. 이것저것 지적하다 보면 직원 입장에서는 이렇게 사소한 문제까지 신경 써야 하나 하는 생각이 들 수 있다. 물론 사소한 것 하나하나가 중요하고, 사소한 것이 쌓여서 전체를 만들어낸다. 하지만, 중요한 것은 실제로 일을 하는 현장의 직원이 공감할 수 있게 설득하는 일이다. 단지 리더의 꼼꼼함을 과시함으로써 직원들도 꼼꼼하도록 요구하는 식은 곤란하다. 직원 스스로 리더가 느낀 문제를 자신의 문제로 느끼고 꼼꼼하게 보게 하는 것이 중요하다. 직원들이 충분히 공감하고, 세세한 부분마다 신경을 쓸 수 있도록 일을 위임하고, 그들이 실수로부터 배울 시간을 주지 않으면 실제로 직원들은 책임감을 가지기 힘들다.

로저 마틴은 『책임감 중독』이라는 책에서 리더의 과도한 책임감이 어떻게 직원들의 책임감을 앗아가는지 설명한다. 책임감 중독 때문에 한쪽은 자꾸 많은 책임을 지고 다른 쪽은 자꾸 책임을 방기하게 되면서 발생하는 문제를 다루고 있다. 많은 사람들이 비슷한 경험을 한다.

책임감 중독 상황에 빠지는 이유는 인간이 원래 동물로서의 본능인 '싸움 아니면, 도망'식의 논리를 가지고 있기 때문이다. 문제가 있는 상황에 직면하면 전면적으로 책임을 떠안거나, 아니면 책임을 완전히 회피해서 리스크를 최소화하려는 경향이 있기 때문이다. 능력이 뛰어나거나 지위가 높은 사람은 대부분 더 많은 책임을 진다. 능력이 뛰어나기에 자신이 영웅처럼 모든 문제를 해결한다. 많은 책임을 지고 있는 사람은 그 책임을 완수하려면 주변의 도움을 받아야 함에도 불구하고, 더욱 많은 책임을 떠안는다. 모든 책임을 자신이 지고 있다는 부담감과 책임을 지지 않는 다른 사람을 원망하는 마음이 생겨난다. 많은 책임을 지고 있는 사람 옆에서 책임을 나누어야 할 사람은 더욱더 책임을 방기하게 되고, 의기소침해진다. 자신이 할 역할은 점점 없어지고, 기여할 바가 없어서 소극적이 된다.

사람들은 서로의 책임과 직무를 논의하고, 서로에 대한 기대를 조정하는 대화를 하는 것이 불편하다고 생각한다. 그래서 지레짐작으로 서로의 상황을 재단하고, 자기가 편한 대로 행동을 취한다. 서로의 책임을 나누는 훈련을 받지 않으면 책임감 중독의 폐해에 빠지기 쉽다.

조직 내에서 서열이 낮을 경우는 오히려, 직무가 명확하고, 논란의 여지가 많지 않다. 그러나 경영진 레벨로 갈수록 직무의 성격이 추상적으로 변한다. 그래서 책임감 중독 문제가 더 많이 발생한다. 이른바 C레벨(CEO, COO, CFO 등)에서 문제가 더 많이 발생한다. 많은 동업관계가 책임 분담에 실패해서 깨진다. 사장은 회사의 흥망에 대해 많은 리스크를 지고 있다. 회사의 채무에 연대 보증을 섰을 수도 있고, 자신의 모든 평판과 오랜 시간의 노력이 회사의 성과로 평가받는다. 직원이나 임원들은 월급을 받고, 경력을 쌓아서 회사를 옮기면 되지만, 사장은 책임의 깊이가 누구보다도 깊다. 그렇기에 사장은 조직 내의 누구보다도 책임감 중독에 빠지기 쉽다. 사장이 책임감 중독에 빠지면 그와 같이 일하는 주요 직원 및 경영자들의 책임감이 오히려 반감되는 경우가 많다.

책임감 중독을 치료하려면 많은 책임을 가진 사람이 스스로 모든 일을 해서 자기의 기분을 푸는 것이 아니라, 대화와 협력을 통해 다른 사람의 도움을 받아서도 좋은 결과를 낼 수 있다는 것을 경험해보고 인식의 전환을 해야 한다. 조직원들이 어떤 기분으로 일을 하고 있는지 대화로 파악할 수 있어야 한다. 리더는 대화를 통해 책임을 나누는 방법에 대한 능력을 키워야 한다. 사람들은 어떻게 보면 바보 같다는 생각이 들 정도로 자신의 느낌과 서로에게 거는 기대, 책임에 대해 대화를 나누지 않는다. 정답은 정말 단순하다. 대화! 마음을 연 허심탄회한 대화가 직장에서 성과를 올리는 중요한 해결 방법이다.

책임 분담뿐 아니라, 사장은 직원의 에너지 관리자가 되어야 한다. 직원들이 회사에서 긍정적인 에너지를 받으면서 일하고 있는가? 치열한 경쟁에 놓여 있는 상황에서 자신의 동료와 상사로부터 끊임없이 부정적인 피드백과 성과에 대한 압력을 받는 상황이라면 효율적이고 효과적인 행동이 나오기 어렵다.

직원은 일하는 기계가 아니라 감정과 에너지를 가지고 있음을 생각하라. 사장부터 자신의 주변 경영진, 핵심 스태프들에게 에너지를 주고 스스로 에너지를 관리할 방법을 생각하라. 활기차게 회사 생활을 할 수 있도록 긍정적인 말을 하고, 직원들이 충분한 휴식을 하고, 휴가를 사용할 수 있도록 한다. 균형 잡힌 식사를 회사가 지원할 수 있을지 검토하고 실행한다. 충분한 운동으로 에너지가 충만한 상태에서 일할 수 있도록 리더가 신경 써야 한다. 「하버드 비즈니스 리뷰」에서는 최근, 에너지 관리 아티클이 종종 나오고 있다. 그리고 직원의 에너지 관리에 관한 에너지 관리 프로젝트도 진행하고 있다. http://www.theenergyproject.com에 방문해보라.

사람을 바꾸는 것이 가능할까?

많은 사장들이 직원들이 자기 마음 같지 않아서 스트레스를 받는다. 직원들에 대한 과도한 기대감을 가지고 있기 때문이다. 직원들에 대한 기대 수준이 비현실적으로 높은 사장은 늘 우수 인재와 사랑에 빠졌다가, 우수 인재의 단점을 발견하고는 실망하기를 반복한다. 단점을 참지 못하는 사장은 외부에서 누군가를 데려와서 처음에는 그 인재의 뛰어난 면을 보고, 회사의 모든 문제가 해결될 것처럼 기대를 품는다. 그런데 시간이 흘러 결점을 발견하고는 실망해서 다른 사람을 찾는 식으로 행동한다. 사실, 기업이 성장하려면 유능한 인재가 많이 모여야 하는 것이 사실이다. 그러나 회사에서 충성스럽게 일하고 있는 기존 인재를 잡은 물고기 취급하는 사장들이 생각보다 많다.

어떤 직원에 대한 불만이 있을 경우 그 직원을 자신의 뜻대로 고치기를 원한다. 하지만, 사람의 성격, 장단점은 쉽게 바뀌지 않는다. 어린 시절의 경험, 부모로부터 받은 영향, 친구로부터 받은 영향, 성인이 된 이후 스스로 한 선택 때문에 개인의 장단점은 그 자체로 관성을 가지고 있다. 회사 내에서 상급자가 어떤 문제를 지적하고, 다그치고 변하기를 원하면 그 자리에서는 수긍하는 척해도, 오히려 부작용이 생기는 경우가 많다.

사람은 단점과 결점을 가질 수 있는 존재임을 인정하라. 성과를 내기 위해 사람을 꼭 변화시키길 원한다면, 지시와 강제보다는 다른 방법을 써보는 것이 좋다. 궁극적인 질문을 통해 사람이 스스로 깨닫고 변화하기를 기대하는 것이 낫다. 그리고 여러 가지 방법으로 길들인다. 리더십의 대가인 워렌 베니스는 '고양이를 길들이듯 사람들을 리드하라'고 말했다. 하물며 고양이보다 사람들은 더 독자적이고, 스스로 판단한다.

소크라테스는 질문을 통해 사람들이 진리를 깨우치도록 했다. 사람들에게 지시를 하면 반발심을 가진다. 그러나 질문을 하면, 사람들은 질문에 대해 생각한다. 그렇게 인식이 변화한다. 오늘 누군가를 변화시키고 싶다는 생각이 강렬하다면, 정답을 알려주고, 그대로 따라하도록 지시해봤자 소용없다. 날카로운 질문을 하고, 스스로 깨닫게 시간을 주어라. 궁극적으로는 사람들이 관성을 가지고 있음을 받아들이고, 직원의 장점을 활용할 생각을 하라.

직원들을 움직이게 만들기 위한 핵심 키워드 3E

직원들에게 강제로 지시하기보다는 대화를 통해 일하라. 경영자가 성과에 대한 압박을 받으면 마치 눈을 가린 말처럼 주변 상황을 살피지 않고 몰아붙이는 경우가 있다. 사장들은 다급한 상황에 처하는 경우가 많다. 투자를 어렵게 받아냈고, 성과를 빨리 내야겠다는 압박감에 시달린다. 직원들에게 비전을 충분히 설명하고, 설득할 시간이 부족해서, 강제적인 지시와 압박으로 일을 한다. 어려움에 빠질 때마다 직원들을 다그치는 것 외에는 특별한 방법을 모르는 리더가 있다. 결국 직원들이 실망해서 마음이 떠나고, 그러면서 사업이 곤란함에 빠지는 연속된 이야기가 시작된다. 홍의숙의 『초심』이라는 책을 읽어보면 곤란한 상황에 빠진 사장의 이야기가 나온다. 그리고 어떻게 극복했는지도 보여준다.

기업이란 결국 사람이 모여서 일을 하는 공간이다. 같이 일을 하는 직원이 공감해야 일을 성사시킬 수 있다. 경영자는 대화하는 방법을 알고 있어야 한다. 자신의 비전, 전략을 직원에게 설득할 수 있어야 한다. 일이 되게 하는 데에서 중요한 의사 결정을 독점하지 않고, 직원을 참여 시키는 방법을 알아야 한다. 직원이 중요한 의사 결정에 참여해서 헌신할 수 있도록 하는 방법을 알아야 한다.

김위찬 교수의 『블루오션전략』은 혁신에 대한 이론이 주된 내용이지만 혁신을 이끌어 가는 과정에서 리더가 어떻게 커뮤니케이션을 해야 하는가에 대한 내용으로 3E라는 개념도 제시하고 있다. 이는 리더의 커뮤니케이션 방법으로 탁월한 관점을 제시한다.

첫 번째 E: 참여
_{engagement}

모든 의사 결정에서 의사 결정에 영향을 받는 사람이 참여하도록 한다. 설사 리더가 정답을 알고 있다 하더라도, 의사 결정 과정에 영향을 받는 직원들을 참여시키지 않을 경우 직원들은 반발한다. 사람들은 자신이 참여한 의사 결정을 지지하고, 반대의 의견을 방어한다. 위에서 결정해서 떨어뜨리는 의사 결정은 못마땅하게 생각한다. 시간이 걸리더라도, 실행 단계에서 추진력 있게 일을 진행하려면 영향을 받는 사람을 참여시켜라. 리더의 답이 정답이 아닐 수 있다. 의사 결정 과정에 영향을 받는 현장 직원이 참여함으로써 의사 결정의 질이 좋아질 수 있다. 새로운 정보들을 알게 되고, 좀 더 나은 방법을 찾을 수 있다. 리더가 생각한 답이 정답이 아니라는 생각이 들어 계획을 폐기할 수도 있다.

두 번째 E: 설명
_{explanation}

영향을 받는 사람들을 참여시켰다 하더라도, 리더가 생각하는 비전과 방향을 잘 설명해야 한다. 한두 번의 설명으로는 안 된다. 서두칠 사장은 한국전기초자에서 기적을 이루기 위해 하루 3번 현장을 돌아다니면서 경영현황 설명을 수년간 지속했다 잭 웰치는 무엇인가를 실행할 때 CEO가 메시지를 수백 번 반복해야 한다는 점을 강조했다. 리더가 무엇인가를 추구할 때는 반복적으로 메시지를 전달하고, 설명해야 조직 곳곳에 그 메시지가 스며든다.

세 번째 E: 기대 [expectation]

각각의 직원에게 바라는 기대치를 설정하라. 참여와 설명이 잘 되었어도, 사람들이 실제의 행동으로 옮기지 않는다면 일은 실행되지 않는다. 즉, 각각의 직원들에게 기대하는 바가 무엇인지 명확하게 설정해야 한다. 동기를 부여하려면 원하는 방향에 따라서 결과를 낼 경우 인센티브를 지급하겠다고 약속하고 지켜라.

예를 들면, 최악의 항공사에서 최고의 항공사로 탈바꿈한 컨티넨탈 항공사의 사례를 보자. 당시 경영자였던 고든 베튠은 경영이 어려워진 컨티넨탈 항공사를 회생시키기 위해서는 정시 출발이 지켜져야 한다고 믿었고, 정시 출발을 하면 전 직원에게 각각 65달러를 지급했다. 직원들에게 바라는 바가 무엇인지 명확하게 설정해야 사람들은 개인적인 차원에서 어떤 방향으로 구체적으로 변화해야 하는지 알 수 있다.

위의 세 가지 E를 명심하면, 누구든지 조직 변화 관리의 달인이 될 수 있다. 순진한 경영자들은 단지 조직의 미래에 좋은 것이기 때문에 당연히 직원들이 따라와 줄 것이라고 믿는다. 물론 가장 중요한 것은 조직이 가고자 하는 비전을 창출하는 것이겠지만, 좋은 비전을 창출했더라도 커뮤니케이션이 잘되지 않아서 실행할 수 없다면 무용지물이다. 3E를 명심하고 당신이 가진 비전이라는 연료로 직원들의 마음에 열정을 불러일으켜라.

성공한 사업가로부터 배우자

대부분의 처세론이나 성공학은 성공한 기업가가 쓰지 않는다. 대부분의 처세론이나 성공학은 처세론과 성공학의 전문가가 쓰고, 그 글을 씀으로써 성공한 사람들의 책이다. 이 분야의 탁월한 책인 『네 안에 잠든 거인을 깨워라』류가 그렇다. 분명 베스트셀러였고, 많은 사람들에게 긍정적인 영향을 주었다.

하지만 대부분의 성공학 책에는 실제 기업을 일으켜서 성공한 사람들의 진짜 비밀은 담겨 있지 않다. 사업에서 성공하려면 실제로 창업하여 성공한 사람의 이야기를 참고하라. '전략적 직관'을서 이야기하면서 전략적 직관의 발현에 도움이 되는 것이 성공한 기업가들의 전기임을 설명했다. 즉, 실제로 성공한 사업가의 이야기야 말로 훌륭한 성공학 교과서이다.

성공한 기업가인 맥심의 창업자 펠릭스 데니스가 쓴 성공학 책 『부자 본능』은 그래서 조금 특별하다. 그는 자신은 성공한 기업가로서 처세론이나 성공학을 보면서 그것이 부족하다고 생각했다. 자신이 진짜로 '어떻게 부자가 되었나'를 알려주고 싶어서 책을 썼다. 진짜 부자가 쓴 성공학 책이어서 특별하다.

그는 스스로 위험을 감수하고, 유능한 사람을 고용해서 일을 맡겼다. 사업이 어느 정도 궤도에 오르면 해당 사업을 필요로 하는 대기업과 협상을 해서 사업을 팔았다. 어떻게 실패에 대한 두려움을 극복하고, 사업에 매진하였는지 설명한다. 또한 유능한 인재를 발굴해서 사업을 위임하는 법 등 맨손으로 시작해서 큰 부자가 된 자신의 이야기를 해준다.

사업을 하면 독해진다

존 에프 케네디는 하원, 상원을 거쳐서 대통령이 되었다. 대통령이 되었을 때 그는 과거에 자신의 정치적 기반이던 시민 사회 세력과 거리를 두고, 상당히 조심스럽게 대통령으로서 정치력을 유지했다. 자신이 원하는 바를 달성하기 위해서 사안별로 의사 결정을 신중하게 했다. 이를 두고, 시민 사회 세력에서는 변했다고 말을 하고, 많이 섭섭해 했다. 심지어는 케네디를 당시의 정치적인 상황에 맞추어 행동하는 의사 결정 기계라고 부르는 사람도 있었다.

사업에서의 의사 결정도 유사한 면이 있다. 사업에서 성공하려면 의사 결정 기계가 되어야 한다. 나쁜 어감으로 들리지만, 그만큼 모든 면에 합리적이고, 공정한 의사 결정을 하지 않으면 안 된다는 뜻을 포함한다.

사업을 하다가 예측을 잘못하거나, 계획한 일이 실패해서 유동성에 위기가 오면 직원의 급여를 못 주는 상황이 발생할 수 있다. 상황이 장기화되면 아무리 사이가 좋았던 직원이라도 결국은 회사를 나가고, 시간이 지나면 그 직원이 채권자로 돌변한다. 사람에 따라 차이가 있지만, 거의 어김없다. 이때 초보 경영자는 상처를 입는다. 직원은 채권자로 돌변할 뿐 아니라, 자신의 채권을 회수하기 위해 가능한 모든 법적인 절차를 밟는다. 노동사무소 고발, 검찰 고발, 약식

기소까지 가고, 전에는 사장님과 직원 관계였지만, 욕설을 하는 관계가 되기도 한다. 같이 일하는 직원과 같이 잘되고 싶다는 좋은 뜻을 가졌던 사장들은 이때 상처를 입는다. 물론 직원 입장에서도 급여를 못 받는다는 것은 심각한 일이고 정말 힘이 빠지고 실망스러운 일이다.

하지만 역설적이게도 극한 상황까지 경험해야 진정한 사업주로 거듭나는 경우가 많다. 경영자들, 오너들이 날 때부터 오너는 아니었다. 초보 경영자는 경영자로서의 역할이 낯설다. 문제가 있고, 성과를 내지 못하는 직원이 있어도 회사는 급여를 지급하고 채용을 유지했다. 초보 사장은 문제가 있는 직원에게 솔직한 피드백을 못하고, 해고하지도 못했다. 왜냐하면, 회사는 가족이라는 생각, 우리는 한 팀이라는 생각, 이해관계가 같다는 착각에 빠졌기 때문이다. 자신이 과거에 채용했을 때 내린 결정, 지금까지 같이 일하는 것을 허용했던 결정, 해당 직원을 믿었던 결정, 그리고 우리 조직은 최고라는 생각을 부정하기가 어렵기 때문이다. 하지만, 인간관계의 극한을 경험하고 나면, 경영자는 경영주로서 다시 태어난다.

이제는 문제를 일으키고, 말썽을 일으키는 직원을 바라보면 이 사람이 밥값을 하는 사람인지를 생각한다. 이 친구가 나중에 채권자로 돌변하면 어떨 것인가를 상상한다. 그래서 명확하게 요구할 수 있다. 회사에 있는 어느 누구도 밥값을 해야 한다. 많이 받으면 많이 받는 대로, 적게 받으면 적게 받는 대로 회사에서는 기대하는 바가 있고, 돈을 받고 일하는 이상 우리는 프로로서 회사에 서비스해야 한다. 그리고 경영자는 원칙에 충실한 사람이어야 한다. 합리적인 의사 결정 기계가 되어야 한다.

나는 경영자를 프로 운동경기의 감독에 비유하는 것을 좋아한다. 승리하는 팀의 감독은 문제가 있는 선수 때문에 걱정하지 않는다. 물론 꾸준하게 트레이닝을 시키고, 기회를 주지만, 만약 결과가 좋지 않거나, 태도에 문제가 있으면 교체한다. 선수 입장에서는 개인적인 성취와 좌절 때문에 만감이 교차하겠지만, 감독은 경기를 밖에서 지켜보면서 선수를 배치하고, 승리해야 한다. 감독이 승리하지 못하면 아무것도 아니다. 선수는 몇 번의 좌절이 있어도 새로운 기회를 찾아볼 수 있겠지만, 감독은 실패하면 정말 아무것도 아닌 존재다. 자신을 감독이라고 생각하지 못하고, 선수로 착각하는 경영자는 문제가 있다. 뼈 속 깊이 감독으로서, 경영자로서의 신분을 자각해야 한다.

사실 말로는 가르칠 수 없다. 나는 사업의 어려움을 초창기에 경험했고, 그래서 경영자의 입장과 직원의 입장이 다르다는 사실을 다른 초보 사업가에게 알려주려고 시도해보았으나, 불가능에 가까웠다.

동업을 어떻게 볼 것인가?

사업을 시작하면서 많은 사람들이 동업을 고려한다. 개인적인 능력에는 한계가 있으므로, 역량이 뛰어난 파트너와 같이 하고 싶은 것은 당연하다. 펠릭스 데니스는『부자 본능』에서 파트너십에 대해 조언한다.

당신이 잘 돌아가고 있는 사업을 이미 완전히 소유하고 있는 상황이 아니라면 가급적 파트너십에 뛰어들지 마라. 새로 시작한 사업이나 인수한 사업의 지배권을 가급적 많이 확보하라. 파트너를 만나 새로운 활동 영역을 모색하는 일은 나중에 하라. 자신의 소유에 집중하는 것이 오히려 위험을 관리하는 좋은 방법이다. 파트너십은 멋진 기회이지만 신경 쓸 일이 많다. 당신이 완전히 소유하고 있는 잘 돌아가는 사업을 거점으로 삼아서 사업을 확장하라. 완전히 소유하고 있으면 사업이 잘 돌아가지 않을 때 죄송하다는 말을 하느라 시간을 허비할 일이 없고, 사업에서 어떤 조치를 취할 때 파트너를 설득할 필요도 없다. 사업을 확장하고 돈을 버는 데 집중할 수 있어서 좋고, 돈을 잃어도 죄의식을 느낄 필요도 없다.

만약 파트너십을 해야 한다면, 시작하면서부터 헤어질 방법을 고려하라. 대부분 동업관계를 오래 지속하기란 상당히 어렵다. 결국은 헤어짐이 있다. 처음엔 관계가 좋기 때문에 동업을 생각한다. 그래서 시작할 때는 헤어지는 방법을 생각하기 어렵다. 그러나 일단 사업을 시작하면 좋았던 동업 관계가 변화한다. 동업을 하는 많은 사장들이 파트너 때문에 고민한다. 하지만, 고민을 쉽게 해결할 수 없다. 생각이 다른 사람을 설득하기는 정말 어렵기 때문이다.

헤어지는 방법에 대해서는 다음 사항을 고려해보자. 회사의 정관에 심각한 분쟁을 다스리는 조항을 삽입한다. 서로 합의를 시도해도 해결되지 않을 때, 분쟁 당사자인 주주들은 각자 회사 전체를 어느 정도의 가격을 주고 살 의향이 있는지 신중하게 생각한다. 각자

지분을 얼마나 소유하고 있는지는 중요하지 않다. 서로 제시하는 금액은 각자가 구할 수 있는 한도 내에 있어야 한다. 각자 보유하고 있는 지분의 가치는 빼고 말이다. 이제 각자가 회사의 가치라고 생각하는 액수를 쪽지에 적어 봉투 속에 넣고 밀봉한 다음 변호사를 찾아간다. 변호사가 봉투를 열어서 높은 금액을 제시한 쪽이 회사의 오너가 되고, 승자의 견적가를 기준으로 해서 차액을 상대방에게 지불한다. 서로 헤어지는 방법을 만날 때부터 합의하고, 기록으로 남겨두라.

파트너십을 맺을 때 어떻게 몫을 나누는가에 대한 결정을 할 때 중요한 것은 두 가지이다.

1. 누가 사업에 어떤 자본을 투자했느냐?
2. 누가 그 사업에서 어떤 일을 했느냐?

이 두 가지 측면을 놓고 명확하게 역할을 분담할 필요가 있다. 기업 내에서 인간관계는 권력관계를 발생시킨다. 동일한 파트너십하에서 역할을 나누더라도, 누군가는 지분율이 더 높고, 더 영향력을 많이 발휘한다. 누군가는 돈을 투자해서 대주주의 입장에서 회사에 영향력을 미치게 되고, 누구는 실질적으로 경영자로서 회사를 경영한다. 처음에는 마음이 잘 맞을 수 있지만, 시간이 흘러감에 따라 서로 다른 생각을 한다.

효과적인 동업관계를 맺으려면 어떤 사람들이 만나야 할까? 동질적인 기능을 수행하거나, 서로 공통점이 많은 사람이 모인 경우는 오히려 좋지 않다. 다른 능력, 다른 성격을 가지고 있는 사람이 만나서 서로를 필요로 하고 의지하는 것이 낫고, 또 서로 명확하게 계산이 선 경우가 낫다.

동업 관계로 자신의 부족한 부분을 메울 수도 있지만, 의욕적인 인재를 채용해서 위임하는 방법도 있다. 사업을 하면 근본적으로 외로운 결정을 해야 한다. 동업을 해서 다른 사람에게 의지하면서 사업을 하겠다는 생각은 일찌감치 버리고, 필요에 의해 동업자와 관계를 맺지만 헤어질 수도 있다고 생각하자.

아는 사람을 직원으로 두는 것

동업은 아니지만, 잘 알고 지내던 사람을 직원이나 경영진으로 두고 같이 사업을 시작하는 경우가 꽤 있다. 많은 회사에 사장의 친구들이 경영진으로 앉아 있다. 그리고 친척 혹은 가족들이 회사의 주요 요직에서 일하는 경우도 있다.

잘 알고, 공통점이 있는 사람이 회사에서 같은 목표를 향해 일을 하는 게 좋은 점도 있다. 특히, 소규모일 때는 마음을 합치기도 좋다. 소규모 창업기업은 인재를 채용하기가 쉽지 않으니, 이렇게 자신의 지인을 모아서 일을 하는 것은 인재부족 문제를 해결하는 데 큰 도움이 된다.

그러나 조금만 규모가 커져도 편안함은 불편함이 된다. 회사에서 소속되어 맺어진 인간관계가 가족처럼 평생 지속된다고 생각하지 마라. 제한된 시간 동안 같이한다는 점에서 동업과 마찬가지다. 누군가를 고용해서 일을 했는데, 생각이 맞지 않아서 더는 같이 일할 수 없다고 생각하면, 서로 관계를 끝낼 수 있어야 한다. 그러나 친구, 가족이면 관계를 정리하기 어렵다. 우정과 친분에 깊은 상처를 남길 수도 있다.

초기에는 회사에 어려움이 많기 때문에, 사장은 자신과 친분이 있는 사람에게 희생을 요구하는 경우가 많다. 사장은 희생을 요구하면서 정신적인 채무를 쌓는다. 희생했다고 생각한 친구나 친지는 정신적인 채권을 소유한다. 나중에 회사가 잘되더라도 쉽게 채무 청산이 안 된다. 사장은 소유주이고, 여전히 친구와 친지는 직원이기 때문이다. 채무자는 잘 잊지만, 채권자는 잘 잊지 않는다.

게다가 사업의 지분 소유에 대해 깊은 생각을 해보지 않은 사장은 합류해서 사업을 같이한다는 이유만으로 친구와 친지, 직원에게 지분을 나눠준다. 이런 지분 증여는 많은 문제를 야기한다. 직원에게 지분을 나눠주면, 직원들은 실제 자본을 투자해서 위험을 감수한 것이 아니기 때문에 자신의 역량과 능력으로 지분을 받았다고 생각한다. 지분과 역량을 연결하는 의식이 생기기 시작하면, 이후에 입사한 직원이 더 뛰어나거나 더 많은 기여를 회사에 했을 때, 지분을 가지고 있는 다른 직원들과 자신의 공헌도를 비교하면서, 사장에게 지분을 요구한다.

사장은 위험을 감수하고, 자금을 투자해서 지분을 얻었다. 그리고 사업을 운영하면서 발생하는 모든 리스크에 대한 책임을 진다. 그런데 직원은 돈을 투자하지 않았는데 지분을 원한다. 게다가, 사장은 직원이 늘어날 때마다 지분을 내어 놓으라는 예상치 못한 요구를 받는다.

직원들에게 지분을 나눠줌으로써 깊은 고민에 휩싸인 벤처 기업 사장을 많이 만났다. 사실 직원들이 처음부터 지분을 달라고 사장에게 요구하는 경우는 거의 없다. 사장은 그저 좋은 뜻으로 나중에 돈을 벌면 같이 잘되자는 취지로 처음 시작한 멤버들에게 지분을 나눠 주었다. 그러나 시간이 지나면서 회사에 직원이 늘어나고, 다른 직원과 지분율로 자신의 공헌도를 비교하면서 지분을 요구하는 직원이 생겨나는 등 지분 문제로 홍역을 겪으면 아차 하는 생각을 한다.

지분을 나눠주는 사장의 마음속에는 지분을 나눠주니까 내 회사라고 생각하고 같이 희생하자는 바람이 있다. 그러나 지분을 주었다고 희생에 대한 채권-채무관계가 해결되지 않는다.

오히려, 사장은 조그만 벤처 기업에서 경험을 쌓으면서 크게 성공할 기회를 직원들에게 주었다고 생각하라. 보상조건이 안 맞아서 채용할 수 없으면 단념하고, 자신이 제공할 수 있는 보상조건에 맞춰서 일할 수 있는 인재를 찾아야 한다. 직원이 성과를 내서 회사가 돈을 벌면 현금으로 성과급을 제공하면 된다. 업무에서 직원들에게 마음의 채권을 심어줄 필요는 없다. 그저 직원들의 노고와 노력에 감사하고, 인정하면 된다. 일을 잘하고, 성과를 낸 직원을 승진시키고, 급여를 올려주고, 더 많은 기회와 재량권을 줄 수 있다. 굳이 마음의 채권채무 의식을 남겨놓을 필요가 없다.

사장의 지분은 사장에게는 사업을 하는 이유의 전부가 될 정도로 소중하다. '소유가 전부다'라는 이 개념에 대해선 펠릭스 데니스의

『부자본능』과 티모시 페라스의『4시간』을 읽어 보기 바란다. 물론 초기에 자금을 실제로 투자해서 위험을 감수한 실질적인 투자자는 예외로 하더라도, 창업을 같이한 직원, 친지에게 지분을 나눠주어서는 안 된다. 나 역시 이렇게 벤처 기업에서 지분을 받고 오너를 돕는 역할을 해보았다. 그때는 내 기여가 정당하게 평가받지 못한다는 생각에 불만이 많았었다. 그리고 내가 오너가 되어서 직원들에게 지분을 나누어 주면서 반대의 경험을 해보기도 했다. 결국은 직원들에게 나눠준 지분은 설득해서 다 회수했다.

사장과 친분이 있는 사람이 경영진에 앉아 있는데, 회사가 성장하면서, 경영진에 더 능력을 가진 사람을 앉혀야 한다면 어떻게 할 것인가? 개인의 능력과 기질은 관성이 존재해서 빠르게 변하지 않는다. 친구를 경영지원팀장에 뽑아 놓고 일을 했는데, 회사가 급성장해서 매출이 급증하면, 친구의 위로 CFO를 뽑아서 올려야 하는 일이 생길 수 있다. 과거에는 격의 없이 사장과 같이 사업상의 의논을 하던 관계였는데 이제 사장은 CFO와 주로 대화한다.

물론, 당신은 성공을 위해 친구와의 우정이 변하는 것도 감수하겠다고 생각할 수 있다. 당신의 소중했던 우정은 사업의 이해관계에 의해 약화된다. 시간이 흐르면 상황이 변화하고, 상황이 변화하면 관계는 변화한다. 기업 내에서 모든 지위는 권력을 발생시킨다.

학연이나, 친척처럼 과거의 인연에서 같이 일할 사람을 찾기보다는 일하면서 만난, 신뢰할 수 있는 사람들과 같이 일을 하라. 그리고 사업계획에 따라 필요한 사람과 일을 하라. 관계와 신뢰는 만들면 된다. 같이 일을 하는 데 있어서 친구보다 적과 손을 잡아라. 적과 일을 한다면, 이해관계를 잘 파악하고, 서로 윈윈하는 상황을 만들려고 노력할 것이다. 상대방이 필요하기 때문에 같이 일을 할 것이고, 늘 경계를 늦추지 않을 것이다. 그러나 친구와 일을 한다면 알아서 해주겠지, 하는 마음 때문에 상처 입게 되는 경우가 많다. 친구의 배은망덕이라도 목격하는 날에는 소중한 우정마저 깨진다. 명심하라. 권력의 본질에 대해서 연구한 로버트 그린의 『유혹의 기술』, 『권력을 경영하는 48 법칙』, 『전쟁의 기술』에서 잘 다루고 있지만, 친구라고 믿었던 사람에게 배신당하는 사례가 많다. 그런데 모든 상황은 리더가 스스로 만들었다.

나 역시 사업을 처음 시작하면서 친구들과 일을 했다. 내 불찰 때문에 앞에서 말한 모든 문제를 다 경험했다. 물론 시간이 지나서 스스로 사업상 인간관계 문제를 잘 다룰 수 있게 되면서 더는 문제가 되지 않았다. 친구나 친척이라도 회사의 특정 직무에 맞으면 같이 일을 할 수도 있다. 하지만, 나는 이제 그럴 필요를 못 느낀다. 내가 성공해서, 내 회사가 규모가 커져서가 아니다. 어떤 벤처를 새로 시작하더라도, 나는 과감하게 전혀 모르는 사람을 채용해서 같이 일한다. 새로운 사업을 수행하는 데 적합한 역량을 가진 사람을 찾고, 고용해서 서로 신뢰를 쌓아가며 관계를 만들면 된다. 이제는 직원이든, 동업자든 인간관계를 만드는 데 경험이 쌓여서, 굳이 친구나 친지를 데려다가 일을 해야 할 필요를 별로 느끼지 않는다. 친구와 친지를 데려다 일을 하더라도 희생을 강요하고 싶지 않다. 그들에게 충분한 급여를 주고, 동기를 부여해야 한다. 훗날 갚기 힘든 정신적인 부채를 처음부터 쌓지 말라.

사업을 하면서 빠져나갈 구멍을 가진다는 것

데이브 롱거버거는 트럭운전을 하면서 제품배달사업을 했고, 그 사업을 바탕으로 레스토랑 사업을 일으켜 현금흐름을 창출했고, 그 사업을 바탕으로 바구니 사업에 뛰어들어서 성공적인 기업가가 되었다. 그는 어려운 시절마다, 언제든지 장바구니 사업이 힘들어서 접는다면, 레스토랑 사업으로, 그마저 힘들어지면 트럭운전을 할 생각을 했다. 그의 전기인 『기적의 바구니회사 롱거버거 스토리』에 그의 이야기가 잘 나와 있다.

많은 사람들이 사업을 하면 망할 가능성이 있기 때문에 빠져나갈 구멍을 만들어야 한다고 한다. 난 처음에는 이 말을 잘 이해하지 못했다. 하지만, 사업이 어려움에 처해 본 후 절실하게 이 말에 공감했다.

어떻게 가능할 것인가? 이미 하나의 사업이 어려워지면, 있는 돈을 다 끌어다가 사업에 쏟아부은 이후라서 재기하기란 쉽지 않다. 많은 사업가가 망한 이후에 처절한 생활을 하고 있다. 심지어는 상당히 성공적이었던 사람조차 사업이 망하고 나면, 거의 심리적으로 무너진다.

나는 답변을 데이브 롱거버거로부터 찾았다. 작게 시작하라. 맨처음 시작한 사업은 자신의 능력을 바탕으로 시작해서 반드시 성공해야 한다. 첫 번째 사업에서 발생한 현금흐름을 바탕으로 미래의 사업을 준비해야 한다. 자금을 모아서 새로운 사업을 시작했을 때, 정말로 힘들어지면 다시 과거로 돌아가 이전의 사업을 시작할 수 있다. 자신의 능력에 기반을 둔 사업이기 때문이다. 사업이란 CEO가 가진 능력이 확장되는 형태로 다각화해야 한다. 언제든지 현재의 사업이 어려우면 접고, 과거로 돌아갈 수 있어야 한다.

당신이 다행히 성공했다면 인간관계의 댐을 쌓아라. 당신이 잘 나갈 때, 점점 큰 사업을 벌일 때, 인심을 써서, 많은 인간관계 보험을 들어 놓아야 한다. 나중에 힘들어졌을 때, 과거에 혜택을 받은 사람들이 자신을 도와주리라는 보장은 없다. 하지만, 자신이 무너지지만 않고, 과거에 벌였던 사업으로 돌아가 다시 일어선다면, 많은 사람이 도와줄 것이다. 기회라는 것은 사람으로부터 온다. 과거 힘이 있을 때, 당신은 다른 절박한 누군가에게 기회를 주었다. 당시로서는 너무나 미약한 도움을 준 것에 불과하다고 생각할 수도 있다. 그러나 그 사람에게는 너무나 크고, 고맙고 잊지 못할 도움이었을 수도 있다. 그 사람이 시간이 흘러 무척 성공한 사람이 됐을 수도 있다. 그때의 기억을 떠올리며 기꺼이 당신을 도울 수도 있다. 누구에게나 기회는 온다. 중요한 것은 기회를 잡는 사람의 마음가짐과 태도다. 인생이라는 장거리 경주에서 단지 지금 자신이 잘나간다고, 주변 사람을 무시하면, 후일 그 사람은 반드시 대가를 치를 것이다. 주변 사람에게 능력이 있을 때 베풀어라. 당신을 둘러싸고 있는 많은 사람들에게 기회를 주라. 겸손하라. 다른 사람에게 힘이 되는 따뜻한 말을 건네라.

내가 사업적으로 힘들 때 나를 이용하고, 나에게 상처를 준 사람에게 화가 나서 속으로 이를 악물었던 적이 있었다. 상처가 아물 수는 있어도 시간이 흘러도 기억에서 사라지진 않는다. 반드시 성공하겠다는 의지를 불타게 만들었다. 성공했으면서도 선의를 베푸는 사람도 많이 있다. 돌이켜보면 좋은 사람도 많았다. 도움을 받은 기억을 잊었을 뿐이다.

사업을 하면서 빠져나갈 구멍을 갖는다는 것은 돈을 숨겨 놓는 따위의 이야기가 아니라, 자신의 역량을 바탕으로 사업을 확장한다는 것과 인간관계에 진심을 갖고 투자한다는 두 가지 측면이 있다.

관성에서 빠져 나오기 문제를 본질적으로 해결하기

우리는 살아가면서 많은 문제에 직면한다. 문제를 해결하려고 노력한다. 그러나 많은 일들이 노력만 가지고 해결되지 않는다. 확률과 관성의 문제를 이해하고, 노력이 아닌 다른 관점에서 접근해야 문제를 해결할 수 있다.

대부분의 사장들은 의욕적이며, 낙관적이며, 능력이 뛰어나고, 무엇이든 열심히 하려는 사람들이다. 그래서 문제가 발생하면, 자신의 능력으로 열심히 해결하려고 분주히 뛰어다닌다. 하지만, 사업상의 많은 문제들은 해결되리라는 낙관과 희망만 가지고는 해결되지 않는다. 아무리 경영진이 의욕적이고 훌륭해도, 그가 속한 사업이 진입장벽이 낮고 시장이 점차로 후퇴하고 있는 분야라면, 아무리 성실하게 열심히 일해도 그 회사가 수행한 모든 신규투자는 금방 경쟁자에게 따라 잡히고, 수익은 빠져 나간다.

아무리 좋은 게임 개발능력을 가지고 있어도, 해당 시장에 너무나 많은 게임개발업체가 존재하고, 비슷한 게임이 너무 많다면, 훌륭한 게임도 헐값으로 팔려나가 인건비도 건지기 힘든 게 현실이다. 하지만, 평범한 사람은 한번 지속적으로 에너지와 자금을 투입했을 경우 포기하기 힘들다. 포기하는 결정이 10배는 힘들다. 사람은 자신이 하는 일을 잘하기 위해 노력하게 되어 있다.

인재에 대한 평가와 판단 문제도 비슷하다. 어떤 사람을 채용했을 경우 문제가 있으면 그 문제를 고치려고 노력한다. 마치 앓는 이와 같이 사람에 대한 고민은 끊이지 않는다. 사람은 쉽게 바뀌지 않기 때문에 고치려고 하는 대부분의 노력이 무위로 돌아간다.

문제를 현상적으로 이해하면, 문제를 해결하기 어렵다. 피터 센게의 『제5경영』과 김동환의 『시스템 사고』에서 설명한 시스템 사고를 활용해야 한다. 서로 갈등하는 A와 B가 있다면, 겉으로는 갈등하는 관계로 보이지만, 그 이면에는 상호의존적인 관계가 형성되어 있는 경우가 많다. 상호의존적인 관계를 가지고 있으면 대개 두 변수가 서로에게 원인이 되는 동시에 결과가 되는 양방향 인과관계를 가진다. 남편의 기분이 부인의 기분에 의해 결정되고 동시에 부인의 기분이 남편에 의해 결정되면, 남편과 부인은 상호의존적인 관계에 있다. 부자는 가난한 사람이 있음으로써 존재하고, 강자는 약자가 있음으로써 존재한다. 공산주의의 위협이 없다면, 반공을 이념으로 하는 정권이 존재할 수 없다.

일단의 동물애호가가 자연공원을 방문하였다. 이들은 사슴이 사자에게 잔인하게 잡아 먹히는 광경을 목격하고, 사슴을 보호하기 위해 사자 사냥을 허용하는 운동을 했다. 사자의 숫자가 줄어들자, 사슴의 숫자가 늘어났다. 몇 년 후에 사슴이 너무 많아져서 풀이 부족해지는 바람에 수많은 사슴이 굶어 죽었다. 그래서 굶어 죽는 사슴 숫자를 줄이기 위해 사자 사냥을 금지했다. 이번에는 사자 숫자가 급증했다. 늘어난 사슴이 풍부한 먹이가 되었기 있었기 때문이다. 사슴의 숫자가 급격히 줄어들자 사자들이 굶어 죽기 시작했다. 애당초에 사슴과 사자는 상호의존적인 관계를 형성하고 있었다. 이러한 상호의존성을 보지 못하고 죽어 가는 사슴의 비극이라는 표면적인 현상만을 보고 시스템에 섣불리 영향을 준 것이 더 큰 비극을 초래했다.

직원을 채용하고, 직원의 문제를 고치느라 고민하는 사장의 경우 문제의 직원과 상호의존적인 관계를 형성하고 있을 수 있다. 겉으로는 대립적으로 보이지만, 양방향 인과관계일지도 모르니 다른 접근이 필요하다. 시스템 사고를 활용하여 이런 관계를 이해하고, 각 주체의 동기와 보상을 잘 이해하여, 인센티브 시스템을 바꾸어야 한다. 동물애호가가 섣불리 접근했다가 낭패를 본 것처럼 해서는 안 된다.

워렌 버핏은 경영자의 관성에 주목하고, 이용하는 시스템을 만들었다. 그것은 초기의 투자와 사업경험으로부터 만들어졌다. 워렌 버핏은 자신이 초창기에 투자한 섬유회사인 버크셔헤서웨이의 경영에 깊게 관여했다. 당시 섬유사업은 치열한 경쟁 사업이었다. 회사가 새로운 기술과 설비에 투자하더라도, 그 과실을 회사가 가져가는 것이 아니었다. 경쟁 때문에 제품가격이 낮아져서 투자한 자본 비용을 회수하기 어려운 구조였다. 저렴한 가격으로 무장한 해외 섬유업체의 공격도 만만찮았다. 결국은 워렌 버핏이 버크셔헤서웨이의 사업에 너무 깊게 관여하면서 큰 손해를 본다. 한 번 사업에 깊게 관여하기 시작하자, 가망이 없는데도 설비 투자에 자금을 대고 오랜 시간을 허비했다.

워렌 버핏은 재치 있게 다음과 같이 이야기한다. 개구리에게 키스를 하더라도 개구리가 왕자로 변하지는 않았다. 즉, 투자자로서의 자신의 능력을 과신했고, 좋은 경영자가 있었기에 사업이 잘되리라고 믿었지만, 결과적으로 크게 실패했다. 워렌 버핏은 실패의 경험으로부터 경쟁우위가 없는 사업 분야에서는 아무리 뛰어난 경영진과 자금이 있더라도 평균도 하기 힘들다는 점을 배웠다. 또한, 경영자에게는 사업을 경영하면서 해당 사업에 깊이 빠져드는 관성이 있다는 점을 배웠다. 워렌 버핏은 이후 경제적 해자를 가지고 있는 기업에만 투자한다는 원칙을 형성했다.

이후 워렌 버핏은 버크셔헤서웨이를 통째로 인수해서 섬유사업은 점차로 정리하고, 투자 회사로 변모시킨다. 자회사의 개별 경영자는 관성을 가지더라도 버크셔헤서웨이와 워렌 버핏은 관성으로부터 벗어나길 원했다. 버크셔헤서웨이는 경쟁우위를 가진 사업을 경영하고 있던 소유주로부터 통째로 인수하고 원래 소유주가 계속 경영할 수 있도록 했다. 해당 기업의 소유주는 오랜 기간 경영을 해왔기 때문에, 대부분 관성에서 벗어나지 않고, 회사를 경영하리라는 것을 알았다. 새로운 소유주인 버크셔헤서웨이와 이해관계를 같이 하도록, 새로 인수한 자회사의 경영자 인센티브를 설계했다. 자회사 경영자가 자본비용을 고려하면서, 자기자본수익률을 유지하도록 했다. 자본의 기대수익률을 충족할 수 없는 잉여자본은 본사로 송금하도록 하는 시스템을 구축하면서 개별 사업의 관성으로부터 영향을 받지 않는 시스템을 만들었다. 즉, 사업의 일상적인 운영에는 관여하지 않음으로써 개별 사업의 부침에 영향을 받지 않았고, 자본수익률을 유지하고, 경쟁우위를 가진 사업을 소유한다는 원칙에 초점을 맞출 수 있었다.

관성을 극복하는 시스템이 가능했던 이유는 젊은 날에 워렌 버핏이 섬유업에 종사하면서, 조직의 관성에 대해서 많이 느꼈고, 아무리 투자를 많이 하더라도 안 되는 일은 안 된다는 것을 몸으로 느꼈기 때문이다. 또한 찰리 멍거에게 영향 받아서 한계를 구조적으로 분석하는 정신 모델을 만드는 방법을 이해하게 되었다. 찰리 멍거는 워렌 버핏의 동업자로서 조언을 주고받는 관계다. 찰리 멍거는 시스템 사고의 달인으로 알려져 있다. 워렌 버핏은 버크셔헤서웨이에서 조직의 관성을 피해갈 시스템을 구축했다.

어떤 사업은 구조적으로 이미 문제점을 가지고 있다. 문제의 본질을 파고들어 한 차원 높은 곳에서 다른 방식으로 해결책을 찾아야 한다. 사업에 착수하기 전에 사업구조를 이해하고, 사업 구조의 위험성을 피해갈 수 있는 실천 전략이 있는 상태에서 사업을 해야 한다. 만약 현재 자신이 끌려 다니는 상황 속에 놓여 있다면, 관성으로부터 벗어나서 문제를 해결해야 한다. 즉, 상황에 끌려 다니지 말고, 상황을 선택하라.

예를 들면, 소프트웨어 용역 사업의 경우 개발자를 채용하고 있어야 하므로, 일이 있든 없든 고정비가 지출된다. 수주가 안 될 경우 손실이 순식간에 쌓이는 구조이다. 게다가 고객들은 손쉽게 다른 업체를 선택할 수 있는 사업 구조다. 먼저 용역 사업을 선택하지 말아야 했다. 용역 사업을 선택하면, 아무리 성실하게 열심히 해도 동일한 문제에 빠진다. 그러나 자신이 이미 용역 사업 영역에 발을 담그고 있다면 어떻게 할까? 최대한 신속하게 경쟁우위가 있는 분야로 리포지셔닝 해야 한다. 관성에서 벗어나서 사고하라. 관성에서 벗어나지 못하면 비슷한 상황이 반복된다.

문제를 되풀이하면서, 거짓 희망과 낙관으로 자기 자신을 기만하는 무능이 가장 암울하다. 예를 들면, 세일즈 조직이 고객에게 반드시 전달해야 할 제품의 가격 정보를 100퍼센트 전달하지 않아서 제품팀의 팀장은 지속적으로 세일즈조직과 싸워야 하는 상황이 생긴다. 세일즈는 제품을 팔 때 고객에게 껄끄러운 정보를 제공하기 싫다. 제품팀은 막무가내로 팔았을 때, 이후 고객 클레임을 처리하느라 제품의 원가가 제품의 소비자가를 넘어설 것이 눈에 보이므로, 반대한다. 싸움을 되풀이하는 동안 조직은 구조적인 문제 속에 갇혀 있다. 한 단계 위에서 살펴보자. 만약 회사의 전략이 수익성에 초점이 맞춰져 있다면 세일즈조직이 수익성에 의해서 인센티브를 받도록(반드시 금전적일 필요는 없다) 만들 수 있다. 프로세스를 재설계해서, 고객에게 정보를 전달해야 할 영업사원의 프로세스 품질을 추적하는 시스템을 만들어야 한다. 문제를 본질적이고 근원적으로 해결해서, 신참 영업대표가 회사에 오더라도 예측된 방식으로 일을 하도록 오류방지fool-proof 시스템을 구축하면 된다. 도요타 생산방식 등에서 배우자. 좋은 아이디어를 많이 얻을 수 있다.

반복 가능해야 성장할 수 있다

크리스 주크의 『핵심을 확장하라』에서는 오랜 기간 높은 성장을 한 회사의 핵심적인 방법으로 '반복'을 주목한다. 높은 성장을 한 회사들은 강력한 핵심 사업을 기반으로 삼고 인접 분야로 진출하면서 성장한다. 그리고 그 인접 분야가 부단한 반복가능성을 가질 때, 지속적으로 성장 가능하다. 쉽게 이야기해서 돈이 되는 자기만의 공식을 찾으면 끊임없이 그 공식을 반복함으로써 수익을 높인다는 개념이다. 예를 들면, 델은 직접 판매라는 공식을 개인용 컴퓨터에서 노트북, 서버 제품으로 확대하였다. 나이키는 특정 스포츠의 운동화로 시작해서 옷, 장비로 확대하는 공식을 반복하여 여러 스포츠 카테고리를 점령했다. 사우스웨스트 항공사는 대형 항공사가 외면한 지역 공항에 자리를 잡고, 점대점 비행 노선을 확대했다.

끊임없는 반복은 짐 콜린즈가 고슴도치 원리라고 명명한 바 있으며, 미야모도 무사시가 『오륜서』에서 주장한 끊임없는 기본훈련과도 관련이 있다. 또한 많은 운동 종목에서 끊임없이 기본자세 훈련을 강조하는 것과도 유사하다.

취약한 사업을 하고 있는 경우 인접확장은 좋지 않은 전략이다. 인접확장을 하는 데에서 주요한 평가기준은 풍부한 미래수익원, 강력한 핵심사업과의 관련성, 선두 업체로서의 경제성을 획득하기 위한 잠재력 등이다. 쉽게 측정하기 힘들고, 직관의 힘에 의존해야 한다.

무분별한 인접확장은 기업이 영위하고 있던 강력한 핵심 사업의 성장잠재력을 훼손하는 재앙이 될 수 있다. 핵심 산업으로부터 인접 산업으로 확장을 반복적으로 성공한 기업은 과거에 한 학습을 바탕으로 확장을 평가하고, 진단할 높은 수준의 기준을 갖고 있다. 성장은 다양한 제품, 시장, 조직으로 점철된 복잡성을 가져온다. 이 복잡성을 잘 관리할 수 있느냐 없느냐는 수익성 있는 성장으로 가는 데, 중요한 문제가 된다. 반복 가능한 자신의 공식을 가지고, 성장을 하면 복잡성을 잘 관리하는 게 가능하다. 성장 공식을 가지지 못하고, 매번 새로운 영역에서 사업을 운영해야 한다면 복잡성에 무너지기 쉽다. 성장을 위해 자신의 성공 공식을 발견하고 끊임없이 반복하라.

개인 능력의 한계 바로 알기

인간 능력의 한계를 파악하라. 철저한 계획으로 남극을 안전하게 다녀오는 목표를 세우고, 전 대원들이 안전하게 귀환했음은 물론 살까지 쪄서 돌아왔다는 아문젠의 이야기는 많은 것을 느끼게 한다. 반대로 많은 주목을 끌었고, 더 많은 대원이 같이했던 스콧은 전 대원이 차가운 남극 대륙에서 죽는 비극을 맞았다.

자신의 무능력함을 철저하게 경험해본 사람만이 전략적이 된다. 너무나 의지가 강하면 그 때문에 많은 사람들이 어려움에 빠진다. 의지가 강하고 뛰어난 사람은 다른 사람들도 자신과 비슷한 역량을 가지고 있다고 오판하기가 쉽다. 그것을 조직으로 확장하면 자신의 조직은 난관을 극복하고 성취를 해낼 수 있다고 생각한다. 뛰어난 능력을 소유한 사장이 하는 사업이 힘들어지는 이유다. 남들이 자신과 같다고 생각해선 안 된다.

시바 료타료의 『항우와 유방』을 읽어보면 리더 개인의 무능이 전략적으로 중요하다는 것을 이해할 수 있다. 전혀 다른 성격을 가진 리더인 유방과 항우의 대결과 유방의 천하통일을 다룬 역사 소설이다. 유방은 부하의 의견을 경청하고, 사리를 분별해, 의견을 받아들인다. 공적을 세우면 출신을 불문하고 상을 내리고 부하를 아꼈다. 유방이 정말로 한량처럼 많이 부족함에도 불구하고, 많은 인재를 거느리고, 시대를 풍미할 수 있었던 이유다.

반면, 항우는 능력이 있고, 힘이 있고, 부하들을 일사 분란하게 통제한다. 하지만, 항우는 인사에서 공정하지 않게 친척들을 요직에 배치하고, 인재들을 의심했다. 부하의 의견을 듣기보다는 자신의 능력으로 전투에서 이겼다. 항우의 전투 능력은 정말로 막강했다. 100번을 싸웠다면 항우는 99번을 이겼고, 유방은 단 한 번 이겼을 뿐이다. 하지만, 유방은 마지막에 승리했다. 항우는 99번의 승리를 거머쥐면서 99번의 실수를 했다. 항우는 전투를 치르면서 민심을 잃었고, 부하 장수의 마음을 잃었고, 전략적 요충지인 곡물 창고를 잃었다. 유방은 매번 도망치지만, 99번의 실리를 취했다. 전투에서는 패배했지만 백성의 마음을 얻고 곡물 창고를 얻었다. 유방의 덕에 기반한 실리주의는 결국 세를 형성해 항우의 뛰어난 개인 능력을 엎어버린다.

현재의 회사로 똑똑한 인재를 끌어오는 것이 힘들고, 현재의 직원을 쥐어짜서 성과를 내는 것도 한계가 있다. 평범한 인재가 모여서 충분히 할 수 있는 사업 전략, 현명한 계획 등이 필요하다. 대부분의 사업은 경쟁 상황 속에 있으므로 최선을 다하는 경쟁자 옆에서 느긋하게 일해서 성취하기란 쉽지 않다. 전략적이어야 한다. 충분히 승산이 있고, 싸워서 이길 수 있는 상대를 선택하고 싸움을 시작하라. 많은 경우 중소기업은 사장을 제외하고는 인력의 고용상태를 오랜 기간 유지하기도 어렵다. 경쟁 상황, 시장 상황도 어떻게 돌변할지 모른다. 회사에 운이 좋아서 유능한 인력이 들어올 수도 있고, 아닐 수도 있다. 쉽게 달성할 수 있는 전략을 수립해야 한다. 쉽게 생각한 일조차도 실행에 들어가면 만만치 않은 변수가 생긴다. 인력이 바뀌어도 쉽게 적응할 수 있는 프로세스, 쉬운 전략, 명확한 목표, 명확한 이점, 고객에게 전달하는 쉽고 명확한 가치, 모든 것을 갖추어져야 한다.

오히려 사장은 놀아야 한다. 대표이사가 무리하게 이끌어야 하는 조직은 어려움에 처할 수밖에 없다. 대표이사가 많은 짐을 지는 상황은 스스로 자초한 것이고, 무리를 하고 있다고 생각하고 전략을 점검하라.

9

사업에서의 운

북자지껄

사업에서 성공하는 것은 운일까 실력일까? … 275

사업에서 빌 게이츠처럼 성공하는 것은 … 280

아주 희박하고 어려운 일이다 … 280

사업에서 운이란? … 282

골프와 사업 … 285

사업에서 성공하는 것은 운일까 실력일까?

사업에서 운과 실력이라는 측면을 살펴볼 수 있는 책이 있다. 크리스 블레이크의 『결정의 기술』은 사업을 하는 사람이 직면한 의사 결정에 관한 문제를 다루었다. 특히, 운과 실력의 문제 등 사업하는 사람이라면 반드시 한 번 이상은 생각해 봤음직한 문제를 다룬다.

누구나 처음 사업을 시작하면, 전에는 경험하지 못한 수많은 문제에 직면한다. 경영자의 의사 결정이 연쇄적으로 결과를 만들어내면서 상당한 어려움에 처할 수도 있다. 나도 사업을 경영하면서 접하는 상황마다 처음 고민하는 문제인 경우가 많았다. 어떤 결정을 하면 연쇄적으로 다른 문제가 자동으로 발생하고, 어찌할 수 없는 상황에 계속 몰려가는 경우도 많았다.

게다가 사업을 경영하다 보면, 경영자는 어떻게 결정해야 할지 알 수 없는 상황에 직면한다. 무엇을 모르고, 무엇을 알고 있는지도 구분할 수 없다. 무엇을 모르는지 규명이 되면 부족한 부분을 메우면 된다. 무엇을 모르는지 모를 때는 두렵다. 경영자는 상황에 필요한 지식을 빨리 습득해서, 정해진 시간 안에 옳은 의사 결정을 해야 한다. 옳은 의사 결정을 일정한 시간 안에 정보가 부족한 상황에서도 반복적으로 할 수 있어야 성공할 수 있다. 어떤 상황에 익숙해지고, 상황 전반에 대해 이해가 깊어지면 의사 결정을 잘할 수 있다. 그러나 어떤 사업에 경험이 쌓이고 완숙해진다 하더라도, 새로운 사업에 진출하면 또 어떤 형태로든 시행착오를 겪는다.

친숙한 상황에서 작은 위험을 반복해서 다루는 사업 형태와 낯선 환경에서 상당한 위험을 다루어야 하는 사업이 존재한다. 각각의 상황은 대처방법이 다르다. 이를테면, 출판업은 매번 출판을 할 때마다 투자의사 결정이 이뤄지고 몇 건의 큰 성공이 전체의 이익을 만들어낸다. 즉, 작은 위험을 반복적으로 다루는 의사 결정을 한다. M&A 및 투자업은 각각의 투자 결정이 매번 낯선 환경이고 상당한 위험에 노출된다. 기업 합병 결정 같은 경우 그 규모가 크고, 이후에 미치는 영향이 커서 잘못하면 상당한 수준의 주주가치를 파괴한다. 물론 성공하면 큰돈을 벌고, 크게 도약한다.

만약 당신이 자원이 부족한 기업을 경영하고 있다면, 몇 번의 실수로 자원을 소모하다가는 큰 곤경에 빠진다. 따라서 중소기업 경영자는 자신이 통제할 수 있고, 익숙한 위험을 반복적으로 다루는 사업을 하는 것이 적합하다. 매번 새로 배워야 하고, 매번 자산규모의 상당 부분을 위험에 노출시키는 대규모 거래를 해야 한다면, 성공확률도 낮고, 사장이 밤잠을 편안하게 자기도 어렵다.

낯선 환경에서 의사 결정을 해야 할 경우 전문가의 경험을 이용해야 한다. 사장은 스스로 해당 산업의 지도 그리기 작업을 해야 한다. 그렇다면 전문가의 한계는 무엇일까? 전문가는 해당분야에 오래 종사함으로써 많은 정보를 가지고 있다. 따라서 발생 가능성이 적은 문제까지 생각하는 경향이 있다. 전문가는 돈을 지불하는 사람을 위해서 일하므로, 자신의 소신을 주장하기보다 돈을 내는 고객에게 유리한 방식으로 생각한다. 순진하게 전문가의 말만 믿어서는 안 된다.

스스로 지도 그리기를 하라. 새로운 사업에 직면했을 때 아주 조심스럽게 직접 사업 전반의 지식을 획득하는 데 시간을 투자하고, 현장에서 배우는 것을 멈추지 마라. 가장 경계해야 할 것이 이전 사업에서의 큰 성공이다. 자신을 과신해서 상황이 달라졌음에도 불구하고, 밀어붙이면 크게 실패할 수 있다.

사업에서 의사 결정 기술은 포커 플레이의 기술과 다르지 않다. 복잡하게 보이더라도 결국 핵심 의사 결정은 배팅을 하면서 받거나, 접거나, 올리거나 세 가지밖에 없다. 그런데 매몰비용sunken cost(이미 지출되었기 때문에 회수가 불가능한 비용을 말한다. 물건이 깊은 물 속에 가라앉아 버리면 다시 건질 수 없듯이 과거 속으로 가라앉아 버려 현재 다시 쓸 수 없는 비용이라는 뜻이다. 경제학에 있어 매몰 비용은 이미 지출되었기 때문에 합리적인 선택을 할 때 고려되어서는 안 되는 비용이다)이나 손실회피 Loss Aversion(인간은 산술적인 기대값으로 자신의 효용을 측정하지 않고, 손해를 훨씬 싫어한다는 개념이다), 마음의 회계('어떤 돈을 다른 돈보다도 가치가 낮다고 간주하여 함부로 낭비해 버리는 마음의 회계장부를 만드는 경향과 습관'을 말한다. 돈은 모두 같은 가치를 가지지만 쉽게 번 돈은 마음속에서 별도로 관리하면서 쉽게 사용한다는 말이다), 확증 편향(자신이 알고 있거나, 옳다고 믿는 쪽으로 증거를 더 모으는 경향을 말한다) 등의 이유로 잘못된 결정을 하게 될 수 있다. 사람의 직관은 생각보다 확률 계산에 취약하다. 나심 탈레브의 『행운에 속지 마라』, 댄 애리얼리의 『상식 밖의 경제학』, 마이클 모부신의 『왜 똑똑한 사람이 어리석은 결정을 내릴까?』, 토머스 키다의 『생각의 오류』 등을 읽어 보면 인간이 절대로 합리적이지 않고, 합리적인 의사 결정이 생각보다 어렵다는 것을 이해할 수 있다. 합리적이지 않고, 잘못된 결정은 조금씩 현금을 낭비하게 한다. 다른 사람의 패를 확인하려고 가랑비에 옷 젖듯이 여기 조금, 저기 조금 배팅하면 귀중한 현금을 낭비해서 미래의 기회를 소모하는 결과를 가져 온다.

많은 회사가 가진 자원을 낭비한다. 이 프로젝트에 조금, 저 프로젝트에 조금 유능한 인재의 시간, 자금, 경영진의 주의력을 낭비한다. 이래서는 미래에 정말 확실하게 배팅해야 할 프로젝트에 투자할 자원이 모자란다. 확실히 돈을 벌 수 있는 곳에 더 투자하고, 경제적 성과를 기대하기 힘든 곳에는 과거에 얼마를 투자했든 간에 매 투자 건을 독립적으로 판단해서 진행해야 한다.

운이 좋지 않아서 실패한 현명한 사업가와 운이 좋았지만 능력 없는 사업가를 구분하기가 쉽지 않다. 그래도 구별하는 방법은 있다. 이것은 마치 포커를 잘 치지만 운이 없어서 돈을 잃은 사람도 있고,

배팅 기술 등 포커의 기술적 측면에 무지하더라도 운이 좋아서 돈을 딴 사람이 있는 것과 마찬가지다. 얼핏 보아서는 구분하기가 어렵다. 하지만, 장기적으로는 능숙한 포커 플레이어가 돈을 딸 것이고, 현명한 판단을 하는 경영자가 사업을 잘 운영한다. 반복적으로 위험을 관리하게 해보면 실력을 알 수 있다. 포커 게임의 경우 1~2시간은 우연히 배팅 실력이 없는 사람이 돈을 딸 수 있다. 하룻밤을 꼬박 새면, 배팅 기술이 뛰어난 사람이 결국 돈을 딴다. 의사 결정과 사업 결과를 오랫동안 관찰하면 사업에 대한 의사 결정 실력이 뛰어난지, 우연이었는지 알 수 있다.

경영 판단을 할 때, 과거에 성공했다고 해서 앞으로도 성공할 것이라고 보는 것은 위험하다. 어떤 상황에서 유용했던 판단이 상황이 달라지면 유효하지 않을 수 있기 때문이며, 경영에 있어서 절대의 법칙 같은 것은 존재하지 않고, 상황마다 다르기 때문이다. 크리스텐슨 교수는 '경험의 학교 법칙'을 통해 경영자의 경험을 강조한다. 파괴적 기술로 기존 산업에 균열을 일으키고, 새로운 혁신을 진두지휘 했던 경영자의 경험과 대기업에서 대규모 자원으로 존속적 혁신을 진두지휘했던 경영자의 경험은 다르다. 상황에 맞는 경험을 한 경영자를 선임하는 것이 중요하다고 역설한다.

바이아웃은 사모투자펀드를 활용하여 기업의 소유권을 100퍼센트 인수해서 회사를 성장시킨 후 매각하는 것을 말한다. 리커트슨의 『바이아웃』에선 해당 산업 분야에 전문성을 가지고 있는 경영자를 인선하는 것이 중요하다고 말한다. 특히 적자 기업을 회생시키기 위해서는 해당 산업에 대한 전문지식뿐 아니라, 기업 회생 경험이 있는 경영자를 인선할 것을 추천하고 있다. 사모투자펀드의 경영자 인선에서 경험의 학교이론이 적용된다.

아무리 경험이 많고 뛰어난 판단력을 가진 경영자라도 지속된 성공을 하면 자기 자신을 있는 그대로의 모습 이상으로 과신하기 쉽다. 전문가의 역량을 잘 활용하지 못하면 사업이 큰 실패로 이어진다. 한두 가지 사업에서 성공했다고 해서 모든 사업을 잘 경영할 수 있다는 자만심을 버려야 한다. 사업이란 상황마다 다른 위험을 잘 파악하고, 판단하여 성과를 만드는 기술이다.

사업에서 빌 게이츠처럼 성공하는 것은 아주 희박하고 어려운 일이다

성공한 사람들의 '성공학'이 유행하는 시대다. 성공한 사람들은 무엇인가 뛰어난 기질을 가지고 있고, 그것을 배우고 따라함으로써 누구나 성공할 수 있음을 강조한다. 심지어 성공한 기업의 특별한 기질을 연구해서 일반 기업도 위대한 기업의 반열에 들 수 있다는 주장까지 만들어 냈다.

말콤 글래드웰의 『아웃라이어』에서는 다른 관점으로 접근한다. 성공을 사회통계적으로 분석한다. 성공이라는 것을 개인적인 노력의 문제로 보면, 성공한 사람이 얼마나 많은 노력을 했는지, 성공한 사람이 되려면 무엇을 배워야 할지에 관심이 생긴다. 그러나 위대한 성공, 즉 모든 사람이 이름을 알 정도의 탁월한 성공은 성공한 사람의 특징을 모방한다고 만들어지지 않는다.

변화무쌍하고 기회가 많은 시대 상황과 노력하고 준비된 인재가 만나야 위대한 성공이 만들어진다. 즉 실력과 기회가 만나는 운이 존재할 때 크게 성공한다. 노력하는 인재라는 측면도 순수하게 개인적인 차원의 자질이라기보다, 가족과 문화, 교육 등 그 사람이 처한 환경이 중요하다. 저개발 국가의 가난한 가정에서 방임된 사람보다는 선진국의 중산층 이상에서 집중교육을 받은 사람이 한 분야에서 10,000시간의 수련을 쌓을 가능성이 높다. 10년의 법칙은 하워드 가드너가 말한 것으로 어떤 분야에서 평범함을 넘어서는 데 필요한 시간을 말한다. 말콤 글래드웰은 좀 더 구체적으로 10,000시간을 수련해야 쌓이는 특정 분야에 대한 탁월함으로 정의한다.

신경학자들이 체스를 잘 두는 사람들이 수를 미리 읽는 것을 분석했다. 그들이 많은 수를 미리 아는 것은 시각적으로 정보를 처리하는 것이 아니라, 마치 말을 하는 것처럼, 언어적인 처리에 가깝기 때문이다. 이렇게 반복된 수련은 뇌를 사용하는 방식을 달라지게 한다. 수많은 경험을 쌓다 보면, 추상을 하게 되고, 추상을 자유자재로 다루는 경지에 이른다. 여기에 10년이라는 시간 동안 안정적으로 수련을 쌓을 수 있는 가정환경, 문화환경, 국가적인 차원의 교육환경이 필요하다. 아무래도, 좋은 집안에서 좋은 교육을 받을 수 있는 사람이 기회에 접근할 가능성이 높다. 성공이란 것은 개인적인 노력만으로 되는 것이 아니라, 시대 상황, 가족, 문화 등의 요소에 기인하는 바가 크다.

그리고 나심 탈렙은 더 비관적이다. 나심 탈렙의 『행운에 속지 마라』는 위대한 성공 뒤에 감춰진 운이라는 문제를 다룬다. 모집단의 수가 무척 많고, 표본들이 각각 다른 리스크를 가지고 사업을 수행했을 때, 살아남은 자가 많은 부를 가졌음에 불과하다고 주장한다. 즉, 개인의 자질과 능력, 환경에 따라 부가 결정되는 것이 아니라, 많은 사람들이 사업을 시도하며, 대부분은 망하고, 확률적으로 아주 소수의 사람만 성공한다. 성공한 사람은 그 사람이 가진 몇몇 특징 때문에 성공했다고 신화화된다. 사람들은 성공한 사람의 특징을 보고 성공의 원인이라고 쉽게 판단한다. 평범한 사람이 이렇게 신화화된 성공한 사람들의 특징을 모방한다고 해서 과연 성공할 수 있을까? 이 세상에 부지런한 사람도 많고, 똑똑한 사람도 많다. 흔히 '성공학'에서 주장하는 뛰어난 부자의 속성을 갖춘 사람은 정말 많다. 부자의 속성을 갖추었다고 부자가 되는 것은 결코 아니다.

그러므로 자신이 사업을 하면서 크게 성공하지 못했다고 낙담할 일은 아니다. 오히려, 10,000시간의 수련을 쌓는 데 초점을 두는 것이 좋다. 사업의 모든 면에 대해서 수련하면서, 실력을 쌓고 있는가?

사업에서 운이란?

이병철 전회장은 사업에서 운칠기삼을 이야기한 걸로 유명하다. 이병철만큼 사업적으로 성공한 사람도 운이 중요하다고 이야기할 정도로 사업은 변수가 많고, 개인의 능력과 노력만 가지고 되지 않는다. 운이라는 것을 분석적으로 고찰해본다면, 몇 가지 결론을 내릴 수 있다.

① 사람으로부터 찾아오는 운, 사람에게 잘해야 한다

우선 운이라는 것은 사람으로부터 온다. 새로운 아이템, 새로운 자금원, 좋은 직원들, 전문가는 사람과의 만남에서 찾을 수 있다. 새로운 사람과의 대화를 즐기고, 새로운 사람과 만나는 접촉의 빈도를 높이는 방향으로 하면서, 자연스럽게 다른 사람들이 가까이 하고 싶은 사람이 되면 좋은 기회를 잡을 가능성이 높아진다. 자신의 경험을 반추해보라. 자신의 삶을 바꾼 결정적인 기회는 대부분 어떤 사람으로부터 영향을 받거나, 기회를 제공받았다. 그만큼 사람과의 만남은 중요하다.

② 운이란 것은 보완물과 관련 있다

사업에 있어서는 운이라는 것은 보완물(보완자가 제공하는 제품이나 서비스)로부터 온다. 이를테면, 싸이월드의 성공을 살펴보자. 때에 걸맞은 저가형 디지털카메라의 대규모 보급, 인터넷 망의 초고속화, 이메일 등 다양한 인터넷 서비스에 익숙한 고객의 양산, 홈페이지를 개인이 만들어서 사용하고자 하는 욕구가 생기는 시점, 프리챌의 유료화 실패 시점 등이 잘 맞아 떨어졌다. 싸이월드가 성공하는 데에는 다양한 보완물이 필요했다.

예측 가능하며 비가역적인 통계적 변화에 주목하라. 인구통계학적인 변화, 사람들의 라이프스타일, 새로운 기술 등 예측 가능하며, 비가역적인 변화를 주목하여, 흐름을 타는 사업을 전개해야 한다.

잘 맞아 떨어지면 사업이 순풍에 돛을 단 듯이 운영된다.

어떤 사업이 자리를 잡으면 그 전에는 불가능하던 새로운 환경이 마련되어서 새로운 사업이 뜰 수 있다. 싸이월드처럼 말이다. 그러므로 전에는 기회가 무르익지 않아서 잘 안 되던 사업도 제반 환경이 변화하면 다시 기회가 오는 경우가 있다. 따라서 사업 아이템을 만들면서 늘 사업의 근저에 깔린 가정을 검토해야 한다. 전에는 불가능했던 사업이 지금은 가능할 수 있다.

어떤 제품이나 서비스라도 그 자체만으로 고객을 위한 가치를 생성하는 것은 거의 존재하지 않는다. 다른 보완물을 필요로 한다. 보완물 역시 시대의 변화에 따라 변화한다. 변화를 감지할 수 있어야 운을 탈 수 있다. 운이라는 것은 시대의 변화와 환경적인 요소를 잘 읽어야 찾아온다. 배리 네일버프의 『코피티션』은 보완자와 경쟁과 협력이라는 전략적인 고려 사항을 잘 다루었다. 어떤 사업이든지 그 사업의 전후방에 밸류네트가 존재한다. 밸류네트의 구성원은 경쟁자, 보완자complementor, 고객, 회사, 공급자 이렇게 다섯 가지다. 고객이 당신의 제품 하나만을 가지고 있을 때보다, 다른 참가자의 제품을 함께 지니고 있을 때 당신 제품의 가치가 더 커지면, 그 참가자는 보완자이다. 이에 비해 고객이 당신의 제품 하나만을 가지고 있을 때보다, 다른 참가자의 제품을 함께 가지고 있을 때 당신 제품의 가치가 떨어진다면, 그 참가자는 경쟁자다. 많은 비즈니스 상황에서 경쟁과 협력의 양상이 동시에 나타난다. KT는 인터넷 접속 서비스 사업자이므로 네이버, 다음 등의 인터넷 서비스 사업자에게 보완자다. 그러나 네이버와 다음은 서로 경쟁자다. 애플에게 독립적인 수많은 어플리케이션 개발자는 보완자이고, 구글 안드로이드는 경쟁자다. 사업에서의 운은 보완물이 어떻게 작용하는지에 관련되어 있다. 그리고 시간이 흘러감에 따라 보완물이 이후에 어떻게 발전해 나갈지 예측해야 운을 예측할 수 있다.

③ 운이라는 것은 경영자가 갖는 좋은 태도와 관련이 있다

운이라는 것은 태도와도 상관있다. 어떤 사람을 도와주고 싶은가? 어떤 사람에게 기회를 주고 싶은가? 잘난 척하고, 오만한 사람에게 도움이 되는 정보를 적극적으로 주려는 경우는 없다. 겸손하며, 자신이 하는 일에 대해 전문성을 가지고 열심히 살고 있어서 내가 어떤 도움을 줄 수 있을지 알기 쉬운 사람, 인상이 좋고, 가까이 하고 싶은 사람을 도와주게 되어 있다. 태도를 연마해야 운이 좋아진다.

골프와 사업

골프를 사업에 빗대어서 이야기하는 사람이 많겠지만, 골프야말로 운과 실력을 생각해볼 수 있는 좋은 주제다. 세계의 정상급 골퍼들도 모든 대회를 우승하는 것은 불가능하다. 골프는 스윙의 실력, 다양한 상황에 대처하는 코스 관리 능력, 스트레스와 긴장되는 상황에서도 평상심을 유지하고 플레이를 할 수 있는 감정 절제 능력을 요구한다. 아무리 스윙 실력이 좋아도, 바람이 많이 부는 상황에 대처하지 못해서 무너질 수 있다. 더위가 심할 수도 있고, 자신이 티 박스에 들어섰을 때 갤러리가 신경에 거슬리는 소리를 낼 수도 있다. 모든 것이 경기의 일부가 된다.

날씨는 변화무쌍하고, 핀의 위치에 따라 구사해야 할 전략이 다르고, 매번 샷을 할 때마다 우연적인 요소가 발생한다. 이 모든 것을 통제할 수는 없고, 플레이어는 흐름을 타면서 주어진 상황에서 최선을 다할 뿐이다. 때로는 실력이 부족한 사람도 운이 좋아서 경기가 잘 풀리기도 한다.

그러나 3~4일에 걸친 라운드가 진행되면 보통은 정상급 기량을 갖춘 사람, 정신력을 가지고, 좋은 컨디션으로 대회에 임했던 사람, 해당 라운드마다 발생한 우연적인 요소를 잘 파악하고, 그에 따라 잘 대처한 사람이 챔피언이 된다. 이렇게 우연적인 요소가 난무하지만, 골프의 모든 것을 우연으로 치부할 수 있을까? 실력이 있는 골퍼는 모든 상황을 대비하고 있다. 전혀 대비하지 못한 우연한 상황에서는 상상력을 가지고 임해서 놀라운 플레이를 보여준다.

벙커에 빠졌다면, 공의 위치가 벙커 턱 바로 아래일 수도 있고, 평평한 모래 위에 있을 수도 있고, 모래가 젖었을 수 있다. 일류급의 선수는 모든 상황을 대비하고 있어서 당황하지 않는다. 각각의 상황마다 스윙 방법이 달라진다. 티샷이 깊은 러프에 박힐 수도 있고, 러프에 공이 떠 있을 수도 있다. 스탠스가 앞뒤로 경사지거나, 양 옆으로 경사졌을 수도 있다. 상황 하나하나에 대해 대비를 한 선수는 그 기량을 발휘함으로써 자신에게 닥친 불운을 기회로 삼는다.

사업은 어떠한가? 사업에서도 발생할 수 있는 상황은 너무 많고, 그 모든 상황에 대비가 되어 있거나, 어떤 원칙을 가지고 창조적으로 문제를 해결해야만 성공할 수 있다. 경영자는 여러 가지 경험하지 못한 문제에 처한다. 원숙한 경영자는 많은 문제에 대해 대비하고 있다. 마치 일류 프로 골퍼가 다양한 트러블 샷에 대한 대비가 되어 있는 것처럼 말이다.

만약 제약업을 하고 있는데, 자신의 제품에서 독극물이 나왔고, 그게 크게 기사화된 상황이면 어떻게 하겠는가? 실제로 존슨앤존슨이라는 다국적 기업에서 일어난 일이다. 이 회사의 경영진은 능숙하게 이 문제를 전량 리콜과 적극적인 사과와 재발방지 약속으로 해결했다.

자신이 어떤 제조회사에 경영자로 부임했는데, 부채비율이 1,000퍼센트가 넘고, 회사는 부도 직전이고, 강경한 노동조합이 버티고 있고, 직원들은 패배의식에 젖어 있고, 경쟁자의 제품에 비해 경쟁력도 없고, 품질수준이 최악이면 어떻게 하겠는가? 경영자 서두칠이 한국전기초자에 부임했을 때의 상황이다. 『우리는 기적이라 말하지 않는다』에 스토리가 잘 나와 있다. 이 회사는 부채를 3년 만에 모두 갚고, 초 우량기업으로 탈바꿈하여 해외 기업에 좋은 가격으로 매각되었다. 사실, 경영자 서두칠은 그 전에 다른 대우 계열 제조업체를 턴어라운드 시켜본 경험이 있는 경영자다. 즉, 부임하면서부터 어떻게 이 기업을 살려내어야 하는지 방법을 알고 있었다. 그것을 잘 실행하고, 여러 가지 여건이 맞아 떨어지는 것은 운인데, 여건이 잘 맞아 떨어졌다. 서두칠 사장은 어떻게 한국전기초자를 살려내었을까?

서두칠 사장이 언급했듯이 동시다발적이고 파상적인 혁신을 시작했다. 어려운 상황이었다. 서두칠 사장은 경영자로서 어떻게 하면 회사를 살려내고, 잘될 수 있는지 해법을 상황에 맞게 누구나 이해할 수 있는 방식으로 단순하게 제시했다. 하루 3번씩 현장 직원들과 만나려고 유리 생산 공장을 순회 방문했다. 그 자리에서 회사의 상황과 자신이 생각하는 해법을 설명하고, 직원들에게 헌신을 요구했다. 단기자금 상환 일정이 급박한 상황이었다. 서울지사의 자금팀과 협조하면서 단기차입금을 장기차입금으로 전환하고, 회사채를 발행하는 등 자금의 구조조정을 수행했다. 그리고 기술에 투자하여, 현재 생산하는 제품의 품질을 높이고, 고부가가치 제품 개발에 착수한다. 제품생산 과정에 지저분하게 쌓여 있던 재고를 싸게 팔거나, 부숴버리고, 공정 전체를 인라인화한다.

한국전기초자의 인라인화라는 개념은 도요타 생산방식과 비슷한 개념이다. 공정 흐름을 만들고, 재고를 줄였다. 모든 위기에 처한 기업은 유연하지 못해서 그렇다는 말이 있듯이 회사 전체의 인력의 직무를 재조정하고, 시장의 요구와 수요에 맞춰서 유연하게 생산하도록 회사를 변화시켰다. 그 과정에서 직원들은 새로운 일을 배워야 했고, 과거에 하던 일보다 업무강도가 높아졌다. 그 결과 일부 인원이 이탈했다. 하지만, 자연적인 인원 감소 이외에 인위적인 구조조정은 없었다.

결국 생산량은 배가되고, 기업의 매출이 치솟고, 이익도 증가하여 불과 3년 만에 부채를 거의 다 갚고, 엄청나게 수익률이 좋고 잘나가는 기업으로 변모한다. 대우가 400억에 산 회사를 3년 만에 아사히글라스에 2,000억에 매각했다. 바뀐 것은 경영자 한 명밖에 없었는데, 놀라운 변화를 만들었다. 혁신의 과정에서 모든 직원이 뼈를 깎는 고통을 느끼고, 채권자, 주주 다 자신의 역할을 했다. 그 변화의 불씨는 최고경영자 한 사람으로부터 시작했다. 그 불씨가 모여서 활활 타는 장작과 같이 조직 전체의 번성이라는 바람직한 결과를 만들었다. 웬만한 변화와 혁신에 대한 교과서보다 한국전기초자의 스토리가 더 많은 교훈을 담고 있다.

사업에서 발생하는 많은 문제들은 이미 그 경험을 한 사람들이 많이 있고, 해법이 존재한다. 사례도 많이 찾을 수 있다. 원숙한 경영자는 정보를 취득하고, 사업의 노하우를 확보하고, 끊임없이 현장에서 연습한다. 마치, 세계 최고 수준의 골퍼가 스윙이론을 마스터하고, 많은 연습을 하는 것과 마찬가지다. 하지만, 경기에서 승리하는 데에서 운의 요소를 무시할 수 없다.

10

후배사업가를
위한 조언

코너에 몰리기 전에 링의 한가운데서 싸워라 … 293

스스로에게 공격적인 질문을 함으로써

사업을 다른 시각으로 살펴보라 … 297

주어진 상황에 최선을 다하고

세세하게 일을 한다 … 298

성과 지향적인 리더가 빠질 수 있는 함정 … 301

최선을 다하고 있는 사람을

닦달했을 때의 효과 … 303

인과관계를 상관관계와 혼동하지 않기 … 305

습관적인 추측 멈추기 … 307

중심 아이디어의 개발과 전파 … 308

고수가 되려면 절대 시간을 투여해야 한다 … 310

바깥에서 안을 보는 관점을 가진 리더 … 312

회사에서 토론할 때 사회자를 자처해라 … 314

실력을 쌓기 위해서 인내하는 자에게

운은 다가온다 … 319

코너에 몰리기 전에 링의 한가운데서 싸워라

교세라의 창업자인 이나모리 가즈오는 '코너에 몰리지 말고 링의 한 가운데서 싸우라'라고 말했다. 마감일에 닥쳐서 일을 하면 실수를 하기 쉽다. 예기치 않은 문제를 발견해도 대응할 여력이 없다. 미리 부지런을 떨어서 코너에 몰리지 말라는 뜻이다. 수세에 몰려서만 바짝 집중해서 일하지 말고, 여유가 있고 자유자재로 움직이는 게 가능할 때 서둘러 긴장하고 일하라는 뜻이다. 그것은 코너에 쉽게 몰리지 않겠다는 의지의 표현이기도 하다. 많은 사람들이 항상 코너에 몰려서 싸운다.

경영의 신이라 불린 마쓰시다 고노스케는 '경영이란 것은 인재와 자금의 댐을 쌓는 것'이라고 했다. 특히, 자금과 인재는 필요할 때 찾으면 없으므로, 늘 준비해놓고 댐을 쌓듯이 하라. 위의 두 가지 말이다 일맥상통하는 이야기라고 생각한다.

대학시절로 돌아가 보자. 시험 기간이 되어서야, 그것도 시험 전날이 되어서야 시험공부를 하면서 조금만 더 시간이 있다면 좋겠는데 하면서 아쉬워하던 사람이 많을 것이다. 진짜 공부를 잘하는 학생은 늘 꾸준하게 준비하고, 시험 직전에는 오히려 가벼운 마음으로 점검만 해도 되는 사람이다. 회사에서의 일도, 마감 기간이 많이 남아 있으면 여유를 부리면서, 준비하지 못하다가 마감 시간이 다가왔을 때 허둥지둥해서는 업무의 질이 좋아지기 힘들다. 코너에 몰리지 않겠다는 결심으로 어떤 업무가 주어지면 업무에서 필요로 하는 일을 잘게 나누어서 매일, 매주 단위의 구체적인 계획으로 항상 긴장감을 가지고 일해야 한다. 인간은 위대한 존재이지만, 동시에 나약하고, 비합리적인 존재다. 스스로의 한계를 잘 파악하는 것이 중요하다. 구체적으로 계획을 세우고, 업무를 나누어서 늘 긴장감을 가지는 것이 성취에서 무척 중요하다.

경영 관리에 있어서도, 항상 시간에 쫓기고, 자금과 사람 부족에 쫓겨서는 성공하기 힘들다. 미리 수세에 몰리기 전에 준비하는 자세가 필요하다. 고객이 문제를 제기해서 뒷수습하기보다는 고객보다 문제를 먼저 발견해서 해결하려는 노력을 한다. 경쟁자의 신제품이 출시된 이후에 당황하면서 대응하기보다는 먼저 신제품을 출시하도록 끊임없이 혁신해야 한다. 코너에 몰리지 않겠다는 것은 다양한 부분에 대한 치열한 몰입과 각성이 있어야 가능한 일이다.

무엇인가를 이루려는 사람은 항상 예기치 못한 상황에 직면한다. 우리가 예측한 대로 되는 경우는 거의 없다. 무엇인가를 달성하기 위해서 A라는 시도를 하면 예측한 결과인 B가 나오는 것이 아니라, A2라는 시도가 필요하다는 것을 깨닫는 경우가 많다. B라는 결과는 단지 A라는 행동을 가지고 만들어지지 않고, A2도 필요하며, 또 우리가 모르는 A3를 실행해야 하는 경우도 있다.

하지만, 사람들이 이렇게 깨어 있기가 힘들다. 사람들은 자신이 보고 싶은 것만 보려 하는 '확증편향'을 가지고 있고, 스스로에 대한 과도한 자신감을 가지고 있는 경우가 많다. 그래서 자신이 듣기 싫은 이야기를 하는 사람과 말하는 것을 좋아하지 않는다. 왜냐하면, 자신이 알고 있는 세계의 편안함에 불안감을 가져오고, 고민을 하게 만들기 때문이다. 실제로 거의 100퍼센트 우리가 알고 있는 것만 가지고는 우리가 원하는 결과를 달성할 수 없다. 그러므로 우리는 어떤 결과의 달성을 원할 때, 끝없이 우리가 모르는 것을 추구해야만 한다. 이것을 『일본전산이야기』에서는 '지적인 하드워킹'이라고 표현했다.

다시 위의 이야기로 돌아가보자. B를 추구하는데 우리가 알고 있는 액션은 A밖에 없다. 그렇다면 자신이 만들어낸 확증편향의 환상 속에서 A만 하면 된다고 안심하면서 자신이 원하는 일정 내에서 B의 결과를 낼 수 있다고 생각해서는 안 된다. B의 결과를 얻기 위해서 최대한 신속하게 A를 해보면서 학습한다. 무엇인가 빠진 것은 없는가? 고려할 점은 없는가? 이 분야에서 이미 앞서 나간 사람의 경험담을 통해서 무엇인가 새로운 핵심성공요인Key Success Factor를 찾아낼 순 없는가? 먼저 행동하고, 성과를 내는 데 꼭 필요한 A2, A3의 액션을 취한 자가 B 결과를 얻을 수 있다.

B를 추구하는 과정에서는 중간 단계의 상세한 목표 설정이 필요하다. B가 되려면 B1, B2, B3를 먼저 달성해야 한다. 그렇다면 각각의 B1, B2, B3를 중간 목표로 설정하고, 바싹 추진하려는 열정, 의지, 지적인 하드워킹이 필요하다.

실행에 대한 열정과 지적인 하드워킹을 떠올리면서 나는 한니발 전쟁을 수행한 한니발의 입장을 생각한다. 시오노 나나미의 『로마인 이야기』 중 한니발 전쟁 부분을 읽어 보면, 한니발은 아버지의 복수를 하기 위해 당시에는 아무도 생각하지 못했던 알프스 산맥을 넘어서 로마를 점령하겠다는 생각을 했다. 그는 병력의 절반이 죽어가는데도 불구하고, 알프스를 넘었다. 모두 치열한 고민과 계산 속에서 이뤄진 행동이었다. 그는 고된 행군 속에서 병사들을 단련시키고, 강한 의지를 갖게 만들었다. 전혀 예상치 못한 경로를 채택함으로써 로마군이 대비치 못하게 했다. 그리고 로마 북부에서 로마에 대항하는 군병력을 보충하는 계획을 수립했다. 로마 북부의 이민족들은 한니발이 제시한 이익과 비전에 고무되어 로마로 진격하는 데 참여했다. 누구도 그에게 목표를 부여하지 않았다. 스스로 정한 높은 기준의 목표를 생각하면서, 다양한 요소를 고려하고, 단계별로 철저하게 실행하면서, 로마인의 정예를 대량 살육했다. 한니발과 그의 군대는 원정 전쟁에서 큰 승리를 거두고, 이탈리아 반도에서 십년이 넘는 전쟁을 수행할 기틀을 다졌다. 이전에 없던 대기록, 새로운 무엇인가를 만드는 것은 매우 큰 에너지를 수반하며, 남들이 보지 못한 진실을 보기 위해 끊임없이 자기 자신을 부정해야 하는 지적인 하드워킹이 필요하다.

스스로에게 공격적인 질문을 함으로써
사업을 다른 시각으로 살펴보라

　사람은 변화를 싫어하는 경향이 있다. 우리는 우리가 선택한 결정을 다시 생각하지 않고, 습관적으로 반복하는 경향이 있다. 그러나 성공한 극소수의 사람은 개인과 조직의 습관을 재고하고, 통제할 수 있는 사람들이었다. 자신의 사업이 현재 빠져 있는 관성에서 빠져나오기 위한 방법으로서 극단적인 질문을 스스로에게 던져보자.

- 만약 현재의 사업에서 매출이 10배가 되었다면 어떻게 달라질 것인가?

- 현재의 프로세스는 매출 증대를 견딜 수 있는가? 병목이 있다면 어디인가?

- 만약 현재의 사업에 100억 원(자산 규모 대비 상당히 큰 금액)의 현금이 추가된다면 사업의 의사 결정은 달라질 것인가?

- 현재 부족한 자원 때문에 불필요한 의사 결정과 과잉행동을 하고 있는 것은 없는가?

- 현재의 직원, 팀원이 10배로 증가하면 나는 어떤 식으로 사업의 결정을 수행할 것인가?

- 어떤 인력구성을 하고, 회사는 어떤 구조이고, 사업은 어떤 식으로 성장할 것인가?

- 현재의 직원들이 10분의 1로 줄어든다면 나는 어떤 결정을 할 것인가? 누가 나가고, 누가 남을 것인가? 왜 그러한가?

- 내가 아파서 병원에 입원해야 하고, 일상적인 사업 수행을 할 수 없다면, 현재의 사업은 어떻게 될 것인가?

- 현재의 주 수입을 창출하고 있는 사업의 시장이 붕괴된다면, 나는 어떻게 활로를 찾을 것인가?
- 현재의 사업에서 핵심인력 전체가 이탈한다면 나는 어떻게 사업을 풀어갈 것인가?
- 현재보다 10배의 사업성장을 즉각적으로 수년 내에 가져오기 위해서 내가 취할 수 있는 행동은 무엇인가?

자칫 공상과도 같을 수 있지만, 현재에 안주하고 있는 자신을 돌아보고, 즉각적인 실천을 할 계획들을 떠올리는 데 많은 도움을 준다.

주어진 상황에 최선을 다하고 세세하게 일을 한다

알 파치노가 미식축구 감독으로 나오는 『애니 기븐 선데이Any Given Sunday』라는 영화가 있다.

펩토크라고 해서 감독이 선수들이 경기를 치르기 전에 사기를 북돋우기 위한 연설 같은 것을 하는데, 내 생각에는 이 영화의 백미는 알파치노가 이 펩토크를 하는 부분이라고 생각한다. 지금도 이 대사를 보면, 영화를 볼 때 느꼈던, 가슴속에 끌어 오르는 무엇을 느낀다.

무슨 말을 해야 할지 모르겠다.

3분 후에 우리의 프로생활에서 가장 큰 전투가 벌어진다.

모든 게 오늘 결판난다.

우리가 온전한 팀으로 소생하든가 부서지든가의 기로다.

매 접전마다 1인치씩 밀리면 끝장난다.

우린 지금 지옥에 와 있다. 정말이다.

여기에 머물러 있으면서 굴욕적으로 패배하든가

아니면 싸워서 광명을 얻어 지옥에서 올라올 수 있다.

한 번에 1인치씩!

내가 해줄 수는 없다. 난 너무 늙었다.

이 젊은 얼굴들을 보고 이렇게 생각한다.

내가 중년의 시기에 최악의 선택을 했었다고.

난…… 돈을 다 날렸다.

믿기지 않겠지만 날 사랑한 사람들도 쫓아내버렸다.

요즘은 거울 속의 내 얼굴이 보기도 싫다.

나이를 먹게 되면 여러 가지를 잃는다.

그게 인생이야.

하지만 잃기 시작하면서 그 사실을 알게 돼.

인생은 1인치의 게임이란 걸 알게 될 거야.

풋볼도 그래.

인생이건 풋볼에서건 오차 범위는 매우 작아서

반걸음만 늦거나 빨라도 성공할 수 없고

반초만 늦거나 빨라도 잡을 수 없다.

모든 일에서 몇 인치가 문제야.

경기 중에 생기는 기회마다 매분, 매초마다 그래.

우리는 그 1인치를 위해 싸워야 돼!

우리는 그 1인치를 위해 우리 몸을 부수기도 하고,

남의 몸을 부수기도 한다.

그 1인치를 위해 주먹을 움켜쥐어라!

그 1인치들을 합하면 승패가 바뀐다는 것을 우리는 알

기 때문이다!

생사가 뒤바뀔 것이다!

어떤 싸움에서건 죽을 각오가 돼 있는 사람만이 그 1

인치를 얻는다.

내가 인생을 더 살려고 하는 것은

아직 그 1인치를 위해 싸우고 죽을 각오가 돼 있기 때

문이다

그게 인생이기 때문이다!

— 『애니 기븐 선데이』 중 알 파치노의 대사

1인치를 위해서 싸우라는 말이 과장되었다고 생각하는 사람이 있을지도 모르지만, 많은 경우 작은 차이가 평가를 가른다. 평가를 하는 입장에서 서보면 알 수 있다. 대개 마지막 하루를, 마지막 5분을 어떻게 보냈느냐에 따라 많은 차이를 만들어 낸다. 작은 차이로 B학점의 실력을 가진 사람은 A학점을 따고, A학점의 실력을 가진 사람

은 B학점을 딴다. 입찰에 참여해서 계약을 따느냐 마느냐의 여부도 작은 차이에서 비롯된다. 작은 일에 주의를 기울이고, 세세하게 모든 것을 챙기고, 시간을 더 투여하는 것에 따라 승패는 결정되고, 처음에는 작은 차이였던 것이, 시간이 흘러갈수록 복리의 마법이 작용해서 감히 넘볼 수 없는 차이를 만들어 낸다.

승리하는 사람, 승리하는 조직의 일원이 되는 것은 작은 차이를 만들고자 노력했느냐, 그 순간 게을리 했느냐의 차이에 의해서 만들어진다. 지금 우리 주변에서 매일의 일상으로 떨어지는 일을 위의 펩토크처럼 절절한 마음으로 할 수 있다면, 10년 후, 20년 후 우리의 삶은 달라져 있을 것이다. 작은 승리를 쌓아서, 강하고, 아름다운, 우리가 바라는 모습이 되어 있을 것이다. 비즈니스 세계에서는 미세한 차이로 승리한 사람이 모든 것을 가져가고, 작은 차이로 진 패배자는 모든 것을 잃는 일이 허다하다.

성과 지향적인 리더가 빠질 수 있는 함정

리더가 너무 성과 지향적이면서, 사람과의 관계를 관리하는 기술이 부족한 경우 리더와 함께 일하는 직원의 책임감을 앗아갈 수 있다. 자신이 추구하는 목표가 명확하고, 똑똑하고, 실천 능력이 있는 사람은 뛰어난 실무 능력을 가지고 있는 것이다. 하지만, 이 사람이 다른 사람과 협업해서, 다른 사람의 도움을 얻어서 결과를 만들어내야 하는 리더의 위치에 섰을 때 많은 문제점을 야기할 수 있다. 리더는 다른 사람에게 영향력을 행사함으로써 다른 사람이 일을 하게 해서 결과를 만드는 사람이다. 자신의 능력이 뛰어난 사람은 타인에게도 동일한 수준의 역량을 요구한다. 문제는 타인은 다른 감정과 다른 동기를 가진 사람이라는 것을 무시하기 쉽다는 점이다. 지시하는 것과 솔선수범하는 형태 외에는 리더십을 잘 모르기 때문에 너무나 부지런하게 일을 하면서 타인도 자신과 같이 일해주기를 강요(!)한다.

뛰어난 실무 능력으로 리더가 된 사람에게 사람은 다르다는 것과 대화로써 사람들에게 스며드는 영향력을 행사하는 방법을 가르치는 것은 쉽지 않다. 사사건건 논리적으로 따지고, 타인을 굴복시켜서, 자신의 호흡대로 맞추려는 사람하고 누가 같이 일하고 싶겠는가? 대화가 쉽지 않기 때문에 피드백을 하기 어렵고, 다른 생각을 해보도록 하기가 어렵다. 대개 뛰어난 실무 능력을 가진 리더는 자신의 문제에 대해서 알고 있지만, 다른 방식으로 목표를 달성할 수 있음을 확신하지 못하고, 다른 방법이 가능하다고 생각하지 않기 때문에, 항상 주변 사람들의 감정을 다 소모시키면서 많은 적을 만들고, 무리하게 일을 해서 관계를 악화시킨다.

사람은 모두가 자신의 동기가 있고, 독립적으로 행동하는 존재이고, 이성적이면서도 감정에 영향을 많이 받는다. 리더가 비전을 제시하고, 인내심을 가지고 대화를 시도하면, 직원은 적당한 시간이 흐르고 나서 마음의 문을 열고, 변화한다. 사람은 기계가 아니다. 생각하는 것이 다르다는 것을 인정해야 한다. 결과도 중요하지만, 과정도 중요하다. 대화로써 사람들에게 천천히 영향을 미치려는 노력이 성과를 만들어내는 데 좋다.

최선을 다하고 있는 사람을 닦달했을 때의 효과

어떤 댄스 동호회 활동에서 발표회를 준비하면서 있었던 일이다. 다들 직장인들이고, 바쁜 시간을 쪼개 공연 준비를 열심히 하고 있는 상황이었다. 어떤 한 친구가 심각한 표정으로 분위기를 험악하게 만들면서 다음과 같은 이야기를 했다.

"지금부터 한 가지만 확인하자. 즐기는 공연을 할 것이냐, 공연다운 공연을 할 것이냐? 나도 즐기는 공연을 하고 싶지만 기왕 하는 김에 공연다운 공연을 해보자. 정신 상태가 너무 해이해졌다. 더 열심히 연습해야 하는 데, 다들 신경 쓰지 않는 거 같다."

새벽 2시가 넘어가는 때였다. 다들 배고프고 피곤하고, 오랜 공연 연습에 지쳐 있을 때였다. 공연을 잘하고 싶은 열망에서 위와 같이 말했으리라! 하지만, 다들 열심히 연습하고 있었다. 그 말을 듣자 멤버들은 생각했다. '즐기면서, 공연다운 공연하는 것은 불가능할 것인가? 왜 안 될까?' 어쨌든, 그 친구가 심각하게 압박하면서부터 공연 준비는 별로 재미없는 일이 되어버렸다. 열심히 하고 싶은 마음이 있는데, 옆에서 열심히 안 한다고 구박하는 사람이 있으니까, 열심히 하고 싶은 마음이 싹 달아났다!

성과를 무엇보다도 중요하게 여기는 회사에서도 비슷한 일이 늘 일어난다. 즐겁게 신바람 나서 일할 수는 없는 것인가? 사람들 간의 관계를 좋게 유지하는 것과 성과를 내는 것을 조화시키는 것은 불가능한 것일까?

켄 블랜차드의 『1분 경영』에서 그 해답을 찾아보자.

이 책은 아주 간결하게 관리자가 어떻게 자신의 팀원들을 관리할지에 대한 교훈을 준다. 회사에서 리더십을 발휘하는 위치에 있는 사람들이 고민하는 문제는 바로 사람이다. 우리는 팔이나 다리만 고용하지 못하고, 한 사람 전체를 고용할 수밖에 없다는 유명한 피터 드러커의 말을 생각해보자. 사람은 기계가 아니다. 자신의 감정을 가지고 있고, 저마다 재능도 다르고, 선호도가 다르고, 장단점이 다르고, 사람마다 자신의 상황이 있다. 이 책은 사람들과 어떻게 관계도 잘 유지하면서 성과를 낼 수 있는지 알려준다.

직원들 스스로가 만족감을 느끼고, 자신감을 가지고 일을 하는 것이 중요하다. 그런데 똑같은 일을 하면서 어떻게 직원들이 자신감을 가지고 일을 할 수 있게 할까? 우선, 목표는 스스로 선택해야 한다. 목표에 헌신하게 하려면 목표를 강제적으로 제시해선 안 된다. 스스로 선택할 수 있도록 환경을 마련해주어야 한다. 일단 목표를 스스로 선택한 다음에는 자신감을 가지고 일을 하기 위해서, 잘하고 있는지 못하고 있는지 피드백을 받아야 한다. 직원들로 하여금 전진을 경험하게 하라. 그리고 피드백을 해줄 코치가 필요하다. 단지 더 잘하라고 질책하는 것만 가지고는 부족하다. 어떻게 하면 나아질 수 있는지 구체적인 피드백을 해야 하고, 현재 잘하고 있는지 못하고 있는지 알려 줄 수 있어야 한다. 이 모든 상황은 구성원들 스스로가 선택했기에 시작할 수 있다.

착하지만 무능한 보스, 나쁘지만 유능한 보스라는 이분법을 깨뜨리는 것이 가능하다. 직원들과 좋은 관계를 맺으면서도 엄격하게 성과를 지향할 수 있는 방법은 바로 피드백이다. 즉각적인 피드백으

로 직원들을 나아지도록 하면서, 감정을 건드리지 않고, 존중하면서
도 충고할 수 있다. 기본적으로 직원을 존중하면서, 원하는 목적을
달성하려면 행동 개선에 초점을 맞춘 코칭을 해야 한다.

앞의 댄스동호회로 돌아가보자. 열심히 하고 있는 사람에게 열심
히 하지 않는다고 윽박지르기보다는, 구체적으로 피드백을 할 수 있
는 능력을 가진 코치를 구해야 한다. 역량 있는 코치의 조언을 통해
서 보완할 부분을 깨닫고, 그것으로 나아질 수 있다고 믿으면 사람
들은 의욕적으로 변화한다.

인과관계를 상관관계와 혼동하지 않기

많은 사람들이 복잡한 시스템 안에서 인과관계를 상관관계로 잘못
이해하여 잘못된 행동을 한다. 이를테면, 부자는 돈이 많아서 화려
한 소비생활을 하는데, 화려한 소비생활을 하면 부자가 된다는 생
각을 한다. 이 생각이 잘못되었다는 것은 초등학생도 이해할 수 있
다. 설마 사람들이 이렇게 바보 같을까?

인과관계가 단순하지 않고, 많은 전제조건이 충족되어야 어떤 결
과를 만들어낼 때, 사람들은 부분적인 전제조건을 충족하는 것으
로 성급하게 결론을 내리거나, 사건의 표면만을 받아들여서 결과를
원인으로 혼동한다.

어떤 엔터테인먼트 회사의 마케터가 있다. 이 마케터는 자신의 회
사가 국내 최고의 즐거움을 주는 회사라고 말하고 다닌다. 이 마케

터는 회사를 최고라는 카피로 홍보하였기 때문에 고객들이 좋아할 것이라는 착각을 하고 있다. 이 마케터 역시 인과관계를 혼동하는 오류에 빠져 있다. 고객은 구체적으로 어떤 가치를 어떤 가격에 주는지에 따라 총체적인 결과로서 즐거움을 느낀다. 고객이 느끼는 즐거움은 결과다. 마케터가 선언한다고 해서 만들어지지 않는다.

최고의 제품이라고 주장하고, 최고 품질의 서비스를 말하는 많은 사람들은 인과관계를 혼동하는 오류에 빠지지 않았는지 자문해볼 일이다. 최고라고 말할 수 있는 제품의 원인은 무엇일까? 최고 품질을 내려고 어떤 일을 일상적으로 함으로써 결과를 만들어 내고 있는가?

자기기만도 인과관계의 혼동과 관련한다. 어떤 학생은 아침에 일찍 일어나고, 결석하지 않았으니까 자기가 높은 성적을 받을 것이라고 착각한다. 이렇게 한다고 반드시 공부를 잘하는 것은 아니다. 근면함과 성실함은 공부를 잘하는 데에서 하나의 요인일 수는 있다. 단지 인과관계의 부분을 이루는 어떤 일을 충실히 했다고 결과가 만들어지지 않는다. 결과를 만들어내는 모든 필요조건을 파악하고, 모든 필요조건을 만족시켰을 때 결론이 만들어진다.

특히, 사업이 성공하려면 많은 필요조건을 충족해야 한다. 인과관계를 단순화하는 것은 실패하기 좋은 사고습관이다.

습관적인 추측 멈추기

사람들은 자신의 의견과 자신을 동일시하는 경우가 많다. 그러나 같은 사람도 시간이 흘러가면 생각이 변한다. 과거에는 어떤 생각이 옳다고 고집했어도 시간이 흐르면 그런 과거의 모습을 부끄럽게 생각한다. 자신의 생각이나 의견을 자각하기는 쉽지 않다. 자신의 생각을 객관화하는 것에 대해 생각해보자.

우리는 어떤 상황이 발생하면, 우리가 알고 있는 방식대로 이해한다. 예를 들면, 가치투자를 장기보유 투자로 이해한 투자자는 몇 가지의 기준을 가지고, 장기보유를 할 주식을 선택하고, 장기보유하면 가치투자를 하고 있다고 믿는다. 많은 상황으로부터의 증거를 수집하여 자신이 믿는 대로 투자를 바라본다. 하지만, 실제 가치투자는 그 투자자가 피상적으로 이해하고 있는 것과 다른 개념일 수 있다. 가치투자를 배당투자로 인식하는 사람은 자신의 관점으로만 세상을 보고, 전체를 보지 못할 수 있다. 많은 사람들이 자신의 관점을 돌아보고, 더 큰 전체가 있을 수 있다는 점을 생각하지 않는다.

피터 센게의 『미래, 살아있는 시스템』에서는 깨달음을 얻으려면 습관적인 생각을 멈추어야 한다고 말한다. 어떤 사안에 대해 즉흥적으로 묻고 즉흥적으로 해답하는 습관에서 벗어나서, 근본적인 질문을 던져야 한다고 주장한다.

우리는 어떤 상황이 발생하면, 자신이 알고 있는 범위 내에서 그 상황을 이해하기 위해 즉흥적으로 자신이 이해하고 있는 개념에 연결시킨다. 자기가 아는 것만을 확인하는 경향이 존재한다. 이를 '확증

편향'이라 한다. 더 넓은 전체가 있다는 생각을 한다면, 섣부른 추측을 멈출 수 있다. 습관적인 생각을 멈출 수 있다면, 우리는 관찰과 진정한 보기seeing을 통해서 좀 더 객관적인 상태에 이를 수 있다.

이것이 '산은 산이요, 물은 물이로다'라는 관점이다. 있는 그대로 세상보기다.

질문은 좋은 학습 방법이다. 그러나 습관적인 추측을 확인하는 질문은 사고의 발전을 가져오지 않는다. 즉, 자기가 알고 있는 것과의 연결을 확인하는 질문만 해서는 발전이 없다. 자신이 이미 알고 있는 체계 안에 갇힌다. 본질을 파헤치고, 우리가 알고 있는 것이 일부분이 아닐까 생각해 본다. 더 본질적이고 전체를 바라보려는 의지가 담긴 질문이 필요하다. 차라리 생각을 멈추고, 벌어지는 일을 관찰, 관조하면서, 가만히 생각들을 떠나 보내는 것이 진정한 깨달음에 접근하기에 훨씬 낫다. 습관적인 생각을 멈추고, 생각을 끊어내고, 자신의 생각을 관찰하라.

중심 아이디어의 개발과 전파

지금 시대의 비즈니스는 과거처럼 무조건 만들었다고 팔리지 않고, 그렇다고 거대한 자본과 자산이 있다고 해서 돈을 벌 수 있는 것도 아니다. 무엇보다 인적 자원이 중요해지고 있다. 사회 전체적으로 제조업 중심의 사고에서 서비스 중심, 인간의 아이디어와 서비스가 중요해지는 시대로 이월하고 있다. 결국은 종업원으로부터 기업가적인 열정을 어떻게 끌어 내느냐에 따라 많은 기업의 성패가 갈린다는 이야기다. 즉, 경쟁이 치열하고, 기업의 속도가 빨라짐에 따라 비즈니스 아이템이나, 전략의 우수함보다는 인적 자원의 우수함, 강력한 팀워크, 똘똘한 사람에 의해 기업의 경쟁력이 결판난다는 이야기이다.

기업의 미래는 리더를 잘 양성하느냐, 리더를 확보할 수 있느냐에 달려 있다. 경영인이 스스로 리더가 되는 것은 물론, 어떻게 자신과 같은 통찰력과 열정을 가진 리더들을 키워낼 수 있느냐의 문제가 중요하다. 지금 시대의 리더는 리더를 키우는 문제에 대한 답이 있어야 한다. 노엘 티시의 『리더십 엔진』은 리더를 키우는 문제를 다루고 있다. 이 책에서 많이 인용되고 있는 잭 웰치는 리더를 키우는 리더의 전형이다. 잭 웰치는 크론톤빌이라는 GE의 리더 양성소에서 직접 교육하고, 많은 인재들과 직접적인 토론을 즐겼다.

유능한 리더를 키우는 리더의 특징은 무엇인가? 그것은 중심 아이디어라고 표현되는, 사업을 풀어가는 모든 상황에 적용 가능한 통찰력을 간략한 모델로 설명할 수 있는 능력이다. 이를테면, 잭 웰치가 활력곡선(포스드 랭킹으로도 불린다. 직원에게 순위를 부여해서, 상위 20퍼센트 인재, 표준 70퍼센트 인재, 하위 10퍼센트의 인재로 차별화하고, 각각 다른 대우를 하는 GE의 성과평가 시스템을 말한다)이니 1등 아니면 2등, 고치거나 버리거나 팔아라, 벽 없는 조직 등의 간략한 개념에 의거해서 조직전체를 혁신해가는 과정을 생각하면 이해할 수 있다.

중심 아이디어를 조직의 상황에 맞게 생각해내고, 조직 전체를 대상으로 실행할 수 있는 결단력이 필요하다. 중심 아이디어를 고안해 내고 실행하는 데에서 리더가 가진 가치가 중요하다. 어떤 가치를 가지고 리더가 행동하느냐에 따라, 기업은 영향을 받는다. 또한 리더가 감성 에너지를 결집시키고, 원대한 목표를 설정하고, 부정적인 에너지를 긍정적으로 전환시키는 방법에 관해서, 또한 자신의 생각을 전파하는 데 있어서 자신의 경험과 조직의 경험을 활용하여 이야기로 전파하는 능력이 직원의 에너지를 성과로 만드는 데 절대적으로 중요하다.

성공하는 기업을 만들기 위해서 리더는 리더를 양성하는 진정한 교육자가 되어야 한다.

고수가 되려면 절대 시간을 투여해야 한다

지금까지 많은 사람들을 만나오면서 어떤 분야에서 최고라는 사람들을 자세히 살펴보면 공통점이 있었다. 그들은 자신의 분야에서 누구보다도 많은 시간을 자신의 일에 투여하며, 현명한 방법으로 일을 하며, 그러면서도 열정을 잃지 않는다.

세계적인 자동차 세일즈의 1인자인 조 지라드는 어린 시절 아버지로부터 쓸모 없는 인간이란 소리를 들으며 늘 맞고 자랐다. 그는 말더듬이였다. 빚더미인 상태에서 부양가족이 있는 35세의 무능력한 가장이었던 조 지라드는 절박한 마음만을 가지고 자동차 세일즈를 시작하여 12년간 기네스북에 세계 최고의 판매를 자랑하는 세일즈맨으로 등록되었다. 조 지라드는 장례식장이나, 결혼식장에 늘 비슷한 사람이 오는 것에 착안해서, 어떤 사람이든지 개인적인 친분으로

250명의 지인을 가지고 있다는 법칙을 발견했다. 어떤 사람을 만나더라도, 250명의 다른 고객을 소개시켜줄 수 있는 사람으로 대하며, 고객을 섬겼다. 좋은 태도와 행동으로 고객을 진심으로 대했다. 이 법칙을 자신의 삶에서 꾸준히 실천에 옮김으로써 세계 최고의 세일즈맨이 되었다. 조 지라드는 『최고의 하루』에 직접 자신의 세일즈 비법을 소개했다.

자신이 디자이너, 개발자, 회계 담당자, 팀장, 세일즈맨이든 어떤 역할을 하고 있든 간에 해당 직무에는 필요로 하는 재능과 핵심성공요인이 있다. 핵심성공요인을 선배의 경험이나, 다른 사람의 조언, 독서 등에서 빨리 파악해서 정리하라. 그리고 규칙적으로 오랫동안 절대 시간을 투여하면, 그 어느 누구도 쫓아올 수 없는 강력한 경쟁력을 갖춰서, 최고 수준에 이를 수 있다.

세계적인 안무가이자 현대무용가인 트와일라 타프가 자신의 저서 『창조적 습관』에서 창조성에 대해 말한다. 저자는 다음과 같은 질문을 던진다. 창조적인 습관이란 어떤 것인가? 어떤 분야에 거장이 된다는 것은 무엇을 요구하는가?

창조성은 우연의 산물 혹은 타고난 재능, 인생에 있어서 잠깐 빛을 발하는 무엇이 아니다. 훈련과 끈기 있는 노력으로 전 인생을 투자해 완성해가는 것이다. 규칙과 습관이 창조성을 만든다. 단지 창조적인 아이디어가 아닌, 먼저 이미 알려진 기술을 누구보다도 잘 연마함으로써 시작한다. 끈기 있게 많은 아이디어를 추구하고, 많은 실패를 경험함으로써 성취할 수 있다.

트와일라 타프는 자신의 분야에서 거장이 된다는 것은 터무니없이 빠듯한 스케줄, 최소한의 연습, 내 마음대로 선택할 수 없는 무용수들을 데리고 작품을 만들어내는 것이라 말한다. 누구나 자신의 삶에서 자신의 목표를 바탕으로 거장의 정의를 내리는 게 가능하다.

바깥에서 안을 보는 관점을 가진 리더

우리가 어떤 물건을 구매하는 이유는 구체적인 효용성 때문이다. 대부분은 다른 제품과 서비스를 비교해가며 구매한다. 사람들은 제품을 구매할 때 일정한 경쟁 기반으로 생각한다. 지금 휴대폰을 구매하는 경우 다양한 어플리케이션을 사용할 수 있는지 살펴본다. 불과 몇 년 전에 사람들은 미려한 외관, 작은 사이즈 등의 디자인을 많이 봤다. 휴대폰이 보급되는 초창기에는 벨소리가 몇 폴리이냐 등의 기능을 많이 봤다. 기술이 발전하고, 공급자의 역량이 증가하면서 이제는 더 이상 벨소리가 몇 폴리냐가 문제가 되지 않는다. 경쟁 기반이 변화했기 때문이다.

고객 입장에서 느끼는 가치를 제공하려면 공급자 입장에서 해당 가치를 만들어 낼 자산, 역량, 프로세스가 필요하다. 그것은 그 기능을 개발하기 위한 기술일 수도 있고, 일정한 서비스를 제공하기 위한 프로세스일 수도 있다. 고객 입장에서는 가치이지만, 공급자 입장에서는 비용이다.

문제는 오랜 시간 공급자의 입장에 있다 보면 모든 것을 비용으로 생각하기에 고객 입장을 잃어버린다는 데 있다. 흔히 부정적인 억

양으로, 제조업 마인드, 엔지니어 마인드를 버려야 한다고 말하는 것과 같은 이야기이다. 중요한 것은 고객의 입장에서 느끼는 구체적인 가치다. 만약 어떤 제품의 기능성이 좋다고 주장한다고 해서 그 제품의 기능성이 좋은 것일까? 만약 지금 휴대폰 시장에서 64폴리 벨소리를 지원하기 때문에 기능성이 좋다고 하면 고객은 받아들일까? 경쟁 기반은 지속적으로 변한다. 그것은 스스로가 소비자가 돼서 제품을 구매하는 의사 결정을 어떻게 하는지 돌아보면 알 수 있다.

사업 리더는 바깥에서 안을 보는 시각을 가져야 한다. 고객의 입장에서 지금 진정한 가치가 어디로 이동하는가를 보고, 그것을 제공할 프로세스와 자산을 만들어 내는 능력을 가져야 한다. 기능을 맡은 전문가는 소비자의 요구와 상관없이 자신의 분야에서 많은 기술과 전문가적인 역량을 쏟아내려는 경향이 있다. 지금 고객에게 있어서 16폴리와 32폴리의 구분은 무의미하지만 엔지니어에게는 유의미한 기술일 수 있다. 그렇기에 사업 리더는 고객관점에서 바라보고, 정확한 제품개발, 프로세스 개발에 대한 관점을 가져야 한다. 단위 기능을 수행하는 내부 팀원은 전체로 연결되는 유기적인 시각을 갖기 힘들 수도 있다. 무엇을 포기할지 결정해주어야 한다. 모든 것을 한다는 것은 모든 것을 안 한다는 것과 마찬가지다.

새로운 가치를 고객에게 제공하려면 제품 개발, 홍보 방법의 변화, 내부 프로세스 개발, 고객 지원의 변화 등 많은 부분에 신경을 써야 한다. 고객에게 아주 간단한 새로운 가치를 제공하는 데도 공급자는 많은 사람과 협력해야 한다. 새로운 가치를 주는 데는 비용이 많이 들기 때문에, 고객에게 의미 있고, 차별화된 가치를 성공적으로 제공하려면 현재의 경쟁 기반에서 중요한 한두 가지에 자사의 제품을 집중해야 한다.

높은 가치를 주는 제품과 서비스를 만들면 고객에게는 좋을 것이다. 하지만, 기업은 항상 제한된 자원으로 일을 하고, 높은 가치를 가진 것을 만들려면 많은 비용이 든다. 그렇기에 자사가 강점을 가진 부분을 잘 알고, 적절하게 가치를 차별화해서 제시해야 한다. 『블루오션전략』의 전략 캔버스를 고객가치제안을 개발하는 도구로 활용하라. 능력 있는 사업리더는 공급자의 시각과 고객의 시각 사이에서의 균형감각, 비용에 대한 감각을 가지고 있는 사람이다.

질문해보라. 고객은 왜 우리의 제품과 서비스를 구매하는가? 내가 고객의 입장이라면 왜 우리 제품을 사겠는가? 이 질문을 통해 평소 구매자로서 갖는 직관을 자사의 제품과 서비스에 적용해야 한다.

회사에서 토론할 때 사회자를 자처해라

사회자로서 역량을 갖추면 회사에서 커뮤니케이션을 촉진하는 역할을 맡을 수 있다. 어떤 다기능팀에서 일을 하더라도, 사람들의 아이디어로부터 좋은 결과를 만들어내는 역할을 할 수 있다. 유능한 리더는 뛰어난 사회자다. 토론 사회를 잘 보는 데에는 무엇이 중요할까?

① 토론 주제라는 궤도를 유지하도록 하기

우선 사회자의 역할에 대해서 생각해보자. 사회자는 토론이 주제에 맞게 전개되도록 하고, 토론에 참여하는 사람들이 토론 주제와 관련 있는 대화를 전개하도록 이끌 책임이 있다.

만약 '오픈 이노베이션이 효과적이기 위한 전제조건은 무엇일까?'라는 토론 주제가 있다고 해보자. 토론을 시작하고 단 5분 만 지나도 사람들은 꼬리에 꼬리를 물고, 토론 주제에서 벗어난 이야기를 하기 십상이다. 특히, 토론에 참여하는 사람들마다 가진 정보가 다르기에 사람들은 자신이 아는 이야기를 주제와 상관없이 하기 쉽다. 이것은 토론이 아니다.

만약 시간이 흘러서 토론 주제와 무관한 이야기를 하고 있는 사람이 있다면, 사회자가 개입해서 발언자가 하는 말이 토론 주제와 어떤 연관성이 있는지 질문해야 한다. 그리고 연관성이 부족한 경우 발언을 정지시키고, 해당 내용은 추후에 논의하기로 하자고 적절하게 대처하고, 다음 발언으로 넘어가도록 유도해야 한다.

② 묻지도 않았는데 설명하는 사람들

토론을 하면서 느끼는 많은 문제점은 묻지 않았는데 설명하는 유의 사람들이다. 토론 주제는 하나의 질문이다. 사람들은 생각의 초점을 질문에 집중한다. 사람들이 질문을 듣고 나서, 질문에 관련된 답변에 귀 기울이기는 쉽다. 사람들이 토론 주제에 답을 하기 위해 발언하게 하라. 하지만, 질문과 관련 없이 자신이 알고 있는 내용을 설명하면, 청중이 이해하기 어려워진다. 많은 사람들이 질문과 상관없이 최근에 재미있게 읽었거나, 자신이 중요하다고 생각하는 내용, 혹은 자신이 의문점을 가지고 있는 내용을 줄줄이 말한다. 질문은 사람들의 관심을 유도하고, 초점을 모아준다는 점을 명심하자. 질문에서 벗어난 답변은 귀에 잘 들어오지 않는다.

이를테면, '선덕여왕'이라는 드라마에서는 사다함의 매화가 무엇일까라는 질문이 던져지고, 그것으로 대략 3편정도의 드라마 분량이 만들어졌다. 청중은 궁금해한다. 질문이 잘 전달되어서 그 해답을 찾고자, 드라마에 집중한다. 토론도 마찬가지다. 질문이 먼저이고 그 다음 해답과 설명이다. 만약 사람들이 질문을 이해하지 못하고, 질문을 중요하게 받아들이지 않으면, 긴 시간 이어지는 설명은 받아들이기 힘든 지루한 이야기일 뿐이다.

사회자는 묻지도 않았는데 설명하는 사람, 질문과 상관없는 답변을 하는 사람을 제지해야 한다. 그리고 사람들을 환기시켜야 한다. 우리가 가진 중요한 질문은 토론 주제이며, 거기에 답을 하거나, 토론 주제와 연관한 좀 더 좋은 질문을 던져서 사람들의 초점을 모으는 것이 토론 참여자들이 할 일이라는 것을 알려주고 이끌 수 있어야 한다.

③ 요약과 재질문, 반복 금지, 새로운 의견 추출하기

토론 주제에 맞추어서 사람들이 의견을 내고, 활발하게 자신의 생각을 말한다. 그런데, 발언자가 중언부언할 수 있다. 이를테면, "오픈 이노베이션의 전제조건은 인력의 이동성이 증가했다는 것인데, …… 오늘날 직업에 대한 사람들의 생각을 보면…… 사람들은 너무 쉽게 회사를 옮기는 경향이 있고……" 하나의 아이디어를 뒷받침하고, 때로는 강조하기 위해서 같은 이야기를 반복하는 습관을 가진 사람이 많다. 사적인 대화에서는 말의 잉여가 문제되지 않는다. 그러나 생산적인 토론에서는 발언자의 말을 제지하고, 간략한 한두 문장으로 발언자의 의견을 정리해야 한다. "요약하면 오픈 이노베이션의 전제조건이 기술 인력의 노동 유연성 확보라는 말씀이시죠?"와 같이 말이다.

뛰어난 사회자는 발언자들의 말을 잘 듣고, 요약해서 간단하게 말할 수 있다. 중요한 것은 발언자의 의견과 동일한 의견이 어휘만 바뀌어서 다시 나온다면 제지하고, 질문을 던져서 더 새로운 의견이 없는지 물어본다.

"지금까지 오픈 이노베이션의 전제조건으로 A, B, C가 나왔습니다. 더 없을까요?"와 같이 말이다. 이와 같이 중복을 방지하고, 요약해주면, 다양한 사람들의 의견을 모아서 생각을 정리할 수 있다.

④ 의견 대립시키기

더욱 뛰어난 토론자는 토론을 발전시키려고 의견을 대립시킨다. "지금 A께서는 혁신의 전제조건을 B라고 말씀하셨는데, C께서는 D라고 말씀하십니다. 무엇이 맞는 것일까요? 동의하십니까?" 사람들은 의견을 선명하게 대립시키는 재질문을 받으면, 두뇌에서 화학반응을 일으키면서 생각한다.

토론의 열기를 높이고, 진짜 새롭고 재미있는 아이디어들은 모순적인 의견을 대립시킬 때 만들어진다. 토론 사회자가 대립을 명확하게 하고, 의견의 중복을 제거하고, 사람들이 논점을 파악하도록 해야 한다.

사회자가 대립을 적당히 타협시키거나, 대립을 피하도록 하면 좋지 않다. 토론 참여자들은 적당히 얼버무리는 사회자에게 답답함을 느낀다. 예의 바르게 논리적으로 날카롭게 의견을 대립시키는 것이 사회자의 임무다.

⑤ 의미를 명확하게 하기

'오픈 이노베이션의 전제조건'이란 토론을 하고 있는데, 오픈 이노베이션의 정의조차 서로 다르게 생각한 상태로 토론이 진행되기도 한다. 그럴 때는 토론을 잠시 중지시키고, 사회자는 다음과 같이 물어야 한다. "오픈 이노베이션이 무엇인가요? 토론을 위해 의미를 정확하게 짚고 넘어야겠습니다." 주요 질문, 토론 주제를 잘 이해하고, 공통의 의미를 가지고 출발하지 않을 경우 토론은 겉돈다. 단어의 의미를 명확하게 하는 것에서부터 새로운 배움과 생산적인 토론이 시작된다.

⑥ 횡설수설에 대처하기

사람들의 지식 수준은 차이가 있다. 토론은 절대로 민주적일 수 없다. 논리를 갖춘 사람이, 더 많은 새로운 정보를 가진 사람이, 토론 주제에 대한 참신한 아이디어를 가진 사람이 더 많은 시간 동안 발언할 수밖에 없다. 그러나 간혹 토론 주제와 관련 없이 횡설수설하거나, 틀린 정보, 논거가 부족한 부분적인 정보로 많은 발언 시간을 차지하는 분위기 파악(!) 안 되는 사람이 있을 수 있다. 사회자는 확실하게 개입하여 적절하게 발언시간을 줄이고 입장을 정리하도록 요구한다. 토론은 많은 사람이 참여해서 같이 무엇인가를 얻어가기 위한 자리이므로, 그 귀중한 시간에 횡설수설을 듣고 있는 시간이 길어진다면, 토론 사회자가 문제가 있다는 이야기이다.

⑦ 발언권 주기 관련

사회자가 너무 과도하게 사람들의 말을 끊거나, 발언 기회를 주면서 일일이 "말씀하세요"라는 말을 한다든지 하는 것도 부자연스럽다. 토론 참여자들이 자연스럽게 토론에 참여하도록 하되, 궤도에서 벗어나는 것에 적절하게 대처하는 정도가 자연스럽다.

실력을 쌓기 위해서 인내하는 자에게 운은 다가온다

하워드 가드너의 『열정과 기질』을 보면 위대한 업적을 남긴 사람들은 자신이 선택한 전문 분야에서 10년 동안 내공을 쌓는 기간을 가진다고 한다. 무척 외로운 시간이다. 스스로 자신의 세계에서 무엇인가 탁월한 것을 이루어 가고 있다고 느끼지만, 그 느낌조차도 확실한 것은 아닌, 어떻게 보면 외골수의 삶을 살고 있다.

　우리는 지금 각자의 자리에서 무언가를 하고 있다. 자신의 직업세계에서 지금 하고 있는 일에 명확한 목적의식을 가지고, 어떤 분야에서 탁월해지겠다는 결심을 했다 하더라도 지금 당장은 평범하기 그

지없는 성과만을 보여줄 수 있을 뿐이다. 평범함 속에서 위대함을 추구하는 많은 잠재력 있는 사람들이 무명의 세월을 견디다 못해 포기하는 사례는 무척 많다.

촉을 근거지로 해서 삼국 중의 하나로 명확하게 자리 잡기 전에 유비는 특별한 근거지와 세력을 가지지 못했다. 유비는 관우, 장비와 더불어 숱한 전쟁에 참여했고, 숱한 승리를 했다. 많은 사람들이 유비가 전쟁터에서 쫓겨 다니던 모습만 상상하지만, 그는 전쟁에서 잔뼈가 굵은 백전노장이었다. 승리도 많이 했다. 그런데 손에 남는 성과가 없었다. 어떤 성이나 지역을 꿰차고 자신의 실력을 키운 것이 아니라, 여기저기에 떠밀려 마치 용병과도 같이 전투를 치러야 했다. 마치 숱한 사업 경험을 쌓았지만, 자신에게는 몇 푼의 돈도 없는 사업가의 느낌이랄까? 유비도 제갈량을 만나고, 적벽대전을 치른 이후 촉에 자리를 잡고 기반을 쌓았다. 기반을 쌓기까지 많은 시간이 걸렸다. 조조도 그렇고, 유비도 그렇고, 전쟁터에서 수도 없이 혈혈단신으로 목숨을 연명하기 위해서 정신없이 도망쳐야 했던 경우가 정말 많았다.

도쿠가와 이에야스도 유년 시절에 볼모생활을 견디면서 인내를 배웠고, 그 시절의 경험은 평생에 걸친 그의 자산이 된다. 도쿠가와 이에야스의 능력은 강력한 적을 만날 때마다 새로운 것을 배우고, 자신의 것으로 만드는 데 있었다. 다케다 신겐으로부터는 싸움기술을, 오다 노부나가로부터는 새로운 총포술에 기반을 둔 전쟁기술을, 도요토미 히데요시로부터는 문화와 지식인을 끌어들이는 능력을 배웠다. 하나씩 자신의 결점을 극복해가며, 자신이 추구하는 일본 평화를 실현하는 군주로서 가져야 할 모든 기능을 완벽하게 가지길 원했고, 인간의 한계를 극복하고자 노력했다.

유방도 한우와 대적할 때 지속되는 전투에서 모두 패했지만, 그 과정에서 민심을 얻고, 전략적 요충지를 방어하고, 자신의 사람을 늘려가며 인내했다. 결국 단 한 번의 최종적인 전투에서 승리함으로써 천하를 얻었다. 유방이 적에게 쫓겨서 달아나면서 목숨을 구하던 시절에 100퍼센트 자신을 확신할 수 있었을까? 목숨이 왔다 갔다 하는 전쟁터에선 무척 낙관적인 사람도 흔들릴 수밖에 없다.

링컨도 별 볼일 없는 출신에 하원의원 당선 이후 자신의 소신대로 멕시코와의 전쟁에 대해 멕시코 편을 드는 발언을 한 이후 정치에 오랫동안 다시 발을 붙이지 못했다. 쟁쟁한 경쟁자에 비해서 너무나 인지도가 없었다. 변호사 일도 별 볼일 없었다. 불안한 세월을 오랫동안 겪으면서 대의를 꿈꾸었다. 그가 공화당 후보에 공천되고 대통령이 되는 스토리는 벼락출세가 아니라 사실은 인내의 드라마다. 도리스 컨스 굿윈의 『권력의 조건』은 링컨의 삶을 다룬 전기인데, 링컨이 정치 무대의 중심에 등장하기 전까지 그가 겪은 무명의 세월을 잘 다루고 있다.

링컨의 입장이 되어보라. 공식적인 직함도 없이 아무도 인정해주지 않는 정치인만큼 불안한 지위가 있을까? 하지만, 링컨은 끊임없이 노력했다. 뛰어난 연설능력을 바탕으로 친구를 만들고, 자신의 입장을 신중하게 선택하고 말을 조심해서 하고, 정당 내에 자신의 기반을 만들려는 면밀한 준비를 했다.

지금 각자의 자리에서 무엇인가를 추구하는 우리들도 비슷한 상황이다. 열심히 했는데도 성과가 없다. 그냥 매일 같은 날의 연속처럼 보인다. 하지만, 우리에게는 꿈이 있고, 무엇인가를 이루어보겠다고 하루하루 배우고 있다. 어떤 순간에는 이 지독한 배움이 지겹게 느껴지기도 한다. 생각했던 것보다는 더 험한 고통의 시간이 다가오기도 한다. 지금 하는 모든 것이 어설프게 느껴지고, 미래는 불안으로 다가온다.

불안하고 나약한 생각을 하지만, 위대한 업적을 남긴 어느 누구도 불안감, 고통을 경험하지 않은 사람은 없었던 것을 보며 용기를 내자. 외로움, 불안, 고통을 오히려 자신의 일에 대한 열정으로, 추진력으로 삼고, 자신을 응원하면서 한 발 한 발 내딛다 보면 어떤 분야의 전문가, 거장이라는 호칭을 듣는 날이 온다. 찬란한 미래는 포기하지 않고, 불굴의 의지로 다른 누구의 길도 아닌 자신의 길을 가는 사람에게 온다. 자신의 삶의 방향을 정했고, 그 길을 착실히 가고 있다면 남과 비교해서 초라해지지 말자. 지금 인내의 시기가 나중에는 화려한 성공 스토리가 되어줄 것이라고 믿고 나아가면 된다. 사업의 길에는 매일 천국과 지옥을 오가는 기분을 느끼게 하는 순간이 있다. 상당히 오랜 기간 노하우를 축적하지만 구체적인 성과가 없다는 느낌이 드는 경우도 많다. 성공한 사업가나 위인의 삶을 참조하고, 오늘 하루를 견뎌내고 승리하라.

맺음말

    기업 경영에 정답은 없다고 생각한다. 세상에는 수많은 경영 관리 방식이 존재한다. 그러나 많은 경영의 거장들의 연구와 성공적인 기업의 스토리를 살펴보면 분명 배울 점이 있다. 인터넷, 스마트폰 혁명 등으로 비즈니스 환경도 급격하게 변화하고 있다. 흐름을 잘 타는 것이 중요하다고 생각한다. 세상과 담을 쌓고, 자신의 방식으로 성공하겠다는 생각을 해서는 사업에서 성공하기 힘들다. 사업은 세상과 호흡하고, 이미 이 세상에 풍족하게 있는 많은 것들과 흐름을 같이하는 것으로부터 성공의 가능성을 높일 수 있다.

    성공한 사람들의 전기를 읽다 보면 생각보다 독서광이 많아서 놀랍다. 나폴레옹은 독서광이었다. 그는 수많은 전쟁사를 읽었고, 전투에 역사적 기억을 활용했다. 많은 사람의 추앙을 받고 있는 혁명가인 체 게바라 역시 전쟁터로 끊임없이 책을 실어 날라서 읽었던 사람이다. 아문센도 남극 탐험에 필요한 가상의 대학을 스스로 만들고, 선대 탐험가의 책을 탐독했다. 가치투자의 아버지인 벤저민 그레이엄도 무척 다재다능한 사람이었고, 엄청난 독서량을 가지고 있었다. 한때, 워렌 버핏과 빌 게이츠가 대담을 하는 프로에서 두 사람이 받은 질문이 있다. "만약 초능력을 생긴다면, 어떤 초능력을 갖고 싶으세요?" 전 세계 최고의 부자들이고, 제약조건도 없다고 여겨지는 사람들이다. 그들이 어떤 대답을 했을까? 놀랍게도 빌 게이츠가 다음과 같이 대답했다. "책을 빨리 읽는 능력을 갖게 되면 좋겠습니다." 옆에서 워렌 버핏은 "빌이 저보다 책을 세 배는 빨리 읽어요"라고 말했다. 부족할 것이 없을 것 같은 빌 게이츠도 지식과 배움에 대한 갈증이 있다고 생각하면 부지런히 좋은 책들을 찾아 읽어야겠다.

많은 사장들이 사업에서 중요한 것은 개인적 경험이나, 특별한 수완이라 믿는다. 책을 읽는다고 현실의 문제가 해결되지 않는다고 이야기한다. 그러나 나는 책에서 읽은 다른 경영자의 이야기, 경영 이론가의 주장도 하나의 텍스트이고, 자신의 경험도 텍스트이고, 술자리에서 만난 다른 사장의 이야기도 텍스트, 수완 있는 경영자에 대한 관찰도 텍스트라고 생각했다. 각각을 잘 객관화해서 사업을 하면서 발생하는 다양한 상황에 적용하고, 배우는 과정이 사업의 일부라고 생각한다.

여러 경영관련 서적을 읽으면서 좋은 책이라고 느낀 책들은 새로운 지식을 주는 책이 아니라, 내가 가진 통념을 깨고 새로운 생각을 하게 만들고, 새로운 분야로 나를 인도한 책들이었다. 이 책 덕분에

독자들이 사업을 다시 생각을 해보는 계기가 되고, 새로운 좋은 책
들을 접하는 계기가 된다면 나는 만족한다.

지도그리기

『나의 첫 사업계획서Anyone Can Do It』 (사하&보비 하셰미 공저 | 황금가지 |
2005)

수익모델이 존재하는 사업인가?

『수익지대The Profit Zone』 (에이드리언 J. 슬라이워츠키, 데이비드 J. 모리슨, 밥
앤델만 저 | 세종연구원 | 2005)

『월가의 황제 블룸버그 스토리bloomberg by bloomberg』 (마이클 블룸버그 저 |
매일경제신문사 | 1999)

경쟁우위를가지고 있는 사업인가?

『경쟁론On Competition』 (마이클 포터 저 | 세종연구원 | 2001)

『경쟁 우위 전략Competition Demystfied』 (브루스 그린왈드, 주드 칸 저 | 처음
북스 | 2016)

현실에서 아이템 찾는방법

『스타벅스, 커피 한잔에 담긴 성공 신화Pour Your Heart Into It: How Starbucks Built a Company One Cup at a Time』(하워드 슐츠 등저 ㅣ 김영사 ㅣ 1999)

『행운의 법칙The Luck Fantor』(리처드 와이즈먼 저 ㅣ 시공사 ㅣ 2003)

필수 불확실성의 원리

『위대한 전략의 함정The Strategy Paradox』(마이클 레이너 저 ㅣ 청림출판 ㅣ 2007)

모두를 승리자로 만들 수 있는 필수 불확실성의 원리

『브랜드 제국P&G Rising Tide: Lessons from 165 Years of Brand Building at Procter & Gamble』(데이비스 다이어,프레더릭 댈즐, 로웨나 올레가리오 공저 ㅣ 거름 ㅣ 2005)

시대가 변곡점을 전략적 옵션 시기로 삼아라

『승자의 법칙Only the paranoid survive』(앤드류 그로브 저 ㅣ 한국경제신문사(한경비피) ㅣ 2003)

제7의 감각 전략적 직관

『제7의 감각Strategic Intuition』(윌리엄 더건 저 ㅣ 비즈니스맵 ㅣ 2008)

『샘 월튼 불황 없는 소비를 창조하라Sam Walton: Made In America』(샘 월튼,존 휴이 공저 ㅣ 21세기북스 ㅣ 2008)

『맥도날드 이야기Grinding It Out: The Making Of McDonald's』(레이크록 저 ㅣ 문진출판사 ㅣ 2003)

『우리는 기적이라 말하지 않는다』(서두칠, 한국전기초자사람들 공저 ㅣ 김영사 ㅣ 2001)

『월트 디즈니The Triumph of the American Imagination』 (닙 개블러 저 | 여름언덕 | 2008)

회사의 전략, 운영, 인력 프로세스를 구축하라
『실행에 집중하라Execution』 (래리 보시디, 램 차란 저 | 21세기북스 | 2004)

경쟁우위 창출에 대한 고찰
『경제적 해자little Book That Builds Wealth』 (팻 도시 저 | 리더앤리더 | 2009)

행동 경제학에서 다루는 가격 전략
『상식 밖의 경제학Predictably Irrational』 (댄 애리얼리 저 | 청림출판 | 2008)

위기에 빠진 회사에 부임하여 경영자가 되었을 때
『노하우로 승리하라Know-How』 (램 차란 저 | 김영사 | 2007)

세그먼트: 기업 성장의 묘약
『전략을 재점검하라Simply Strategy("Financial Times" S』 (리처드 코치, 피터 뉴벤휘젠 저 | 비즈니스맵 | 2007』

교세라로부터 배우는 아메바 조직
『아메바 경영アメ-バ經營 : ひとりひとりの社員が主役』 (이나모리 가즈오 저 | 예문 | 2007)

뛰어난 혁신가란?
『오픈 이노베이션Open Innovation』 (헨리 체스브로 저 | 은행나무 | 2009)

혁신가는 모순되는 목표를 동시에 추구한다
『우리는 어떻게 모순을 해결했는가The Power of Paradox』 (데보라 슈로더-사울니어 저 | 처음북스 | 2016)

파괴적 혁신 이론
『성공기업의 딜레마Innovator's Dilemma』 (클레이튼 크리스텐슨 저 | 모색 | 1999)
『성장과 혁신The inivator's Solution』 (클레이튼 크리스텐슨 저 | | 세종서적 | 2005)
『미래 기업의 조건Seeing What's Next』 (스콧 엔서, 클레크리스텐슨 저 | 비즈니스북스 | 2005)

블루오션전략?
『블루오션전략Blue Ocean Strategy』 (김위찬 저 | 교보문고 | 2005)

새로운 사업분야에서 성공하기는 생각보다 훨씬 어렵다.
『결정의 기술The Art of Decisions』 (크리스 블레이크 저 | 펜하우스 | 2010)

사업의 자금 마련
『초보사장 난생 처음 세무서 가다』 (문상원 저 | 제우미디어 | 2009)

벤처 캐피털로부터의 자금 유치
『리얼리티 체크Reality Check』 (가이 가와사키 저 | 빅슨네트웍스 | 2009)

현금흐름 관리
『사장의 관리력社長の時間の使い方』 (요시자와 마사루 저 | 라이온북스 |

2009)

『회사에 돈이 모이지 않는 이유會社にお金が殘らない本當の理由』(오카모토 시로 저 | Eat&SleepWell | 2004)

『4시간The 4-Hour Workweek』(티모시 페리스 저 | 부키 | 2008)

투자자의 관점으로 자신의 사업 돌아보기

『위대한 기업에 투자하라Common Stocks and Uncommon Profits』(필립 피셔저 | 굿모닝북스 | 2005)

『현명한 투자자Intelligent Investor』(벤저민 그레이엄저 | 국일증권경제연구소 | 2007)

직원은 능력과 급여의 등가 교환 대상이 아니다.

『로마인이야기ローマ人の物語』(시오노 나나미 저 | 한길사 | 2006)

직원을 일단 고용했으면 믿고, 최고의 대우를 해주어라.

『제프리 페퍼 교슈의 지혜경영What Were They Thinking』(제프리 페퍼 저 | 국일증권경제연구소 | 2008)

인재 관리에 있어서 평등주의 사고에서 벗어나라

『유능한 관리자First, Break All The Rules』(마커스 버킹엄, 커트 코프만저 | 21세기북스 | 2006)

잘 만들어진 성과 평가 시스템을 구축하라.

『성과평가란 무엇인가Performance Appraisal Question And Answer Book』(딕 그로테 저 | 빅슨네트웍스 | 2009)

리더십 파이프라인

『리더십 파이프라인Leadership Pipeline』 (램 차란, 스테픈 드로터, 제임스 노엘
저 | 미래의창 | 2008)

과연 사업에 적성이란 것이 존재할까?

『대망德川家康』 (야마오카 소하치 저 | 동서문화사 | 2005)

성격과 상관 없이 가져야 할 리더의 자질은?

『네 안에 잠든 거인을 깨워라Awaken the Giant Within』 (앤서니 라빈스 저 | 2002
|씨앗을뿌리는사람)

책임감 중독에서 벗어나라.

『마이웨이』 (거스 히딩크저 | 조선일보사 | 2002)

『책임감 중독Responsibility Virus』 (로저 마틴저 | 21세기북스 | 2006)

『초심』 (홍의숙저 |다산북스 펴냄 | 2008)

성공한 사업가로부터 배우자

『부자본능How to get rich』 (펠릭스 데니스저| 북하우스| 2007)

아는 사람을 직원으로 두는 것

『유혹의 기술Art of seduction』 (로버트 그린저 | 이마고 | 2008)

『권력을 경영하는 48법칙The 48 Laws of Power』 (로버트 그린 저 | 까치 | 2000)

『전쟁의 기술The 33 Strategies of War』 (로버트 그린 저 | 웅진지식하우스 |
2007)

사업을 하면서 빠져나갈 구멍을 가진다는 것

『기적의 바구니회사 롱거버거 스토리Longaberger : An American Success Story』(데이브 롱거버거 저 | 미래의창 | 2005)

관성에서 빠져 나오기 문제를 본질적으로 해결하기
『제5경영fifth discipline』(피터 센게 저 | 세종서적 펴냄 | 1996)
『시스템 사고』(김동환 저 | 선학사 | 2004)

반복 가능해야 성장할 수 있다
『핵심을 확장하라Beyond the core』(크리스 주크 저 | 청림출판 | 2004)
『오륜서五輪書』(미야모토 무사시 저 | 사과나무 | 2004)

개인의 능력의 한계 바로 알기
『항우와 유방項羽と劉邦』(시바 료타로 저 | 달궁 | 2002)

사업에서 성공하는 것은 운일까 실력일까?
『행운에 속지 마라Fooled by Randomness』(나심 니콜라스 탈렙 저 | 중앙북스 | 2010)
『상식 밖의 경제학Predictably Irrational』(댄 애리얼리저 | 청림출판 | 2008)
『왜 똑똑한 사람이 어리석은 결정을 내릴까Think twice : harnessing the power of counterintuition』(마이클 모부신저 | 청림출판 | 2010)
『생각의 오류Don't Believe Everything You Think』(토머스 키다 저 | 열음사 | 2007)
『바이아웃Buyout: The Insider's Guide to Buying Your Own Company』(릭 리커트슨 저 | 빅슨네트웍스 | 2009)

사업에서 빌게이츠처럼 성공하는 것은 아주 희박하고 어려운 일이다
『아웃라이어Outliers』(말콤 글래드웰 저 | 김영사 | 2009)

사업에 있어서 운이란?

『코피티션Co-opetition』 (배리 J. 네일버프저 | 한국경제신문사 | 2002)

코너에 몰리기 전에 링의 한가운데서 싸워라

『일본전산이야기』 (김성호 저 | 쌤앤파커스 | 2009)

최선을 다하고 있는 사람을 닦달했을 때의 효과

『1분 경영The One Minute Manager』 (켄 블랜차드저 | 21세기북스 | 2003)

습관적인 추측 멈추기

『미래, 살아있는 시스템Presence』 (피터 셍게, C. 오토 샤머, 조셉 자와스키 저 | 지식노마드 | 2006)

중심 아이디어의 개발과 전파

『리더십 엔진Leadership engine』 (노엘 티시 저 | 21세기북스 | 1900)

고수가 되려면 절대 시간을 투여해야 한다

『최고의 하루How to sell anything to anybody』 (조 지라드 저 | 다산북스 | 2004)
『창조적 습관Creative habit』 (트와일라 타프 저 | 문예출판사 | 2005)

실력을 쌓기 위해서 인내하는 자에게 운은 다가온다

『열정과 기질Creating minds』 (하워드 가드너 저 | 북스넛 | 2004)
『권력의 조건Team of rivals』 (도리스 컨스 굿윈 저 | 21세기북스 | 2007)

북자지껄

이 책을 선택한 분에게 추천하는
처음북스의 경제경영서 시리즈

똑게경영: 똑똑하고 게으른 리더의 시간 관리 비법

지은이 로라 스택 | 옮긴이 이현숙

이 책에서는 효과적인 일을 효율적으로 해내는 사람의 습관을 말한다.
일과 팀(사람) 그리고 자기 자신에 대해 얼마나 시간을 사용하는지에 따라
성과와 효율이 달라진다.

사장님 애 좀 업고 회사 가도 될까요?

지은이 리차드 셰리단 | 옮긴이 강찬구

당신이라면 일을 맡길 때 수익을 추구하는 사람에게 맡기겠는가 즐거움을 추구하
는 사람에게 맡기겠는가? 즐거움이 목표인 회사를 만나보자.

실행이 전략이다

지은이 로라 스택 | 옮긴이 이선경

전략만 세우다가 기회를 놓치지는 않는가? 효율적인 전략을 '즉시' 실행에 옮길 수
있는 효과적인 방법을 제시한다.

가지고 있는 것에 집중하기

지은이 캐서린 크래머 | 옮긴이 송유진

긍정으로 미래를 바꾸는 방법
말과 행동을 긍정적으로 바꿀 때 더 멀리, 더 빠르게 갈 수 있다.

| 조직 경영 |

팀장 트레이닝 101: 승진하기 전에 알아야 할 것들

지은이 **질 가이슬러** | 옮긴이 **김민석**

그것 알고 있는가? 직장을 관두는 최고의 원인이 바로 상사인 것을.
행복한 직장은 직장 상사로 통한다. 어떤 상사가 되어야 할 것인가.

존중하라

지은이 **폴 마르시아노** | 옮긴이 **이세현**

존중받는 직원이 일을 즐긴다.
존중받는 직원이 되고 싶은가? 이 책을 읽어라.

| 업무 효율 |

적게 일하고도 많이 성취하는 사람의 비밀

지은이 **로라 스택** | 옮긴이 **조미라**

칼 퇴근하면서도 야근하는 사람보다 일 잘하는 방법.
더 적게 일하는 것이 낫다. 그러면 일을 더 잘하고 집중력을 높일 수 있다.

정중하지만 직설적으로

지은이 앨런 파머 | 옮긴이 문지혜

단번에 목적을 전달하는 사이다 대화법
예의를 지키면서도 빠르게 문제의 본질에 접근하는 대화법이 있다.
예의 바르게 그러나 할 말은 모두 하라.

마음을 움직이려면 애드립하라

지은이 스티브 야스트로우 | 옮긴이 정희연

식상한 영업 멘트 때문에 고객은 지쳤다. 설득은 번지르르한 영업멘트가 아니라 경
청과 즉흥적인 대화로 이루어질 수 있다.

말하지 말고 표현하라

지은이 박형욱

상대방의 마음을 움직이는 건 진심의 목소리다. 말 잘하기 훈련법은 많다. 하지만
진정한 자신을 표현하는 훈련법은 없다.
말솜씨가 아니라 진정한 마음을 담은 한두 마디가 중요하다.

이슬람 은행에는 이자가 없다

지은이 해리스 이르판 | 옮긴이 강찬구

이자를 받을 수 없는 이슬람 은행은 도대체 어떤 시스템으로 금융을 움직일까?
이슬람은 미래의 투자 상품이 될 수 있을까?